田園で学ぶ地球環境

重村 力 編著

技報堂出版

・収録事例・

1 田んぼは生き物の宝庫
2 田んぼの学校で里山を学ぶ
3 農村・里山は僕らの学校
4 自然と共に暮らす
5 離島で農林漁業体験
6 ため池は生き物がいっぱい！
7 水環境は水の祭りで学ぶ
8 市街地に清流が流れる
9 校舎の屋上に「田んぼ」がある！
10 校庭は屋根のない教室
11 住宅地で子どもの田植えと稲刈り
12 大学のキャンパスで里山を体験する
13 都市の水路を学びの場に

口絵編集：重村力、山崎寿一、内平隆之
編集協力：糸長浩司、森川稔、伴丈正志、工藤和美、加藤仁美、内田文雄

田んぼは生き物の宝庫

東京から一番近い棚田、大山千枚田。千葉県鴨川市の中山間地32ヘクタールに375枚の棚田があります。ここは、地元住民の人たちを中心にNPO法人大山千枚田保存会が結成され、保全、体験活動を実施しています。

稲作体験、自然観察会等が開催され、食べ物の大切さ、水田の泥の体感、田んぼの生き物の豊かさが実感できます。水田づくりを通じて、生き物を育てることを学ぶことができます。

（http://www.senmaida.com/index.php）

田植えの前に棚田は一面の水

児童の田植え体験
裸足での泥の感触に感動

小学校の棚田の自然観察会
カエルを捕まえ、子どもたちの目がキラキラ

稲刈り体験

写真提供：糸長浩司　大山千枚田保存会

田んぼの学校で里山を学ぶ

滋賀県の西部に位置し、琵琶湖に面する高島市新旭町には、緑豊かな里山の景観が広がっています。
この地区の住民で構成する「NPO法人クマノヤマネット」は、『里山体験交流館「もりっこ」』を拠点に、大阪の子どもたちを対象にした農業体験教室や、自然観察会、蕎麦打ち、炭焼き、和紙づくり、ぞうりづくり、竹飯つくりなど、子どもだけでなく大人も対象にした農の体験教室を開催しています。
（NPO法人クマノヤマネット
http://www.biwa.ne.jp/~h-hori/kumanoyama/kumanoyama.html）

「NPO法人クマノヤマネット」の方から、田植えの 方法について教えてもらう
はじめての経験者も多く、大人も子どももみんな真剣である

田んぼに入った瞬間は、ヌルッとしてちょっと気持ち悪い
でも、すぐに慣れ、田植えに夢中になってしまう

田んぼよりカエルの方がおもしろい？
都会ではなかなか出会えない動物に夢中になってしまう

竹とんぼのつくり方を教えてもらい、ナイフで削ってみる
なかなか難しく、思うような形に削れない

農村・里山は僕らの学校

「食と農の小学校」は、農村・里山が教室の学校です。地元農家、企業、行政の協力を得て、NPO法人食と農の研究所が主体となり、食農ツーリズムを企画運営しています。

地元農家の先生が、食べもの・農業を楽しく・面白く教えてくれます。農村・里山の中で、全身を使って遊ぶことで親子で楽しくみんなが元気になる学校です。
(http://www.agri-design.jp/school/)

写真提供：NPO法人　食と農の研究所

里山で食べ物探し（丹波市島町梶原集落）

朝市体験（神戸市西区神出集落）

合鴨と走りました（丹波市島町梶原集落）

合鴨キャッチ（神戸市西区神出集落）

自然と共に暮らす

人は、山や里や海にあるものを、うまく再生産しながら活用してきました。
京都府立「丹後海と星の見える丘公園」では、自然の恵みを最大限に利用する工夫や、環境を壊さない技術を、自然の素材を使いながら学べるように工夫されています。
自然の中の生き物を観察する目を養い、その生命力を感じ、そこで生きるルールを知り、自然の営みに沿った暮らしを学べるように工夫されています。
(京都府立丹後海と星の見える丘公園
http://www.eco-future-park.jp/)
写真提供：京都府立丹後海と星の見える丘公園

大地の天文台から宮津湾を望む

畑仕事体験

星空観察

森のバームクーヘン

離島で農林漁業体験

離島には、海、山、里があります。壱岐石田町の農林漁業体験民宿では、農林漁業が一年中体験できます。

島を訪れた生徒と島の住民の人とが、作業体験を通じてふれあい、食べ物をつくり育てることの大切さや収穫の喜びなどが実感できます。

このような都市と農村の交流を支える仕組みをつくり育てることで、民宿・契約農家漁家、支援する行政という新たな社会的なネットワークが生まれ、むらづくり・まちづくりへの中核に発展しています。　（http://www.ikiweb.com/tourai/）

写真提供：体験の宿　民宿島来荘

地曳網で活きた魚とご対面

さあ、海に漕ぎだそう！

捕った魚は自分たちで調理

田んぼの神さまを祭る田植え行事

ため池は生き物がいっぱい！

昔のため池は、子どもたちの格好の遊び場でした。
兵庫県東播磨地域にある、いなみ野ため池ミュージアムでは、廃れてしまったジャコトリなどの行事を復活させ、子どもたちが、ため池の自然を体験できるようなイベントを行っています。
（いなみ野溜池ミュージアム http://www.inamino-tameike-museum.com/）

奥の池のカイボリで捕れた池の主（コイ）90cmもあります

泥だらけで魚捕り

小さい子どもは、土手の上で魚の観察

ジュンサイを採ったぞー！

水環境は水の祭りで学ぶ

有明海沿岸のクリーク地域では、クリーク（堀・掘割）を舞台として、子どもたちが主役の祭りが多くあります。ワラ細工をつるした笹飾りを水辺に立てて、水の恵みに感謝し、水の事故にあわないように祈る「川祭り」。舟舞台で、笛、太鼓、三味線の子どもばやしを奉納する「沖端水天宮祭り」。
願いごとを書いた短冊をドンコ舟から流す「流し雛祭り」。子どもたちも参加した「堀干し・ゴミ揚げ」。
祭りや行事をとおして子どもたちはクリークの水環境を学びます。

福岡県柳川市の沖端水天宮祭

川祭り

流し雛祭り

堀干し・ゴミ揚げ

市街地に清流が流れる

源兵衛川は、JR三島駅(静岡県)近傍に湧き出る富士山の伏流水を水源として、市街地を経て温水池まで流れる農業用水路です。かつては、雑排水やゴミで汚い川の代表となっていましたが、市民の環境改善運動により、美しい水辺環境としてよみがえりました。

川床に「川のみち」がつくられ、大きな緑陰の中を抜けて流れる清流には、水質浄化のシステムや、水とふれあういろいろな場所が注意深くつくられています。

写真提供：(株)龍環境計画・岡村晶義

川の中にある遊歩道

季節ごとにいろいろな生き物が姿を見せます

大きな木陰には楽しいことがいっぱい

校舎の屋上に「田んぼ」がある！

広島市立矢野南小学校では、学校空間全体を使った環境学習に取り組んでいます。なかでも、校舎の屋上には「田んぼ」があります。
ここでは、子どもたちが土づくりから始め、苗づくりや田おこし、田植え、収穫までを行っています。
学校の中で、いつでも稲の生育を観察することができます。

学校全景

いざ田植え

田おこしのあと水を入れる

草取りも大切

校庭は屋根のない教室

高密な市街地にある尼崎市立成徳小学校では、学校の中の空き地を時間と愛情をかけて整備しました。そして、自然豊かな校庭ができあがり、様々な科目の教材として活用した多様な授業が行われています。休み時間や放課後には、子どもたちが緑の中を縦横無尽に駆け回り、開かれた参観日には校庭が地域住民に開放され、自然観察などが行われており、学校が市街地の緑のオアシスになっています。

教室を飛びだして青空教室

稲刈り後の田んぼで生き物探し

目隠しをして森に入ります

地域に開かれた参観日

住宅地で子どもの田植えと稲刈り

ニコニコ桜保育園（兵庫県西宮市）

都市の住宅地に、手づくりの小川や田んぼができました。

計画は保育士のかたも参加した「保育と園庭を考える会」が行い、子どもたちと一緒につくりあげました。

棚田で元気に身体を動かす子どもたちの歓声が響きます。

おっかなびっくり田植えに挑戦

保育園に隣接するのは、戦後の名建築「浦邸」一緒に町並みをつくっています

小さな手で植えた苗が、子どもの成長とともにこんなに大きく実りました

大学のキャンパスで里山を体験する

日本大学藤沢キャンパスにある環境研究教育センター。ここでは、センターにおける研究成果を環境教育に生かすための教育プログラムや教材の開発について、近隣の小・中学校の総合学習の実践的支援を通して、実践的研究が行われています。棚田を利用した学習では、田植えから稲刈りまでの稲の成長を年間を通して行っています。また、小学校の里山環境を学ぶ場としても活用されています。
（日本大学生物環境科学研究センター http://www.cnes.brs.nihon-u.ac.jp/）
（日本大学建築・地域共生デザイン研究室
http://hp.brs.nihon-u.ac.jp/~areds/studies/）
写真提供：笹田勝寛　糸長浩司

近くの小学校がセンターの棚田での田植え体験学習

都内の小学生が自然と共生した菜園やビオトープ池を見学

チップの山から、カブト虫の幼虫の採取体験
捕った幼虫は自分たちの都内の小学校の里山ビオトープで飼育

ミニピザ窯でのピザ焼き体験

都市の水路を学びの場に

尼崎市むこっ子ロードでは、校舎裏のフェンスをとりはらい、水路と道、学校が連続した生き物とふれあう水辺づくりを進めています。地域の市民団体から有志をつのり、実行委員会を立ち上げて、10年後の完成を目指し活動を進めています。校舎裏が、生き物とふれあう感動や、環境をつくる喜びと出会う場となることを夢見て毎月2回、みんなで一歩一歩整備を進めています。
(http://mucocco.blog84.fc2.com/)

整備前の校舎裏の様子

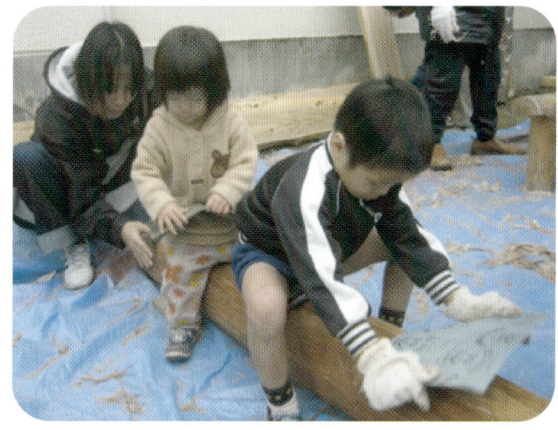
間伐材加工を親子でお手伝い

幼稚園定番お散歩コースに

環境教育はいま静かに根をおろそうとしている。

地球環境を私たちの生き方から学ぶとしたら、
　　まず自然とのつきあい方から考えてみるとよい。

こんなにも工業や石油やITに依存してしまっていても、
　　市街地から一時間、自然を求めて進む。
　　少し野山の方へ、
　　山あいの人里の方へ、
　　海辺の村の方へ
　　足を向けてみる。
　　原寸の自然があり、
　　原寸大の人間たちの世界がある。

小さな生き物たちがあやなす世界がある。
　　森がありせせらぎがあり風がいのちの香りを運ぶ
　　まだまだ豊かな土のある風景がひろがっている。
　　それを支えている人々がいる。

じかに自然に手を触れ、里の人の知恵を学び、
　　地球環境とつきあうもう一つの方法を学ぶ
　　小さな失敗も大きな感動も。

いま日本で始まっている田園から学ぶ地球環境の
　　豊かな経験をこの本で紹介したい。

2009年2月9日

　　　　　　　　　　　　　　　　　重 村　力

執筆者一覧

編　者

重村　　力　　神戸大学大学院工学研究科

執筆者

藍澤　　宏　　東京工業大学大学院理工学研究科
伊藤　庸一　　日本工業大学建築学科
糸長　浩司　　日本大学生物資源科学部
内田　文雄　　山口大学大学院理工学研究科
内平　隆之　　神戸大学大学院農学研究科地域連携センター
加藤　仁美　　加藤仁美環境デザイン研究室，元 九州大学 教授
蟹江　好弘　　足利工業大学 副学長
川嶋　雅章　　明治大学理工学部
河野　泰治　　久留米工業大学 名誉教授
神吉紀世子　　京都大学大学院工学研究科
木下　　勇　　千葉大学大学院園芸学研究科
工藤　和美　　明石高専建築学科
伴丈　正志　　長崎総合科学大学環境・建築学部
藤本　信義　　宇都宮大学 名誉教授
三橋　伸夫　　宇都宮大学大学院工学研究科
森川　　稔　　滋賀県立大学人間文化学部
山崎　寿一　　神戸大学大学院工学研究科
山下　　仁　　農業・食品産業技術総合研究機構農村工学研究所
山田　晴義　　宮城大学 副学長

（2009年2月現在，五十音順）

目　次

第1部　農村の景観と子どもの感性

1.1　土と生き物にふれる体験（重村）　2
1.2　田園が子どもの心を豊かにする（伊藤）　14
1.3　学校と地域を結ぶ水環境教育（加藤）　23
1.4　ため池環境からみる人と自然（工藤）　33
1.5　川と暮らしの原風景と子どもの研究体験（神吉）　45

第2部　環境が人を育てる

2.1　田園環境の教育力（木下）　60
2.2　環境資源の活用プログラムとその学校づくり（山田）　72
2.3　英国のシティファーム・コミュニティガーデン（糸長）　81
2.4　まちづくりに参加する中学生会議（川嶋）　91
2.5　環境教育を重視した集落ビジョンづくり（山下）　102

第3部　田園環境教育のかたち

3.1　田んぼの学校と農の体験（森川）　112
3.2　山村留学制度を通した環境学習（藤本）　121
3.3　廃校と自然共生の教室（蟹江）　135
3.4　総合学習の原点と地域づくり（木下）　149

第4部　自然豊かな学校空間

4.1　校庭の計画と環境教育（河野）　166
4.2　屋上に「田んぼ」のある小学校（内田）　184
4.3　森を創り出す学校（山崎）　198
4.4　学校で海の生き物にふれる（三橋）　211
4.5　学校とその周辺の自然の意義（藍沢）　221

口絵

第1部
農村の景観と子どもの感性

1.1 土と生き物にふれる体験

❶ 田園における「学問のすすめ」

• 田園における体験 •

　この本の主旨は「学問のすすめ」である。学問のすすめといっても田園における環境学問のすすめである。土と生き物から子どもたちは何を学ぶか。子どもたちの田園体験の意義について考えてみたい。

　農業の農という文字のおおもとの意味を辞書で調べると，硬い土を貝殻で掘ってねっとりとさせること，つまり耕すという意味があるという（漢字源）。何のために耕すのか？　収穫というもくろみのためである。ある土地（環境）をある人（主体・集団）が種を用意し耕し植えて，手入れし育て，その実りを収穫し食す，または成果を使い活用する行為の体系が農である。この仕組みのくわだては永続的に繰り返すものであり，一時的なものは農とはよばない。農とはこのように環境と生物に対し，人間が意図的に介在し持続してゆく概念である。

　おおげさにいえば環境と生命の関係を見分ける態度が農にはある。その関係に直接かかわり，みのりを享受しつつ，翌年のみのりをも意図する。

　田園における環境教育，農にかかわる環境教育はここにこそ学習の対象があり，また田園の教育効果があるといえる。現代の普通の自然観，例えばリゾートという考え方では，自然は生活に近接しているが生活の外に独立している豊かなもので，人はそれを傍観的に享受しようとしている。いわば抽象的にしか自然を受けとめていない。地球環境や食糧資源の議論では地球や農地は子どもにも，大人にも抽象的に理解されている。だが実際に田園に出て農作業を経験

すれば，人は総合的環境と生活を通じて，自然に直接に対峙し介入する。ここでは自然は手強い対象であり危険もともなうが，人はすべての知恵と経験を結集して対応する。みのりはもくろまれているのだが，その実現は不確定である。不確定な成果に対し注意深く，経験と試行錯誤と科学を組み合わせた創意工夫で対処する。この知の形は世代を超える知性として受け継がれるべき方法である。だからこそ収穫は歓びであり，感動であり，感謝に満ちたものとなる。そして作業は何らかの協同作業を伴う。歓びと感動はこうして集団的なものや世代を超えたものになる。ここに重要な学習効果がある。

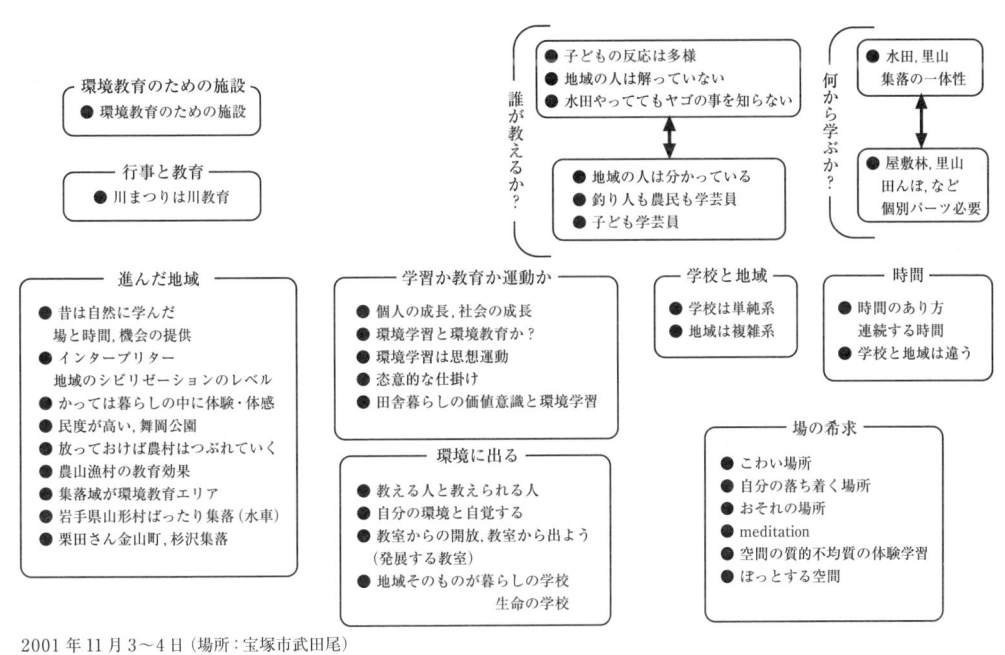

2001年11月3～4日（場所：宝塚市武田尾）
参加者：重村・山崎・伊藤・蟹江・糸長・木下・河野・森川・三橋・加藤・山口・平田・稲地・内平

図-1.1.1　宝塚市におけるワークショップ2001-11-04「まとめ」

● 児童生徒の田園における環境学習の特性 ●

児童生徒の田園における環境学習とは具体的には農作業体験や，生物の栽培（育成）収穫活動の体験，農山漁村環境における生活体験などを意味する。これらを通じた環境教育には，総合性，集団性，体験性，身体性という意味において他の手段による環境教育では容易に得られない特徴がある（表-1.1.1）。

表-1.1.1　田園での環境学習の特性

1)	総合性	全科目知識の動員，労働と知識，全感覚
2)	集団性	協同の必要，作業集団，地域社会や家族社会
3)	体験性	実感，偶然，事件，解決の経験
4)	身体性	体力，生命，道具，危険，触感

畑に種を植えて収穫するというプロセスを例に以下の4つの特性について考えてみよう。

① 総合性という点に関して，学校教育の教科目でみると，農的な作業はほぼ全科目にかかわる知識に関連している。目的をもって作業を体験し，全感覚で受け止め，さまざまな興味や課題が発生し，対応する知識が再認識され，フィールドにおける事例で検証されてゆく。ここでは教育の媒体（メディア）は実物である。実物の自然の理解，人間の理解に通じる。体験の繰り返しや学習において，個別的な発見や知識が普遍的な原理と結びついていることをフィールドから実感でき，またフィールドの諸条件を知る過程で環境の連続性と総合性をも必然的に学ぶこととなる。

② 集団性は農的体験にはつきものである。一般に作業の対象は個人の作業量をこえたものとなる。そこで共同作業や分担連携といった協同の形を学ぶことになる。作業集団における合意や規範という秩序，助け合いや思いやりという紐帯をも学習する。個と全体という構図だけでなく，大人と子供，年長者と年少者という，異年齢集団の協力の形が容易に形成される。

多様な作業があり，小さなものにも役割が与えられる。社会の中の一員として，子供が自分にふさわしい一つの地位を得ることも可能である。直接に村の人々と出会うこともあるが，作業をしながら農作業する集団＝村落社会のある種の擬似体験を味わうことにもなる。家族における体験学習では家族における作業分担の本質的形態を学ぶ機会にも満ちている。

③ 体験性からみてみる。他の体験と比べてみても，対象は複雑な体系の中にある。収穫に至るプロセスに含まれる不確定性は，生命を維持するデリケートな条件に規定されている。作業のプロセスには必ず偶然な要素が含まれ，長い期間にかかわる体験であればあるほど，さまざまな事件を体験し，解決の経験を経て，学習効果の強いものになってゆく。危ういが希望に満ちた，「いのち」を機軸に関心が集中され，生命が実感される。通常の実験と異なるのは刈り入れたり、食べたりすることから成果の享受の方法も学習の対象になるという意味で，歓びは倍加され，成果が得られないときの悲しみの場合とともにそれらは共有され，強く共感する体験をも得ることになる。

④ 身体性という要素は，この体験の特徴の一つである。何よりもフィールドに体を運ばなくてはならず，日常生活の環境とは違う，都市的にはサポートされていない環境に身を置かないと農的体験はできない。宿泊を伴う場合でも，伴わない場合でも，一定時間の滞在は都市住宅に住む子らにとって，異空間，異環境における生活を伴う作業体験となる。自らの体力によって支え，道具を扱い，直接土や水や作物や生き物に触れ，体感し，危険にも出会う。痛みや重さ，きつさ，冷たさ，ぬるぬるしたもの，とげとげ・ちくちくするものの感触という普段の生活では回避している多様な身体的体験をする。におい，おいしさ

という感覚や触覚も含めて全感覚が動員される。空間の把握においても水がどちらからどちらへ流れるかということも含め，地理的空間把握と体感とが同定される。生き物（いのち），物，空間の身体的把握こそ，これまでの学校教育では充分になされなかった部分である。

田園における環境特性は，こうした優れた特性をもっているからこそ注目を浴び，期待されている。

❷ 地域における環境教育のめざすもの

・環境と生活の新しい形・

地域において環境教育を推進されるようになったきっかけは，都市と農山漁村の双方における環境の混乱である。都市においても農村側においても個々の空間開発や整備が進み総合的環境が失われてきた。都市では自然的要素が大幅に後退し，多く消滅した。農村経済の崩壊は，人口流出をもたらし，荒蕪地の増大，里山の疲弊などさまざまな環境的破綻を招いた。同時に都市社会においては心の荒廃や，近隣の絆の希薄化など，農村部においては過疎化，高齢化，集落の環境管理機能の後退など多くの社会問題が起こってきた。都会にもあった緑豊かな小道や小さい自然は消え，農村でもよく手入れされた田畑・里山の景観が荒廃してきた。こうした状況から，残された自然的環境や農村的環境資産を再生し，新しいサステイナブルな（持続可能な）環境の発展をめざす運動やエコロジカルな考え方を重視した環境の再生回復運動が起こってきた。これと環境教育がさまざまな形で結びついてきた。

横浜市における舞岡公園と舞岡ふるさと村は，里山の自然と優良な田園が展開する丘陵地形に，住宅地開発が及び，市街地と農村環境が隣接することになり，そこで起きた運動がその発端である。休耕田の一部が荒蕪地化してきたことに，近隣の住宅地の主婦たちが気づき，荒蕪地を借りて農地を管理し自家用の餅米をつくるなどの静かな動きが出てきた。今ではこのような体験農園を含め，里山や田園環境の保全に都市住民と農民が協力してかかわるとともに，大人も子供も対象にした多くの体験学習などのプログラムが存在している。ふるさと村に隣接して横浜市が里山や農地を管理し住民が運営する公園が切れ目なく続いている。ここでは公共的に管理運営されているものと，地域主体が運営するものとがうまく役割分担を果たしている。個別の環境の再生から発して環境教育へと発展し，さらに新しい地域づくりや，従来型とはことなる新しい価値観をもった生活様式を生み出しつつある。都市部におけるこうした筋道は尼崎市の例（口絵）や多くの都市化された地域でみられる。

第1部　農村の景観と子どもの感性

　市街地が連続する人口集中地区から離れた純農村では，人口の流出や集落機能の低下により，離農者が増え荒蕪地が増大した空間や，管理が行き届かなくなった里山，またそれより山あいの中山間地では傾斜面に展開する棚田や森林など，管理が手薄になった部分について，都市農村交流，提携事業によって再生または再活性化を図ろうとする企画が生まれ，クラインガルテン（都市住民向け貸し農地）や棚田，樹木オーナー事業などから発展して，それが環境教育と結びついてゆく例もみられる。滋賀県高島市新旭町の田んぼの学校（3.1節）のように，一方で都市農村交流を進めつつ，農村地域内部においても，農的空間の総合性について子供たちに体験教育を行うことによって，生活文化の伝承と発展を図ろうとしている事例さえ生まれてきた。

　奥地では，過疎によって空洞化してきた空間をどのように環境教育資源にしてゆくかということについて，真剣に考えられはじめいくつか実践例も出てきた。山形県金山町の杉沢集落などの例では，地域の基本生産を維持しつつ，集落構成員それぞれの力に応じた特産づくりを行い，それらを発展させ，環境教育や山村環境を舞台にした普遍的な社会教育の場とプログラムをもくろみ，静かな交流ビジネスにもつなげている。しっかりと活性化をめざす地域づくりと，生活の価値づくりの運動が結びついている。

(a)　農地と宿舎（週末別荘）

(b)　全景

図-1.1.2　朝来市伊由の郷クラインガルテン　ここでは養鶏場撤退のあとの荒蕪地にクラインガルテンをつくった。集落住民と来訪者が援農や環境学習で協力する中で定住する人々も増え都市農村交流が地域の活性化に発展している

田園における環境教育は，背景として，自然的要素を豊かにもち続ける農的環境資産を管理運営するムラの力が弱まったところに，その生活文化体験を創造的にこころざすマチの力を迎え入れ，両者の充足を得ようとするきっかけと動機があって展開されることがわかる。これらは自然と農を媒介にかかわる新しい生活の価値づくりと活性化をめざす地域づくりが結びついて展開される都市農村交流事業の側面をもつ。1970年代にはじまったグリーンツーリズムの中には，ただ相対的に安価なリゾートとしか農村景観資源を位置づけないものも多くあった。これに伴う開発は多く破綻を招いてきたが，環境教育・環境学習と結びついた都市農村交流はもっと田園や農村の底力に依拠している。

　環境教育運動は農村の基本機能と結びついているか，農村の空間や環境資産，なにげなく見落としがちだが豊かな，身近な小さな多自然空間に依拠している。その管理主体は公共が介在する場合もあるが多くは村人や集落であり，彼らがつくった環境管理団体である。そして何よりも休暇の非日常を得ようとするところに動機があるのではなく，日常生活の充実にこそ目的がある。

• 多様性といのちの発見，誰から何を学ぶか •

　農の環境から私たちや子供たちが学べることの本質は何であろう？　フィールドに出ていのちについて学び，それを再発見することだといえるかも知れない。里山，水辺，集落，農地と連なる一体的環境は多様で不均質な無数の生き物の生命から成り立っており，その循環の中に村人たちの暮らし（生活）があり，そこにまた来訪し介在しようとしている来訪者の存在と暮らしがある。それらの「生」の多様なありように身をおくことによって，現代工業化社会文明がつくり上げようとしてきた無機的で単能的な空間を画然と整理して組み合わせた環境における暮らしとは違う身の処し方を学ぶことになる。

　そうした環境の中で一つ一つの生き生きした要素が無数の知的好奇心の対象となる。1.2節の4項「親の後ろ姿が子どもの感性を育む」に紹介されている簸川平野の平野と防風林について学べば，次はこの地域に特有な景観をつくり出している屋敷の防風林「築地松」はどのように刈られ維持され，その枝や葉はどこにゆくのだろうと関心が発展する。

　また自分の行為に照らしたとき，水を例にするとどの水は飲んでもよいか，どこで泥の付いた野菜を洗うべきか，目的に応じてどこから水を汲むべきか，どこに魚がいるか，どの水は危険な水か，などなど多くの作法を学ぶ。どの水門はなぜあり，土手は何の役に立っているかなどの知識も学ぶ。水を管理してきた歴史にふれることもある。自分の身を守る必要に由来するものや，皆で環境を分かちあってゆくための知恵や，環境の総体を保全するための知恵や，どのように恵みを得るかという知恵などがぎっしり詰まっている。そのような環境における作業

を通じて，社会の中での自分の位置と向き合う。

こうして得られる体験と人間形成は他では得られないものとなる。

地域環境が十分教育力をもつかという問題は，地域づくりがどこまで成果を上げているか，あるいはこの環境教育を支える交流活動がどれだけ学習する側と地域の人々の双方に意義が共有されているかということにも規定される。滋賀県甲良町の例では地区の人々が，年輩女性もふくめ誰彼となく，学芸員のようにビオトープや水路について説明をしてくれる。

「この川には何々がいるよ」と子供も釣り人も自然誌博物館の学芸員のように環境の解説者になるのが理想である。だがどこでも農村に行けばみなが自然に詳しいというわけでもないし，来訪者が彼らの生活空間や生産空間に入ってくるのを常に歓迎しているわけでもない。どのように地域づくりを意識して地域の主体が形成されているかということが重要である。地域づくりに寄与することとして，環境教育や交流プログラムを積極的に受け入れるゆとりをもつまでに至ることが重要である。教育プログラムを企画運営する主体や団体がどれだけ注意深く用意するかということが，ことの成否に大いにかかわることはいうまでもない。

• 場の希求と非日常な時間 •

都会の生活はおろか，現代では農村の住民の多数の生活においても，時間はブツギリとなりせわしなく人は動き，ことなる行為の連鎖の中に身をおく。だが伝統的な手法で環境に農的にかかわると時間はゆったりと流れる。日々の繰り返しと季節ごとの微妙な時間変化はゆったりとしかし注意深く意識される。農山漁村環境の不均質で多様な空間は，単に自然的要素だけでなく人家や寺や堂などの小空間も含め性格の異なる無数の空間がある。美しい場所や空気のおいしい場所，見晴らしのよい場所，川のせせらぎの聞こえる場所，鳥の声がこだまする場所，夕日の美しい場所などの好ましい場所もある。だが，怖い場所，恐ろしい場所などもまた環境に深みを与えている。自分をみつける場所，ぼうっとしているだけで心の落ち着く場所など，静かな時間の流れの中での，いわばメディテーションの空間も存在する。これらを体験することも環境学習の対象になる。リゾートとは異なる日常の背後にある非日常の時間が想像力に深みを与える。こうした農村の時間と空間の豊かさを環境教育に組み込んでゆくことも大切である。

地域の伝統祭りは環境教育の場であることもある。秩父の荒川村，原集落の天狗祭りは毎年子供たちだけで大きなやぐらをつくって，それを燃やす祭りだが，小学校1年生から中学校3年生までの9学年の異年齢集団が主体となる。小1はみているだけだが，8年後彼らの中から

ボスとサブボスが生まれる。やぐらは伝統にのっとってつくられるがそれを今日燃やすか燃やさないかも含め大人は手出しも口出しもできない。3年生のボスが決める。すべてのノウハウは異年齢集団の体験によって伝承される。これ自体すでに壮大に環境を用いた意図せざる体験教育であるが，この方法はまた小規模な地域集団における異年齢集団による環境教育の雛形にもなりうる。愛知県の額田小学校の事例など，いくつかの事例においてこのような関係をめざす動きがみられる。

川祭りなどの行事をよく調べると，川の機能や約束，日常のかかわり方，非常時の対応などに関する地域環境教育の役割を果たしていることがわかるとも報告されている（1.3節）。こうしたメリハリのある非日常の時間もまた学習効果，教育力を高める役割をもっていることにも注意したい。

❸ 環境教育と学校の役割

• 実践を通じた教育と教室からの発展 •

かつてアメリカの思想家ジョン・デューイなどは，実践過程を重視した教育を主張した。真善美のうち自然法則の認識や理解などのいわば真を重んずる知の体系は，善や美という目的の達成のための手段の地位におかれるべきであり，実践の成果をめざす試行錯誤の達成過程こそ，社会における人々の人生を通じて知識が生かされる道の獲得に寄与するものであり，教育において評価されるべきであるという考え方である。わが国にも戦前から戦後にかけて，こうした考え方を含む実践教育や自由教育の考え方に根ざした，さまざまな教育運動があった。だが知識万能の学力観や，偏差値競争によってこうした少数派の学校や教師は淘汰されてきた。また哲学においてもこの考え方は長らく脇道におかれた。

だが教育論においても，科学論においてもふたたびこうした方向の先駆的意義が再確認されてきた。一つの理由は教育の荒廃とその反省である。第二には個々の児童生徒の個性を尊重しつつ，協同と連帯の歓びを教えようとする，オープン教育の試みもそうである。「総合的学習の時間」などにみられるようにプロジェクト的な目標に向かう実践プロセスにおいて個々の教科をこえた学習を進める不定型な教育形態などは，まさしくこの実践的教育論の発展を彷彿とさせる。ただ知識を増やすことを目指すのではなく，価値の達成に向かってどのように知を役立てるかということが何よりも大切である。

オープン教育の志向は，教室における一斉授業からの脱却をめざしており，個々の児童生徒

第1部 農村の景観と子どもの感性

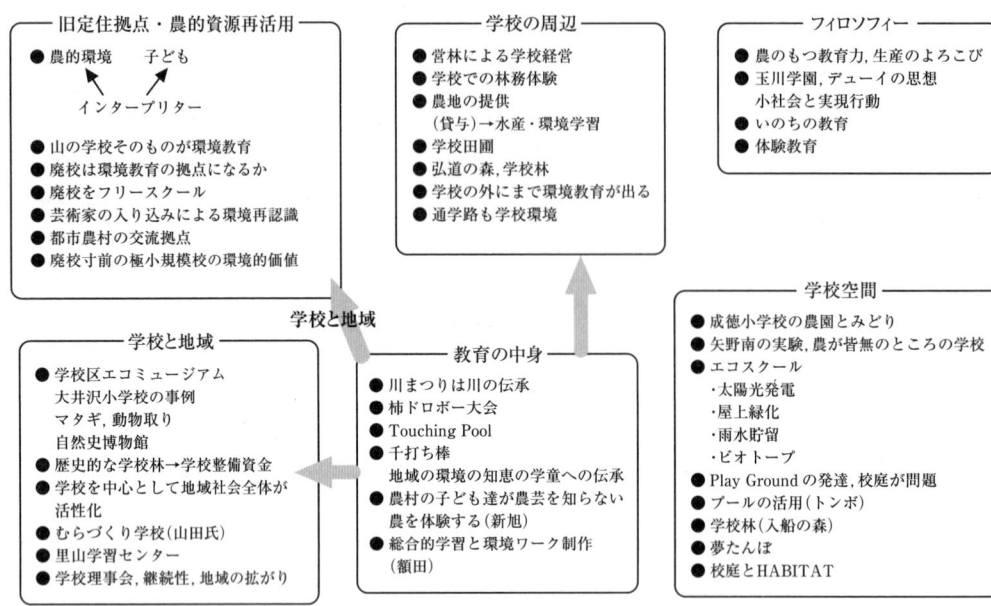

図-1.1.3 宝塚市におけるワークショップ 2001-11-04「学校環境と環境教育」

表-1.1.2 弘道の森活動表（常磐昭三教頭案）

	4	5	6	7	8	9	10	11	12	1	2	3
1年	みんな仲よく遊ぼう 朝顔の土とり(理)	野の草花(理) 山の草花(理)	虫さがし(理)			自然に親しむ(理)	落葉や木の実ひろい(理)	自然に親しむ(理)		そりすべり(体)	雪なげ・だるまつくり(体)	
2年	みんな仲よく遊ぼう絵(理)	森で遊んだ絵(図工)	虫さがし(理)			砂と土(理)		落葉・木の実・たね(理)	(年間を通して自然観察)(理・学活)		雪遊び(体)	
3年	草木の観察(理)	野外音楽会(音)	夏の草木(理)	虫の観察(理)	学P(未定)	アスレチック(レク)	くりひろい(レク)	落葉の観察(理)	(年間を通して自然観察)	スキー(体)	スキー(体)	草木の芽ばえ(理)
4年	弘道の森の由来 お花見(学)		木陰音楽会(理)	昆虫の観察(理)	学P(未定)	土地を開く(社)	木登り大会		スキー(体)	雪の彫刻(図工) (年間を通して自然観察)	作文—森との1年間—(学)	
5年	お花見(学)	メダカ取り(理) 写生会	山登り(体) 春の草花と虫(理)		学P(未定)	秋の草花と虫(理)	焼いも大会	落葉・木の実拾い(自)			雪遊び(体)	
6年	学年会(自) 春の野山(自)	山登り(自) 草むらや林の植物(理)	実や種のでき方(理)	清掃(自)	キャンプ(学P)	歴史学習	くり拾い	力とてこ(理) 詩(国)		清掃(自) スキー(体)	雪遊び	
クラブ		草苗作り	モリアオガエル ほおの風車づくり	ビワの実とり		キノコ集め	木の実の笛	コケシの材料	冬鳥の観察	(クラブ活動の場)		
児童会 全校生	大掃除(勤)	にわとり,うさぎの飼集め(飼)	梅の実とり(開)	除草 大掃除(勤)		くり拾い週間(開) 除草(勤)		大掃除(勤)				大掃除(勤)
PTA 地域					整備 せん定							
備考	大掃除		除草剤散布	除草	せん定	大掃除	除草剤散布	大掃除 しめなわかざり			整備	

の自己学習の支援や，グループワークの支援を可能にする，学校空間の計画開発が行われてきた。教室をこえてワークスペースへ，教育リソースのあるメディアセンターへという流れである。だが学校において最大のオープンスペースは校庭である。また教育リソースは実は校庭周辺から地域へと広がっており，そこには豊かな環境資源（リソース）と人的資源（リソース）がある。総合的実践や体験をめざす環境教育はまさしくこの教室から発展した校庭から地域に至る教育の舞台をも点検しなければならない。

● 環境教育の場としての学校空間 ●

4.1節でイギリスの学校環境づくりが紹介されているように，イギリスの学校基準においては，校庭が，① 運動場，② ハードコート，③ 屋外活動スペース，④ ハビタット・エリア，⑤ 建築敷地および通路によって区分されている。ここでハビタット・エリアと呼ばれる自然生息地，植物や昆虫などが生息できる緑地の確保を義務づけているところは興味深い。ここではまた可食の植物などをも植え，エディブル・ランドスケープ・ゾーン（食べられる景観地）としているところもあることが報告されている。

わが国においても各地の都市部の学校でビオトープづくりが盛んであり，校庭において体験的に自然学習の可能な環境づくりが盛んである。こうしたスペースをとくにつくらなくても，秋になって使わなくなったプールにトンボに産卵させ，翌年6月水泳用にプールを準備する前に枯れ葉の中に埋もれたヤゴを救出して水槽や他の池に移し，その羽化を観察することも全国の小中学校で広く行われている。

こうした中で，校庭に森や草地，農園を大々的につくって地域住民とともに管理している尼崎市の成徳小学校の例（4.3節）は校庭を自然環境資源のリソースとしたよき例である。さらに新興住宅地でも例がある。コンクリートで固めたひな壇造成がなされた新興住宅団地に新設された校庭の狭い小学校において，屋上に数十cmの土を盛り，本格的な水田を仕組んだ，広島市の矢野南小学校の例（4.2節）は，地域住民の連携をも前提として，設計当初から屋上水田による教育を企図した先進成功例として重要である。これらは都市部において校庭に農による体験環境教育の場を準備した例である。

文部科学省のエコスクールの補助メニューは最近大変充実しており，これらを用いて環境教育の舞台を創出することが期待されている。

学校空間による環境教育の可能性に関しては，とくに農村部においては学校田圃や学校林という事例がある。古典的な学校林は学校に近接する森林を管理し，営林して，学校整備資金を

第1部　農村の景観と子どもの感性

得る，または学校で必要な家具をこの森で得た材でつくり出すなどの仕組みである。この場合森林管理，営林，手入れや伐採などの林務や，家具製作に児童生徒が何らかの形でかかわることによって，環境教育が大いに実践される。ただ，これらは地域の主体が相当に学校に関わらなくては維持できない。最近では東北地方のいくつかの事例を聞くのみである。

豊岡市出石町の弘道小学校では，旧敷地のそばにあった弘道の森という学校林（学習林）があった。新敷地に移ってからは，また後背の里山を町が買い取って新弘道の森とした。ここではさまざまな活動と環境教育が行われていた。90年代のはじめにこの森の利用を教頭が企画した弘道の森活動表（p.10）をみると，毎月各学年のイベントが書かれていてほとんど空いている月がないほどである。理科の朝顔の土取り，虫探し，図工での絵描き，こけしづくり，社会での歴史学習，体育における雪遊び，音楽における森のコンサート，国語の詩の制作などであり，いかに豊かなリソースであるかがわかる（表-1.1.2）。残念ながら新弘道の森は森の繁茂力が旺盛で，手入れが大変であり，またごく最近熊やマムシなどの脅威も出てきて，プログラムは中断されている。状況が変わり，地域の協力があれば，きわめて有効な環境教育の舞台となるであろう。地域住民が管理している里山や水田を一時的に借りて，地域住民の協力を得て環境教育の場とする事例も現実的であるともいえる。

図-1.1.4　弘道小学校と弘道の森

• 教育の舞台としての地域 •

学校のカリキュラムが柔軟化されることと並行して，地域との結びつきを強める動きが始まっている。学校理事会や学校評議会などもそれらの動きの一つであり，地域住民が学校の運営に直接間接にかかわり，いわば地域全体で子育て人育てをする体制をつくろうとする動きである。これらが先に述べたような学校の外部にまで広がり，教師や児童生徒の手だけでは管理しきれない教育の舞台としての環境のメンテナンスと継続的な地域との連携プログラムにかか

われるようになることができればより効果的である。総合的学習の時間においては地域住民と連携したさまざまな教育プログラムが各地で意欲的に設定され，環境教育はその重要な部分を占める。この研究に報告された事例においても，水田はなぜ水が漏れないのかを子供たちに探らせる岡崎市額田町大雨河小の試み（3.4節）や，山形県月山における学校区エコミュージアムなどの例もある。岡崎市額田町の例では小規模校が意欲的な環境教育を進めることによって，過疎の地域が元気になるきっかけをつくっている。

　横浜市の大道小の事例では学校にトンボ池をつくり，そこでの観察行動が児童たちに切れ目のない自然への興味をかき立て，学校の外にまで波及することになった。トンボの生息環境である隣接した川に関心をもって，川の浄化と自然回復の運動にまで発展した。学校を舞台とした環境教育は地域へと発展する中で，このように地域づくりと大いに関係してくる。環境とは切れ目のない総合的なものであり，さまざまな要素が絡み合っている。環境教育は地域の環境点検の機会にもなり，時に地域環境の再生の原動力にもなる。地域の人々が外部の協力講師や，支援者，運営のサポーターとして関与し，恒常的な支援にかかわる組織NPOなどに発展し，また農作業が介在することによって，より充実したプログラムをもつ。地域の環境再生は地域の生活文化運動として，地域の持続的充実に寄与することが期待される。

　かつて明治の学制発布の直後わが国の小学校の数はいまの倍ほどもあり，国土に余すところなく位置していた定住拠点に準拠して配置されていた。過疎地では目下廃校になり統合される学校と廃校寸前でがんばっている学校とがある。どちらであっても地域との結びつきはきわめて濃いものがある。大雨河小のように魅力ある小規模校でがんばっている例もあるが，廃校になった学校をどのようにするべきかという課題を日本中の疎住地がかかえている。廃校を都市部の学校とは違うフリースクールにする例，芸術家などアイターン者の入り込みの場とし，文化拠点として地域の元気の素をつくろうとする動きも日本各地にある。だがもっとも可能性のある方向は，これらを山の学校や島の学校とし，環境教育の拠点として再生する方向である。なぜならその先には豊かな自然があり，かつて多くの人々を農を通じて支えた水田や森林や里山や河川などの秩序だった環境資産が潤沢にあるからだ。京都府の宮津市の地球デザインスクールはその一つの例である。理想的には，地域住民と入り込んだ外部専門家と来訪する環境学習者の三者が，協力できる形がもっとも望ましく，そうした事例も少なくはない。

　実は，廃校は都心部にもあり，ここが緑とまちづくりと地球環境学習の拠点になったらどんなにいいだろうか。

1.2　田園が子どもの心を豊かにする

❶　環境が子どもの原風景を形づくる

　誰しも，子どもが健やかに育って欲しい，と願っている。そのため，子どもがおなかにいる頃からおなかの赤ちゃんに名曲を聞かせたり，生まれたばかりで言葉がわからなくても優しく話しかけたりする。子どもへのそうした働きかけが子どもの心を慈しみ，心地よい環境が子どもの感性を豊かにする，といわれる。孟母三遷は子どもの環境がいかに大切かを教える故事であり，三つ子の魂百までも子どものときの環境がその後の人生観を左右しかねないという諺である。そういわれればそんな気がするが，どんな環境だと子どもの感性はどうなるのか，半信半疑に思っている人も少なくないようだ。

　まず，子どもの育った環境はどのように心に残るのだろうか，実証しよう。

　福島県の山間に位置する旧舘岩村で生まれ育ち，成人してから村外に住み始めた人々に「ふるさと」の言葉で連想するイメージをあげてもらった。その結果，すべての人が回答したのは山であった。旧舘岩村の風景はまわりを取り囲む山並みで限定されている。人々はどちらに向こうといつも山が目にはいる。山は季節によって色を変え，春の風，夏の嵐，秋の風，冬の雪を運んでくる。人々は山をみて季節を感じ，明日の天

表 -1.2.1

山	33	100%
川	18	54.5
雪	17	51.5
自然	12	36.4
田畑	9	27.3
曲屋	12	36.4
茅屋根	12	36.4
家族	16	48.9
友人	12	36.4
ほっとする	12	36.4

気を知る。旧舘岩村の山林面積は90％に近く，大勢が山の仕事とかかわり，豊富な山の幸を求めて日常的に山に入る。「山」が原風景の基盤であることは想像に難くない。

次いで川，雪，自然の回答が多かった。川は，山あいをぬい，家並みの前や後に見え隠れしながら流れていく。生活用水は湧水を使

図-1.2.1　山あいにたたずむ旧舘：岩村の集落

うものの，川は農業に欠かせないし，イワナなどの川魚のすみかであり，夏は子どもの格好の遊び場になる。川は原風景の大事な要素になっている。雪の回答も高い。秋の終わりになれば小雪が舞い始め，春先まで根雪が残る。1年の半分は雪と暮らさなくてはいけないのだから，家々は雪を防ぐつくりとなり，子どもは物心ついたころにはスキーをはいている。雪の思い出は多い。

田畑には約1/3の回答がみられた。山間集落のため平坦地は少ないが，山際または街道沿いに民家を寄せ，なんとか田畑をつくりだしている。そのため，どこに立っても，田畑，その先に家並み，その背後に山並みの風景が展開する。田畑は生産の場であると同時に日常生活の舞台をつくり出している。曲屋には4割弱の回答がみられる。曲屋とはこの地域に特徴的に分布する民家形態で，間取りをL字型とし，道路側に突き出た土間に馬屋をおいた名残である。いまは部屋に改装しているが，かつて農業に馬は欠かせず，雪深い冬に馬を守るため土間に馬屋を取り込んだ間取りで，地域の住文化を伝えている。曲屋とともに民家の特徴を表しているのが茅屋根で4割弱の回答がある。いまでも茅葺きの曲屋が多く残っており，曲屋＋茅屋根を景観資源として生かそうと，旧舘岩村では補助金を用意し，曲屋保全に努めている。日本ではこうした曲屋＋茅屋根が少なくなっていることから都市民の来訪者も多く，絵や写真の題材となっている。

ところで，このふるさとイメージのうち「家族，友人」の回答に驚かれた方もいるのではないだろうか。祖父母・両親・兄弟の「家族」に5割弱，幼なじみや隣近所などの「友人」に4割弱の回答がみられる。これは，ふるさとの原風景が生活舞台を構成する山や川，田畑，曲屋だけでイメージされるのではなく，その空間と時間を共有する仲間がいてはじめてイメージが形づくられるということを意味している。このイメージは，村を出て間もない若者も，村を出てから長い年月を過ぎたお年寄りも共通していた。原体験の積み重ねがふるさとのイメージを形づくり，それがいつまでも原風景として心にとどまっているのである。だからこそ，世代が

違っても同じ環境で育った同郷の人々を結びつける働きがあるのである。

　私の勤める大学は関東平野, 武蔵野に位置する。長野から来た学生が, まわりに山がない, 風景が広がりすぎて不安だ, とこぼしていた。山に囲まれて育った人は山並みから自分の位置や我が家を認識するようだ。静岡の海沿いで育った学生は, 勉強が行き詰まったときなどは同郷の仲間と乗り合わせ海をみに行くそうだ。くり返す波をみているうちに気持ちが安らぐという。生まれ育った環境は原風景として心に焼き付いているのである。故に, 原風景を仲立ちにして世代を超えた同郷の人々を結びつけ, 原風景との再会が疲れた心に安らぎを与えるのである。原風景は人生の拠り所になるといっても過言ではなさそうだ。

❷ 環境が子どもの遊び方を左右する

　では, 子どもにはどのような環境が望ましいのだろうか。いい方を換えれば, 環境の構成のされ方が違えば子どもの行動が異なり, ものの考え方も違ってくるのではないか。とすれば, 環境の違いが子どもの感性をも左右することになる。そこで, 子どもの遊びを取り上げ, 環境の違いと子どもの遊び方の違いを調べることにした。調査地は, 都市近郊に位置し, 都心通勤者の住宅地整備が進む一方, 町にはまだ農地や自然が残り, 町の基本方針として農のあるまちづくりを打ち出している埼玉県宮代町で, 街区公園などの「公園空間」, 道路や空き地などの「市街地空間」, 農地や山林, 水路などの「田園空間」での遊びを採取した。その結果, 田園空間に素晴らしい効果が隠されていることが分かった。いかに遊び空間が子どもの遊び方を決定づけてしまうか, この事実を大人は真摯に受け止めなければならない。

　公園空間は公園の広さと器具・施設などによって遊び方が限定される。コミュニティ広場は町民体育祭も行えるほどの広さがある。ここの特徴は広さを活かしたキャッチボールやサッカー, 自転車競争であるが, 広々としていて安全に遊べる環境のため, 走り回ったり, 寝ころんだり, 親子や孫子などが語らったり, 多様な遊び方が展開する。児童公園, 幼児公園, 街区公園などは名称に違いがあっ

表-1.2.2

公園空間	コミ広	キャッチボール, サッカー, バトミントン, 自転車競争など
	児童公園	かけっこ, 高鬼, ゲーム遊び, ブランコ, すべり台など
	幼児公園	ボール投げ, 鬼ごっこ, すべり台, ブランコなど
市街地空間	路上	ボール投げ, ボールけり, 缶けり, 縄とび, おしゃべりなど
	空き地	ボールけり, ボール打ち, 自転車乗り, 草花遊びなど
	駐車場	ボール投げ, 高鬼, ケイドロ, ゲーム遊び, 自転車遊びなど
自然空間	水田	ザリガニ・オタマジャクシ・カエル・虫とり, 水遊びなど
	雑木林	虫取り, 秘密基地, 木登り, ロープブランコ, チャンバラなど
	草地・畦	草花遊び, 虫とり, 自転車乗り, おしゃべりなど

ても広さ・施設がほぼ同じ場合，同じような遊びがみられる。すべり台，ブランコはその代表であるが，一定時間遊ぶと飽きてしまうのか，ほかの遊びに移る。砂場があれば砂場で遊び，隠れるところがあれば高鬼，鬼ごっこ，かくれんぼなど，樹木があれば木登りなどが発生するが，そうした遊具，仕掛けがないと遊びが発生し難い。

図-1.2.2は埼玉県上尾市の運動公園である。子ども連れの家族が安心して，のびのび遊べる。しかし，用意された遊具はすぐに飽きてしまうようだ。

市街地空間での遊びは，主に路上，空き地，店舗の前や駐車場で見られる。路上は遊びが大きく2種類にわかれる。一つは自分や友だちの家の前などで，道路の特徴を活かし，ボール投げや縄とび，缶けりなどの遊びで，二つは通学などの行き帰りに連れ立っている友だちと手もちのボールやゲームを使ったり，おしゃべりやふざけっことしてあらわれる遊びである。車の往来が遊びを中断させることが多いので，短い時間か限られた場所になる。市街地には空き地は比較的少なく，遊び事例は少なかったが，遊具のない公園のような遊びがみられた。駐車場等は，別の用事でそこに来ていて，あるいは通りがかりに，たまたまそこで遊びが始まるような偶然性が高い。例えば，スーパーやコンビニに何人かと買い物に来て待っている時間や用事がすんだ後に，乗ってきた自転車や手もちのボールで遊びが始まっていく。いずれも自然環境要素が少ないこともあって手もちの道具などを使った遊びになる。

図-1.2.2

図-1.2.3は兵庫県淡路島の路地で近所の子どもが遊ぶ光景である。身近な遊び空間はもっともっと確保されるべきだが，ここも車が来ると遊びが中断してしまう。

ところが田園空間での遊びは，公園空間，市街地空間とは大きく傾向を異にしている。水田であれば，水田にすむ小動物が対象となっ

図-1.2.3

第1部 農村の景観と子どもの感性

た遊びが展開し，しかもオタマジャクシ，カエルのように季節の変化で水田の生物が変化すると遊びも応じて変化を見せるところに特徴がある。水田にはカエル以外にも小動物が生きていて，同じ水田でも魚やトンボやイナゴなどに遊びの対象が変化していくのも特徴である。雑木林では，樹木を活かして木登りや樹間にロープを渡してつくったブランコ，綱渡り，木の上の秘密基地づくりなど，その場所の自然を上手に取り込んだ遊びがみられる。注意深く観察すると，太い木と細い木，すーと伸びた木と途中の枝わかれでとっかかりのできた木など，木の性質で遊び方を変えている。こうした遊びは難易度があり，例えばすべり台，ブランコはうまいへたがあるとしても遊び方は同じだが，水田や雑木林では，小さい子は小さいなりの簡単な遊び，大きい子は熟練度の高い遊びと，段階に応じた遊びがみられる。草地や畦では，草花や虫とり遊びがみられるが，雑木林などの高度な遊びとは違った遊び場になっているようで，おしゃべりや歌なども聞かれる。空間の違いを巧みに活かしているといえよう。

図-1.2.4は埼玉県上尾市の竹林で親子グループがタケノコ狩りを楽しんでいる光景である。遊びが自由に展開するばかりでなく，自然観察の現場ともなる。このあとはタケノコバーベキューで盛り上がる。

図-1.2.4

遊び環境と遊び方を対比してみると，環境によって遊び方が異なることがよくわかる。とりわけ，田園空間では遊びに自然性が反映され，遊びが多様化している。自然は四季の変化がある。水田であれば，春先に水が入り，夏には稲が伸び上がり，秋には水が落とされて収穫になり，冬は土塊の広がりになり，応じて生き物と空間の様相が変化していく。年間を通して子どもの遊びを採取すると四季に応じた遊びの変化を見ることができる。雑木林や草地，畦も同じで四季の変化とともに子どもの遊びは変化する。対して，公園空間は花や樹木が植栽されていても自然を相手にした遊びはほとんどみられず，多くの遊びは遊具などに限定された年間を通して変化のない遊びになる。市街地空間では遊びが偶然に発生し，しかも道具に左右されてしまう。

人は育っていくなかで，豊かな心を育むと同時に，自然の不思議な現象を知識として身につけ，仲間と助け合って生きる作法を身につけなければならない。田園空間での遊びには四季の変化があり，生き物との触れあいがあり，子ども同士が教えあったり助け合ったりする場面が多い。子どものときの遊び方がその人の人となりに少なからず影響することは間違いなさそう

だ．少なくとも，田園空間での遊びは自然生態と直接向き合っているために，ほかの遊び方では得られない自然のなかにある自然性，多様性，複雑性，循環性を知らず知らず学んでいることは確かである．

❸ 水環境を通して社会の作法を学ぶ

環境の違いが子どもの遊び方やものの考え方にまで影響を及ぼすことは間違いなさそうである．しかし，各地で調査を重ねていると，田園環境を通して子どもたちが地域コミュニティの一員として育っていく事例にしばしば遭遇する．青森県津軽地方の中里では「虫送り」行事を通して子どもが地域コミュニティに参加し，埼玉県川越市古谷本郷では「ほろかけ祭」を通して子どもが地域コミュニティの一員として認められていく．こうした事例は全国に枚挙のいとまがないが，残念なことは少子化で行事が衰退したり，人気が出て観光化したりして，地域コミュニティとのかかわりが薄れてきている．

岐阜県郡上市は名水百選の一つ，宗祇水で知られるように清冽で豊かな水に恵まれてきた城下町で，ここでは水を通して子どもたちが地域コミュニティの作法を学んでいる．この事例を紹介しよう．

八幡城を囲む飛騨の山並みには年間3 000 mmを越える降水があり，石灰岩を含む地層に保水されて，町のいたるところに湧水としてわき出す．水は生命・生活に欠かせないことはいうまでもなく，城下内外の家並みは湧水の流れを空間軸にして構成された．八幡城は町の中ほどの小高い山の上にあり，これから紹介する柳町は城の西側の山すそに位置する．柳町の家並みは，北から南に流れる地元ではカワと呼んでいる用水に沿って短冊状に並ぶ．現在の総戸数はおよそ190で，カワの上流側の上柳町，中ほどの中柳町，下流側の下柳町に分かれ自治会を構成する．通りの幅は4 m弱，カワの幅は70 cmほどで，湧水の流れは速く，汚れは瞬時に流されていく．カワには，おおむね家ごとに水をせき止めるためのせぎ板を落とせる溝があり，水を使うときはせぎ板を落として水をため，水作業が終わったらせぎ板をはずして水を流す．上柳町・中柳町・下柳町それぞれに当番札があり，夕方，自分の家のまわりを掃除して，次の家に当番札をまわす．

まだ水道が通らないときは，時間帯を分けて水を使い分けることを申し合わせていた．朝の4時から8時頃までが米とぎ・野菜洗い・茶碗洗い，その後は洗濯など，子どもが学校から帰るころから夕方までは子どもの遊びと汚れの少ない水作業に使うなど，時間別の使い方がならわしであった．さらに，水を使うときは，上流，下流を確認し，他の人の水使用が終わるまで

待つなどの気配りがなされた。こんな時には，よほど急ぐことがある場合を除いて，井戸端会議ならぬカワ端会議に花が咲くのが当たり前であった。水道の通った現在は米とぎはしないものの，野菜の泥落としや洗濯，子どもの水遊び場，花の水，通りへの水撒きやカワ端会議は以前と変わらず盛んで，カワが生活に密着している様子をうかがわせる。

　子どもは親の仕草を見よう見まねでおぼえ，いつの間にかせぎ板のはめ方やカワ掃除を身につけていく。少し大きい子は，小さな子どもを前にちょっとばかり得意になって手伝い始めると，お年寄りがごほうびのお菓子を用意する。それをみて，小さな子どもも負けずに頑張るがうまくいかない。学校帰りの大きい子どもが加わり，結局はみんな水浸しになりながら笑いあう。暑い日にカワは絶好の遊び場となる。とても気持ちよさそうである。すぐそこにはカワ端会議の大人の目があり，子どもは安心して遊べ，ときには大人から水の接し方の注意を受け，水作法を少しずつ身につけていく。図-1.2.5はせぎ板を落とす子どもとカワ端会議の面々。ほのぼのとした光景が日常的に展開している。

図-1.2.5

　このように，水と暮らす社会が健全であれば子どもは大人や仲間から自然に水に親しむ感性と水利用の作法を学んでいくのである。全国にはまだまだこのような水作法を学べる水場が健在であるが，水道水の普及，路地にも進出する車社会，携帯やインターネットの情報化社会により，水場の消失が確実に進んでいる。それは同時に，水を通して社会のルールを学ぶ機会を失わせるとともに，水のもつ魅力に接する機会をも逃すことになってしまう。子どもたちに身をもって社会のルールを身につけてもらうためには，田園環境とかかわる地域コミュニティの活動，とりわけ子どもがかかわる活動がもっともっと重視されてよい。

❹ 親の後ろ姿が子どもの感性を育む

　子どもが田園環境と親しむきっかけはすべて親たち，地域社会にあるといってもいい過ぎではない，と思っている。冒頭に述べた原風景にも親たちは必須であり，遊び環境の選択も最初

1.2 田園が子どもの心を豊かにする

は親たちであり，社会の作法を教えるのも親たちである。子どもはいつも親たちをみて育っているのである。親たちが感動すれば子どもたちも感動し，親たちが思いを込めれば子どもたちもその思いを受け止めるのである。「築地松」を例に実証しよう。

築地松とは，島根県出雲地方に分布する防風林のことである。とりわけ，宍道湖の西に広がる簸川平野に多く分布する。簸川平野は斐伊川流域に広がる沖積地で，斐伊川はかつて中国山地を源とし，西の日本海に向かって流れていた。近世に入り人工的に東の宍道湖に向きを変え，運ばれてくる土砂を利用して沖積地を広げ，いまの斐伊川と簸川平野が形成された。沖積地が広がるたびに農家が建てられていったため，農家が散らばって建つ散居景観が生まれた。

簸川平野の南側には中国山地，北側はやや低い山並みが東西に走る。対して，東西方向の地勢は日本海－出雲平野－簸川平野－宍道湖－中海－日本海と平坦である。そのため，冬の季節風は西から東に向かって吹き抜ける。最大瞬間風速は25 m/秒となり，平地に散在する農家は西の強風を防ぐため西側に防風林をつくり始めた。もともとの低地で土地に塩分が強く，海からの強風も塩分を運んでくるため，防風林には塩分に強い黒松が選ばれるようになった。加えて，沖積地の歴史が浅いため地盤が安定せず高い木は強い風で倒れてしまうし，日影が多いと米の収量が下がるため，黒松の頂部を剪定する方法が採られた。この選定された黒松の防風林が築地松である。築地松とは簸川平野の風土のもとで暮らしてきた人々の歴史と知恵の結晶である。

人々は築地松のおかげで風を防ぎ，豊かな収量を上げることができることから，築地松を誇りとし，ダイナミックな形にデザインを施すようになった。図-1.2.6は稲穂のなかに立ち上がる築地松である。ダイナミックな形に先人の思いがうかがえる。

図-1.2.6

そのような田園景観を子どもたちがどのように感じているか調べようと，「あなたの好きな場所の写真・夏休みちびっ子コンテスト」を企画した。小学校高学年の児童に夏休みを利用して，10枚前後の写真を撮ってもらったところ，もっとも関心を呼んだ題材は「田園景観」で，次いで「築地松」となった。続いて，「稲穂や稲刈り，田で働く人」や荒神谷遺跡や出雲神話などの「歴史景観」，田園景観とも連続する「斐伊川・宍道湖など」に高い関心を示した。どこにいても目に入る簸川平野の広々とした景観が子どもたちの心象風景としてしっかり根づい

ていることは順当であろう．同時に，稲穂や稲刈り，田で働く人などを題材にした写真にも高い関心を示し，稲作が田園風景の主役であることを子どもたちがしっかりみていることもうかがえる．しかし，私が強く感じたのは，築地松への関心の高さである．田園に稲穂を背景にして立ち上がる築地松は，風を防いできた人々の暮らしを象徴する．見慣れてしまうと築地松は広々とした田園景観に埋没してしまうかも知れないが，ファインダーをのぞくと風景が限定される．ゆっくりカメラを動かし，ファインダーの中に稲穂の広がりに屏風のように立ち上がる築地松をみつけ，そのダイナミックな美しさに驚いたのではないだろうか．

すぐれた田園景観は，ときには豊かな恵みをもたらし，ときには厳しい側面をみせる自然のもとで人々が知恵を積み重ねた結果である．子どもたちは大人たちの行動と重ねあわせてそのことを理解していたのである．

斐川町での写真コンテストをきっかけに地元郵便局主催で子ども絵画コンテストが実施された．優秀作の一つ，中学校1年生の作品（図-1.2.7）をみると，築地松の正確な把握とその詳細な表現に感嘆せざるを得ない．添付の感想には「私は築地松をしたから見たときとでもどっしりとしていてはく力があると思い，このどっしりしているところを書きました」とある．築地松が冬の強風から家と暮らしを守り，また人々が築地松の維持に並々ならぬ思いを込め

図-1.2.7

ていることをきちんと理解しているのである．小学生の優秀作には，「ついじまつはそばでみると大きなかべみたいだけどつよい風がふいてもいえをまもります．とおくからみるとみんなおなじほうこうにならんでいてみどりがとてもきれいです」と感想があった．

子どもたちは田園景観を単に在るものとしてみているのではない．それをつくりだしてきた大人たちの思い入れをも感じているのである．大人たちが自然と対峙して自然との共生術を考えだし，その思いを美しい形に託しているその後ろ姿を通して，子どもたちは育っているのである．故に，私たちは自然ときちんと向き合い，豊かな田園景観をつくり続ける努力を惜しんではならない．それが子どもの心を豊かにするのであるから．

1.3 学校と地域を結ぶ水環境教育

❶ 環境教育の動向

　地域環境から地球環境に至るまで，環境問題がクローズアップされるようになって，学校教育においても環境教育が取り組まれてきた。

　日本における学校教育の中の環境教育は公害教育を前身としている。公害問題が簇出した1960年代の，その後半に至って始まった公害教育は，1970年代後半には環境教育にシフトしていったが，本格的な展開をみるのは文部省による環境教育推進モデル市町村指定が開始された1993年以降のことであろう。

　環境教育の草創期の1980年頃はその理念や方法論が追及されたが[1]，次第に実践的な環境教育が展開されていくことになった。ただし，環境教育という教科はなく，国語，社会，道徳などの時間の中で，教科内容と関連づけて行われてきた。近年では「ゆとりの時間」や，2002年度からは「総合的学習」の時間 105 h/y の中で取り組まれている場合が多い（しかし，2008年度から高学年では総合的学習の時間に英語学習が 35 h/y 当てられるようになり，環境学習の時間確保が難しくなる傾向にある）。

　こうして環境教育にまとまった時間が取れるようになるに従い，「体験学習」というスタイルがとられるケースが多くなっている。体験学習が即環境教育とはいえないが，福岡県の小中学校の実績では，総合的学習の中で自然体験（農業体験を含む）を実施した学校は，1999年度には小学校では（3～6年生）190/506 校；38％，中学校では 76/215 校；35％，2000年度には小学校では 406/501 校；81％，中学校では 118/210 校；55％となっており，体験学習一般になると，2000年度では実に小学校で 98％，中学校で 95％に上る[2]。

このように，私たちを取り巻く自然や環境はその場に身を置いて，まず身体全体で，五感で体得するものであり，自然や環境とのかかわりを創出する際の初期段階における体験の重要性や感性の働きに着目して，体験学習が重視されているのであろう。ただ，こういう体験が日常生活の中ではなく，特別の時間と空間において，学校教育として施されるところに，むしろ今日の尋常でない事態を読み取ることもできる。

　従来，環境に関する知識や感性は遊びや暮らしの中で必然的に獲得されてきたものであって，教育の主体は家庭や地域社会にあったと考える。家族労働に依拠した生業の中で，子どもたちもそれぞれの役割を担い，それらを果たす過程で生業やそれを取り巻く環境についての知識を教わり，経験によって会得した。クリーク地域では，例えば水を汚さない作法をきびしくしつけられ，クリークの危険な場所は「河童に引かれる」といって教わってきたのだ。遊びにおいても然りである。クリークで泳ぎを覚え，魚採りや水遊びを楽しむ中で水環境について仲間とともに学び取った。その一端はクリークで行われている祭りや行事にも垣間みることができる。

　一次的生業が後退し，家族や地域の機能が専門分化して外化するに従い，教育機能も無論例外ではなく，学校教育に委ねられていった。

　筆者は，有明海沿岸のクリーク地域において，水環境をテーマとした環境教育の事例を取り上げ，環境教育が学校と地域を結ぶ架け橋となっている点に着目して調査研究を行ってきた。つまり，学校における環境教育が体験学習というかたちで地域と結びつくことによって，かつて家庭や地域が果たしていた環境教育と同じように，子どもたちが地域環境との共生の作法を学びとり，さらには衰退した地域における環境教育の機能を再生し，地域社会を活き活きとしたものに回復する契機となるのではないかという期待と展望を抱いているからである。

　そこで，学校における環境教育を学校と地域との関係性から，学校主導型，対等型，地域主導型の3つのタイプに分け，それぞれの事例をヒヤリング調査によって把握し，検討した。

❷　川と水の祭り―地域における環境教育

　有明海沿岸の低平地には広大な干拓とクリーク地域があり，水環境としてユニークな，文字通り人と水が共生する世界を形づくっている。クリークは堀や掘割とも呼ばれ，用水と排水の機能だけでなく，ため池のような貯留機能を合わせもった人工の堀である。筑後川下流域に広がる筑紫平野にはクリーク網が縦横無尽にめぐり，この地域の固有な風景と生活文化を育んできた。このクリーク地域の農村集落ではかつて広く「川祭り」という行事が行われていた。ク

リークに水が満たされた4月末から5月始め頃に，水の恵みに感謝するとともに，子どもたちが水難事故に遭わないように祈る祭りである。今も一部で継承されている「川祭り」は，いわば地域における伝統的な環境教育の一例といってよいであろう。その他にも伝統的な「水天宮の舟舞台（子供囃子）」や新しい「流し雛祭り」など，堀を舞台に水に親しみ，子どもの無事を祈る祭りがある。こうして，毎年繰り返し行われる祭りを通して，子どもたちは水に対する振舞い方や水との共生のマナーを学び継いでいるといえる。

● 川祭り：大木町H集落と柳川市Y集落の川祭り ●

三潴地域のクリーク集落には春水慣行というのがあり，通常の灌漑期の前に，あらかじめ上流から水を回してもらい，クリークに貯留して反復利用する。クリークに水が満たされた4月の終わり頃，隣組ごとにワラでツトや徳利，杯などをこしらえ，青竹に吊るした笹飾りを堀端に立て，水への感謝と子どもたちの無事を祈る。夕方になると当番宿で隣組中の家族が揃って飲食を共にする慣わしであった。しかし今では肝心の子どもの参加は少ない。

図-1.3.1 大木町H集落の川祭り：宿の中庭でワラ細工をつくる

図-1.3.2 ツトを吊るした青竹を堀端に立てて祈る

図-1.3.3 柳川市Y集落の川祭り：集落を一巡する子どもたち

図-1.3.4 橋の袂に笹飾りを立てる

他方干拓地のY集落では今も子どもが主役だ。タコを吊るした笹飾りを先頭に，子どもたちが行列をなして歌をうたいながら集落を一巡した後，堀に笹飾りを立て，酒や塩をまいてお参りをする。河童に引かれないようにと，後ろをみないで帰るのが慣わしだ。笹飾りを立てる場所は，橋の袂や昔の馬洗い場など，集落の境界やよく水遊びをした所だったそうだ。公民館に戻ると母親たちが準備したご馳走をみな一緒に食べる。昔は芝居などをして一日中楽しんだという。

• 水天宮の舟舞台（子供囃子）：柳川市沖ノ端 •

舟舞台は水の神を奉る沖端水天宮の祭りで，5月3日～5日に行われる。お宮横の城堀に6艘の舟を繋いだ三神丸という舟舞台がつくられ，子どもたちが水難事故に遭わないようにとの願いをこめて，歌や笛・太鼓・三味線の子供囃子が奉納される。子どもたちは毎年練習の過程で伝統文化を習得し，地域社会に参加して，その構成員として育つ。

• 流し雛祭り：柳川市城濠 •

伝統的な"さげもん"巡りと雛祭りの終盤に「流し雛祭り」が行われる。子どもたちの願い事を書いた短冊をドンコ舟から流し，舟を連ねて水上パレードが行われる。舟から掘割を観察し，水に親しむよい機会となっている。

図-1.3.5 沖端水天宮祭り：舟舞台の三神丸は堀をゆっくり移動する

図-1.3.6 流し雛祭り：ドンコ舟から短冊を流す

• 祭りから学ぶ地域の環境と社会 •

生業の中で日常的に環境学習の機会が少なくなった今日，「川祭り」などにみる地域における環境教育的な意義は，祭りという非日常的時間において，祭りの準備から直会（なおらい：締めくくりの共飲食）に至るまでの一連のプロセスを，家庭や集落といった身近な生活空間の

中で見聞し，参加し，体験することによって，水に対する振舞い方や集落生活における環境共生の仕組みを修得することにある。集落をめぐって堀の様子や危険なところを知り，祈ることによって自然に対する態度を学び，共食においてコミュニティに参加し，大人たちの話からさまざまな知識や知恵を伝授されたのである。

水難事故を河童の悪戯と見立て，河童の好物という小魚や酒をワラヅトに入れ，お供えすることで河童をなだめようというのだ。学校教育にはないこのイマージネーションの世界は，昔話，諺のような伝承と類似しており，地域の環境教育の豊かな一面であろう。

❸ 小学校教育における環境教育

ここでは小学校における水環境をテーマとした環境教育について取り上げる。対象地域は筑後川，矢部川水系の下流域にある有明海沿岸のクリーク地域である。

学校と地域との関係に着目して，小学校における環境教育のモデル的な事例を考察すると，「学校主導型（完結型）」，「対等型」，「地域主導型」の3タイプがあると思われる。「学校主導型」は学校教育のカリキュラムを主体に，地域環境をその教材として活用するもので，地域社会や地域活動との関係は比較的希薄である。「地域主導型」は地域に環境をテーマとした活動主体があり，学校側がその活動に参加をして実践的に環境学習をするものである。「対等型」はそれらの中間で，学校と地域の関係が双方向的で対等なタイプである。したがって，以下におのおの一事例を

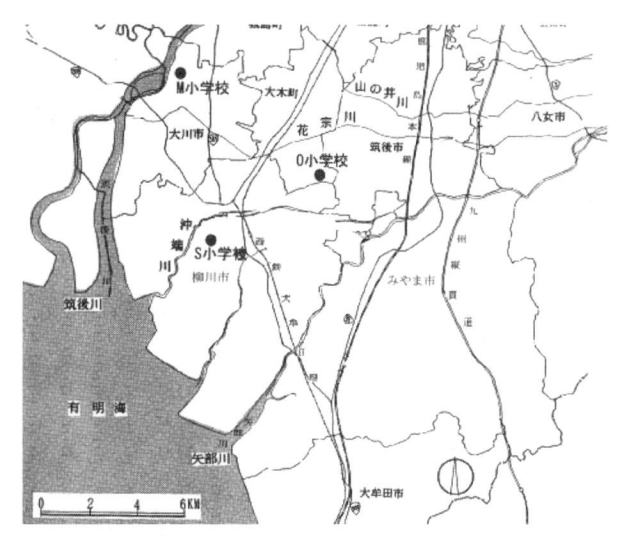

図-1.3.7 クリーク地域における水環境教育の事例小学校

図-1.3.8 環境教育の素材となっている柳川市の城濠

取り上げて考察を加えることとする[3]。

● 学校主導型の事例：柳川市S小学校 ●

　S小学校は柳川の旧城内にあり，城濠に近接している。1998年度から掘割を素材として環境教育に着手しており，1999，2000年度に柳川市が環境教育の地域指定を受け，その一環として全学的に「ほりんこ学習」に取り組んだ。"ほりんこ"とは「堀の子」ということであるが，個々には次のような意味が込められている。

　　ほ＝本気で　　　　　　　⇒　実践力
　　り＝理性と感性を働かせて　⇒　感性．思考力
　　ん（の）＝能動的に　　　　⇒　表現力
　　こ＝交流を広げ，深めて　　⇒　協同力

　このように掘割体験活動を通して，「堀と共生する市民を育てる」ことが「ほりんこ学習」の目的であり，3年生〜6年生は総合的学習の時間50〜60h/yに，低学年は生活科の時間40H/yに，2000年度には次のようなテーマで実施された。

　　1年生　水と遊ぶ
　　2年生　白秋祭に参加
　　3年生　掘割探検
　　4年生　オヤニラミの観察，飼育，掘割博物館
　　5年生　ウォーターラリー，掘割の音，生き物，堀の文化について調べる
　　6年生　保護者の協力でイカダをつくり，保護者を乗せて，掘割のガイドをする

　学習のプロセスは，掘割との出会いから始まって，体験①は〈感じる〉段階で，直接的な体験によって視点を設定し「課題をつくる」，体験②は〈調べる〉段階で，情報収集，調査活動によって「課題を広げ，深め，まとめる」，体験③は〈働きかける〉段階で，「課題の解決」と成果を「伝える，表現する」，というように，段階的にプログラムされている。

　こうして全学的に「掘割」を共通テーマとして取り組まれたS小学校の環境教育は，かつてお荷物と思われていた掘割が郷土の誇りとして再認識され，環境教育の格好の教材となっている。2002年度からは柳川市で作成した「掘割探検隊」という共通の副読本を使って，「総合的学習」の時間に各学校で環境教育が実施されている。

• 対等型の事例：大川市 M 小学校 •

　筑後川沿いの農村部に位置し，小規模小学校である。1994～96年度，三叉中学校を核に三叉小，道海島小を合わせて三校合同行事として地域環境美化に取り組んだ。その範囲は10行政区，6公民館をカバーしている。1997，98，99年度は作文教育から環境教育に発展したもので，国語，道徳等の教科の中で，2000，01年度は総合的学習の中で，各学年多様な課題で環境教育に取り組んだ。中学校は1996年度，小学校は1999年度に発表会を行った。

　中でも5年生はすでに1993年から社会科の教科の中で米づくりを継続している。近所の田約1反を借り，田の所有者，農協青年部や花つくりの会のボランティア，水守さんの指導と協力で，田植，草取り，稲刈り，餅つきを行っている。この他2000年度には筑後川の上流日田市のNPO「水の森」と交流し，植林，森の手入れを行い，2001年度には親子でクリークの浄化活動を行うなど，PTAの委員会も再編成して地域への展開を試みている。

　学校の展示コーナーには学年ごとの教育成果の外に，これらの環境教育をサポートする専門家の「人材マップ」が展示されており，環境教育が家庭や地域に働きかけると同時に地域社会から手厚い支援を受けていることを物語っている。

　2002年度から正規の総合的学習では3，4年は105h/y，4，5年は110h/yと時間数は大幅に増加するが，教育目標が個人の発達を主眼としているために，米づくりのような共同的活動の位置付けが困難になりはしないかとの危惧があるようだ。

• 地域主導型の事例：大木町 O 小学校 •

　O小学校は大木町の南端のクリーク地域に位置し，10学級の小規模小学校である。1998年度に校区内のA地区で「Aん堀ば考ゆう会（Aの堀を考えよう会）」主催で行われた6回にわたる「掘りおこし学習会」と「堀干し」に，担任教師の熱意によって4年生が環境教育の一環として参加する形となった。「Aん堀ば考ゆう会」というのは，かつて町長の諮問機関であった「大木デザイン会議」の発展組織である「大木町グラウンドワーク準備会」のA地区支援集団であり，堀の保全事業やまちづくりに取り組むために設立された。A地区には筑後川下流土地改良事業を免れた昔ながらの姿を留める堀が残されていたため，1999年2月そこで「堀干し」が実施された。当時大木町では別に「掘りおこし塾」が開催されており，筆者も招かれて参加していたため，A地区の堀干しに立ち会う機会を得た。

第1部　農村の景観と子どもの感性

　さて，4年生の環境教育では，社会科の教科書の「低地にすむ人々のくらし」が柳川市の事例になっているので，具体的に自分たちの大木町をフィールドとして学習することとし，下記のような経過を経た．

① 子どもたちの大木町のイメージは，「田，堀，い草，ひし，ござ」など，すべてクリークや水に関係することから，テーマを水，堀にすることへ誘導した．
② 学校行事で矢部川最上流のY村の「杣の里」に行き，上流の川で遊んだ．川のきれいさ，水の違いを感じ取った．
③ A地区の取水樋管，佐賀県千代田町直鳥のクリーク集落，神崎町クリーク公園の見学をし，柳川市で広松伝氏の話を聞いた．

図-1.3.9　A地区での堀干し：堀干しの前に水質を調べる

図-1.3.10　揚げられたヘドロの中に生き物の気配はない

④ 地元A集落の住民から昔話を聞き，昔の「打ち桶」など堀の道具の使い方を教わった．
⑤ A地区のクリークの堀干し，ドロ揚げに参加した（1999年2月11日）．数十年のヘドロが堆積し，生き物の生息環境には程遠い堀の現状を知った（図-1.3.10）．

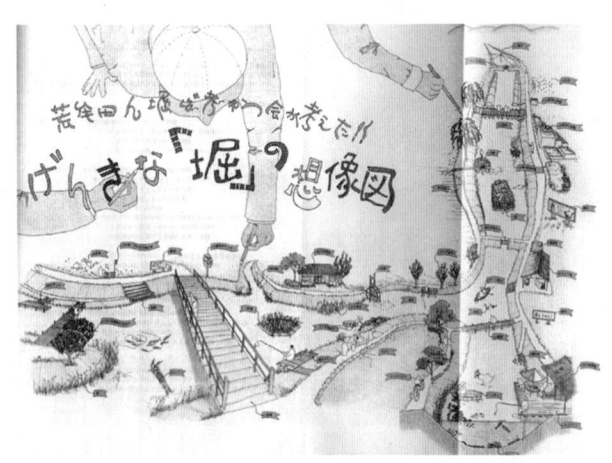

図-1.3.11　掘りおこし学習会の「げんきな堀の想像図」

⑥ 小学校の水辺公園の堀干しを実施した．底泥を花壇に揚げ，乾燥させて肥料に使用した．
⑦ 最後に，成果を紙芝居「水の旅物語──水まる君の大冒険」にしてまとめ，発表した．
⑧ 「掘りおこし学習会」の成果は，4グループごとに「堀をどうしたいのか」，アイデアが満載のイラストに表現された（図-1.3.11）．

「荒牟田ん堀ば考ゆう会」からは教室へ出前講義がなされるなど，学校内外で地域の指導力と協力は多大なものがあった。身近な地域環境の体験学習を通して，感性→認識→行動と子どもたちは高いレベルへ到達した。しかし，活動は翌年以降学校と地域のいずれにおいても継続しなかった。子どもたちには日・祭日の行事参加が負担になったとの見方もあった。他方，地域では堀の水をきれいにするには流れを確保することが不可欠であり，堀の水流を取り戻そうという発想から課題が他地域へ拡大し，問題解決が地域で完結しない方向へと拡散していった。活動を持続することの困難さと大切さを痛感する結果となった。

● 学校と地域を如何に繋ぐか ●

柳川市はクリークの浄化とアメニティの創出に早くから取り組んできた先進地であり，環境教育にとって身近な優れた教材に恵まれている。S小学校の事例が学校主導型とはいえ，環境教育が地域へインパクトを与えているというよりも，これまで地域が蓄積してきたストックを全面的に利用して環境と共生する知恵を学んでいるのである。地域主導型のO小学校では地域の強力な活動に牽引されたが，それが持続的なものになるには学校と地域の双方に持続的なサポート体制が必要であることを示唆している。この点では，対等型のM小学校の米つくり学習が永年継続している事例に学ぶところがあるのではないかと思われる。

❹ まとめ ― 学校と地域をつなぐ環境教育

環境教育が地域から学校へその主体を移行したとはいえ，地域との関係性の創出は不可欠である。何故なら，教育の対象となる環境は地域に存在し，地域を熟知している達人は地域住民の中にいるからである。したがって，環境教育が学校と地域をつなぐ新しい結び目となって，地域環境の再生や地域生活の活性化の契機となることが期待されるところである。

1. クリーク地域では地域固有の資源といえるクリークを地域の宝ととらえ，水環境教育の生きた教材として利用している。

2. かつて地域や家庭で行われていた環境教育は自然の恵みに依拠した生業や生活の中で，体験的に身に付けるものであった。生活の変化やクリー

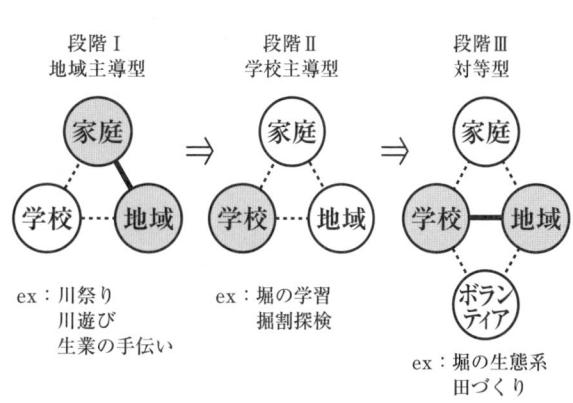

図-1.3.12 学校と地域をつなぐ環境教育

クの役割の減退，地域における教育力の低下によって希薄になったものの，今日クリーク地域で行われている「川祭り」の中に，水に対する振舞い方や環境共生の生活のあり方を体験的に習得する伝統的な地域の環境教育の姿を再確認することができる。

3. 学校での環境教育のあり方を学校と地域との関係性から，学校主導型，対等型，地域主導型の3タイプに分け，事例を通して検討した。学校主導型のS小学校では街中に保全されている掘割を貴重な教材として環境教育に全学的に取り組んでいる。今のところ地域から学ぶという学校完結型で，地域への直接的な働きかけはみられないが，目にみえない影響はあると推測される。対等型のM小学校は農村部に位置しており，かねてから地域の支援を受けて田圃を借りて米づくりを体験学習してきた蓄積があり，学校と地域との良好な関係の中で環境教育が進められている。とくにPTAが果たしている役割が大きい。地域主導型のO小学校では集落に残されている昔ながらのクリークを保全する地域の活動に学級が参加する形で活発な環境学習が実践されたが，さまざまな事情で翌年以降継続できなかった。以上の考察から，地域との関係の多様なあり方は学校が位置している環境や地域性にも関連するが，いずれにしても学校における環境教育は地域の支援なしにはありえない。それ故，持続的な環境教育が行われるには，無理のないプログラムと支援体制が不可欠だと思われる。

4. 地域の支援体制には従来の地域社会の他に，新たに環境保全にかかわるNPOやボランティア団体などの支援にも期待できる。この地域にも「水の会」，「矢部川をつなぐ会」，「グラウンドワーク福岡」等々多くの団体が活動しており，環境教育面での連携が深まることが望まれる。

5. 学校における環境教育へのもう一つの期待は少し息の長い将来のことである。教育は本来人づくりであるという基本に立って，環境教育を受けてきた子どもたちが大人になって地域社会で活躍する時，地域環境に対する自覚的な行動によって，地域における教育力の回復に貢献するに違いないという点にある。

◎補　注

1) 例えば，都留重人：環境教育　何が規範か，岩波書店（1982）；沼田真：環境教育の方法に関する研究（1980）。近年は教育技術や体験教育のノウハウものが多い
2) 福岡県教育委員会のヒヤリングによる
3) 各小学校の校長，教頭，担当教師，行政担当課等のヒヤリングと関係資料を参照した
4) 写真はすべて筆者による

1.4 ため池環境からみる人と自然
―― いなみ野ため池ミュージアムの子ども体験プロジェクト

❶ 東播磨地域はため池集積地帯

　兵庫県には約44 000のため池があり，その数は日本一であり，県下の水田面積の46％がため池により灌漑されている。中でも「いなみ野」と称される東播磨地域（図-1.4.1）は気候や地形条件により，水が得にくい地域であった。そのために農業用の灌漑施設として数多くの大規模なため池が築かれてきた歴史をもつ（図-1.4.2）。

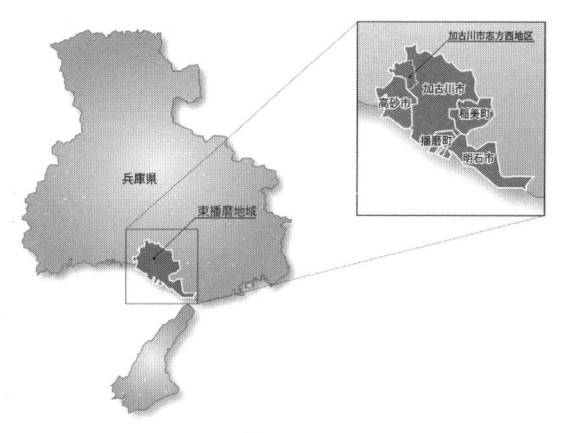

図-1.4.1

　農業用として築造されたため池は，水田を潤すだけでなく，泳ぎを覚えた遊び場，共同の洗濯場，年中行事の場等の身近な生活の場として利用され，里池と称されるような独特の文化を育んできた。また，ため池群がつくり出す特有の環境は，動植物の住処となり，豊かな自然環境を生み出している。これらの豊かな自然と，地形条件を巧みに利用して造られたため池と，それにかかわる人々の営み，その水で潤う水

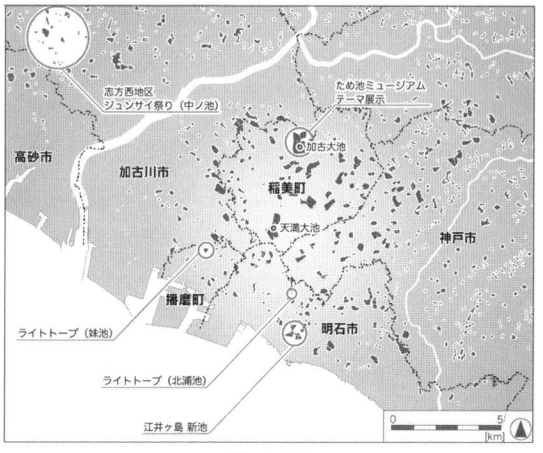

図-1.4.2

田の広がりある景観は，地域の財産として評価が高まっており，地域の活動によって守り，次世代へ引き継ぐ必要がある。

❷　いなみ野のため池が抱える課題

かつて，人々の生活と密接なつながりをもっていたため池は，現在では暮らしの場としての役割を失いつつある。子どもたちと水とのかかわりが失われてしまい，ため池は危険とされ，遠ざけられてきた。そのため子どもたちはため池の環境も，役割も知らない状況にあり，水難事故の問題も起こっている。

また，都市化が進む地域では，ため池の潰廃や改修により動植物の生息環境が減少し外来種の急増が見られ，オニバスをはじめとする絶滅危惧種の保存問題や，アオコの発生や悪臭といった水質悪化の問題がある。旧農村集落を基礎とする水利組合を中心としたため池の管理を担うコミュニティと，ため池とのかかわりがない新住民コミュニティとの相互理解や連携した環境保全の活動が課題となっている。

一方，山際の都市化していない地域においては，良好な田園環境が維持されている一方で，農業者の減少による担い手不足による維持管理の継続が困難となっている。水源となる里山が荒れつつあり，里山，ため池，水田の一体となった循環型のシステムを守っていく必要がある。

❸　いなみ野ため池ミュージアムプロジェクトの概要

このような課題に対して，「いなみ野ため池ミュージアム」プロジェクトは多様な住民の参加による「ため池協議会」の保全活動グループづくりと，協議会を中心としたため池を活用したイベントや清掃活動，整備のためのワークショップの活動を展開している。に示すように広域に点在するため池と地域活動を連携させ，それぞれのため池の環境や活動といった地域に存在するものが「ため池ミュージアム」の展示要素となるような地域づくりを「いなみ野ため池ミュージアム」と名付け連携を進めている。

図-1.4.3は「いなみ野ため池ミュージアム」の子どもたちの体験を中心としたプロジェクトの概念図である。ため池を子どもたちの体験学習の場として活用することで，地域の自然環境に対する子どもの感性を育み，ため池の環境を守る活動を生み出そうとする試みが行われている。博覧会イベント，池の幸試食会，ため池マップ（図-1.4.4）等の情報冊子の発行，パー

ルプロジェクトと絵本（図-1.4.5, 1.4.6）の作成，生き物カードなど多様な学びの場をつくっている。

ため池を教室に活用し，体験することで，地域の環境を知り，ため池とのかかわり方のルールも学び，危険を知ることも課題である。図-1.4.7に「ため池観察のルール4カ条」を示す。

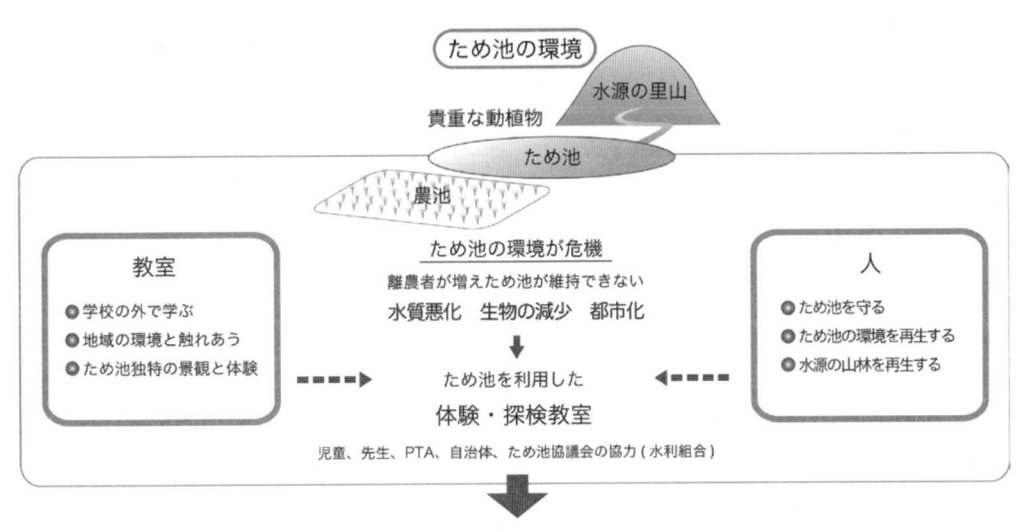

図-1.4.3

図-1.4.4

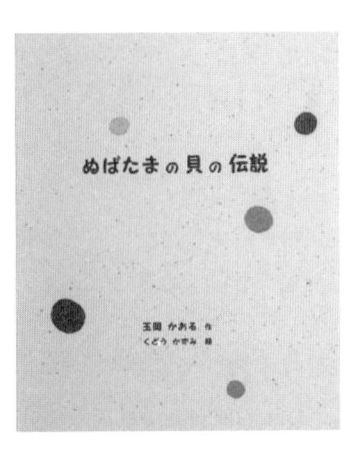

図-1.4.5

図-1.4.6

第1部　農村の景観と子どもの感性

```
ため池観察のルール　4カ条

1 「ケガをしない，事故がない」が大原則
  ・子どもだけででかけないようにしましょう．
  ・きけんな場所には絶対に近づいてはいけません・

2 農家の人がいたらあいさつをしよう
  ・ため池は農家の人が苦労して管理しています．
   かならず，一言あいさつして観察をゆるしてもらいましょう．

3 自然や生き物への思いやりをもとう
  ・絶めつが心配される生きものもたくさんいます．
   生きものをむやみにとらないようにしましょう．
  ・ため池へ魚や昆虫を放したり，種をまいたりしてはいけません．
   ブラックバスなど外国から入ってきたものは絶対に放さないで
   ください．元からそこにいた生きものたちが絶めつしてしまう
   ことがあります．

4 来たときより，きれいにして帰ろう
  ・あきかんなど，ゴミはかならず持って帰りましょう．
  ・ゴミがすてられると，水がよごれ，農家の人や地域の人が大変
   困ります．生きものたちも生きていけなくなります．
```

　　　　　　　　　　　　　　　　　　　*いなみ野ため池ミュージアム「ええとこ！ためいけ」より

（ぼうし／軍手／長そで／長ズボン／運動ぐつ・長ぐつ）

図 -1.4.7

❹　ため池の「ドロンコ探検隊」

・明石市江井ヶ島地区の概要・

　江井ヶ島西島地区は印南野台地の南端の海岸部に位置しており，ため池利用の水系の末端部にあたる。そのため，水の確保に苦労した歴史の残る地域である。図 -1.4.8 に示すように，海岸から北に向かって集落域，生産域，用水路とため池という土地利用を構成しているが，市街化が進み生産域は住宅地へと変化している。

　近年は，農地の宅地化により耕作面積が減少し，ため池の潰廃が進み，ため池への流入水の富栄養化による水質汚染についても問題になっているが，一方で，住民の環境への意識の高まりから，ため池のもつ自然環境を評価し，保全しようとする活動も行われている。

　「ドロンコ探検隊」は，1998年頃から水利組合長の橘氏が江井ヶ島小学校の子どもたちを対象に地域の歴史の話やため池の魚のつかみ取り体験を行っていたことに端を発している。2000

年には地域の環境保全団体や明石市も加わり，「ため池の生き物観察会」として図-1.4.2に示す西島集落の北に位置する「新池」で行われており。現在は「ドロンコ探検隊」としてため池協議会を中心とした活動として定着している。

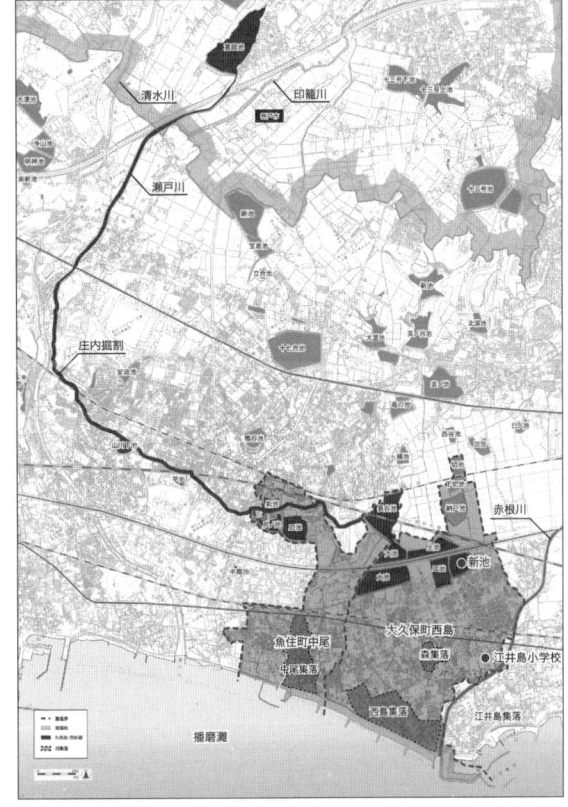

図-1.4.8

•「ため池の生き物観察会」の活動主体 •

「ドロンコ探検隊」の初めの活動となった「ため池の生き物観察会」の活動の中心的な役割を担ったのは以下のグループや組織であった。

- 江井ヶ島大好きの会：「江井ヶ島大好きの会」が中心となり，地域や活動団体，行政と連携し，実現したものである。江井ヶ島周辺の地域住民で組織する「江井ヶ島大好きの会」が，地元の明石市立江井ヶ島小学校へ観察会の企画をもち込んだ。

- 兵庫水辺ネットワーク：水辺の生物の研究者，愛好家集団である。「江井ヶ島大好きの会」や小学校教員は専門的な知識や技術をもっていないため，「ため池の生き物観察会」での児童への説明や解説を行っている。

- 西島水利組合：「ため池の生き物観察会」の実現には水利組合の賛同と協力が不可欠であった。児童へのため池の役割についての講演や，ため池の水抜き等の「ため池観察会」の準備

第1部　農村の景観と子どもの感性

に関して全面的な協力が得られた。

加えて，明石市や兵庫県の協力により活動が始まった。

•「ため池の生き物観察会」•

[ため池に関する学習]

　実際にため池に入る前に，江井ヶ島小学校の5年生の児童たちは地域のため池に関する学習を行っている。希少種であるオニバスが生息しているため池を訪れ，オニバスの特徴や絶滅の危機にある現状の問題などについて学び，水利組合長からは昔のため池や水路の様子について話を聞くことで地域の自然や歴史的財産について子供たちが発見するプロセスとなっている。また，「ため池観察会」に先立ち，「江井ヶ島大好きの会」のメンバーとともに皿池クリーンアップ活動も行い観察会の準備を兼ねて地域の環境を考える機会をもつこととなった。

　こうして，2000年10月7日（土）に明石市大久保町西島の「皿池」において「ため池観察会」が開催された。江井ヶ島小学校5年生，教員，江井ヶ島大好きの会，水利組合，水辺ネットワーク，兵庫県，明石市から200名近くの参加があった。子どもたちは，かつての雑魚採りの風景さながらに，水が抜かれたため池に入り，ため池を体験した。

　子どもたちは，魚，水性植物，昆虫，鳥，環境の5つのテーマのグループに別れ，ため池に入り各テーマの対象となる生き物やため池各所を観察体験し，ため池の底の水が残っている所では，膝まで水に浸かりながら夢中になって魚やエビを採取した（図-1.4.9）。

図-1.4.9

　ため池の土手の上では水槽が用意され，ため池で採取した生き物を教材として，水辺ネットワークの専門家がその特徴や修正などについての説明を行った。児童は各自の研究テーマについて観察，質問した事を観察ノートに記入した。

　この日のさまざまな発見は，劇や模型，模造紙にまとめられ，後日に発表会が行われた。

• 「ため池の生き物観察会」についての作文 •

　児童が「ため池観察会」でどのような事を学んだのかを知るために，観察会についての作文から，地域，観察会の参加団体，環境，生物に関して考察を行った。

[地域に関する項目]

　「中学校の横には，ため池が沢山ある」，「東播磨は全国有数のオニバスの生息地で，とくに明石に集中している」という部分から，「ため池観察会」に向けての講演や体験で地域に関心をもち，取り組んでいる事がわかる。

　「西島は地下からのわき水でお酒を造っている。今はつくっている人が減ってきている」，「隣の江井では，瓦やタコ壺をつくっていた」という部分から，地域産業と環境との関連にも気づき，関心をもっている点がみられる。

[参加団体に関する項目]

　「江井ヶ島大好きの会」，「西島水利組合」について活動内容や役割について書いている部分がある。「江井ヶ島の良いところを探そうといろいろ活動している」や「フルートコンサートやため池観察会，野鳥の観察などさまざまな事を行っている」，「水利組合長の講演やため池の水を抜く事を頼んでもらった」，「江井ヶ島大好きの会，西島水利組合，水辺ネットワークの人たちがいるから，ため池観察会ができることがわかった」など，関係団体の活動や相互関係，「ため池観察会」への協力について理解している事がわかる。

[環境に関する項目]

　「タイヤの部品をみつけた」，「ゴミがいっぱいあった」という様にため池の現状を報告している。「なぜゴミを捨てるのかわからない」や「ゴミを捨てないで欲しい」という意見から改善の必要性を感じている事がわかる。ある児童はゴミを道ばたに捨てたことがあるが，考えを改め反省していた。

[生物に関する項目]

　作文中においてもっとも多くの児童たちが取りあげていた。登場する生物の種類は 25 種類に及び，「ため池観察会」において多くの生物種とのふれあいがあったことや，ため池に入り，泥の中で魚や昆虫を捕まえる体験が多くの児童の印象に残っていることがわかる。都市化した地域に残るため池も豊かな自然環境を維持している事が，豊富な生物の種類から推測できる。また，「ブルーギルは外国から来た魚で，元々日本にいる魚を食べてしまう」という外来種の影響や「オニバスが絶滅する三大原因は，池の埋立，改修工事，水質悪化である」といった生物の絶滅原因について述べており，ため池の生物単体ではなく生態系に関しても児童が理解し

第1部　農村の景観と子どもの感性

ていることがわかる。

• 「ドロンコ探検隊」への展開 •

2003年からは「ドロンコ探検隊」として新池を舞台に一般に参加者を拡大して恒例の行事として行われている。子どもたちは水の抜かれたため池に網をもって入り懸命に魚を追っている。小さい子もついてきて池からあがった魚を必死で捕まえている。文字どおりドロンコになる。ため池の中からみる地域の風景はいつもと違い，空が大きく，泥の臭いと感触に全身が包まれる。池の中では思うように体が動かない。それでも子どもたちは必死になって魚をとらえるのだ（図-1.4.10）。

この体験が将来の地域のため池を守る力に育ってくれることを皆で願っている。江井ヶ島西島地区では新池の隣の皿池でも図-1.4.11の「ため池の幸試食会」のイベントが毎年冬に開催されており，参加者は大人も子どもも，皿池で取れたおいしいレンコンの天ぷらやフナの味噌汁，モロコの甘露煮に舌鼓を打っている。皿池のレンコンは細くて白く，もちもちした食感でレンコンがこんなにおいしかったかとびっくりさせられるほどおいしい。おいしいレンコンを食べた後は寒い池に入ってレンコン堀に夢中になるのが恒例となっている。

図-1.4.10　　　　　　　　　図-1.4.11

❺　いなみ野ため池ミュージアムのさまざまな活動

いなみ野ため池ミュージアムの活動では，魚とり以外にも，ため池での多様な遊びを試みている。そのいくつかの活動を紹介する。

1.4 ため池環境からみる人と自然

● 風景をつくる―ライトトーププロジェクト ●

図-1.4.12 は「ライトトーププロジェクト」のポスターである。これは 2005 年に開催した「いなみ野ため池博覧会」の中の明石高専のアートプロジェクトとして計画された。東播磨地域の特徴である 4 箇所の池をめぐり，地域の子どもたちが一緒に，身近なため池のある風景の中に，いつもと少しだけ違う風景をつくり出し，感じるためのイベントとして行われた。

昼間の太陽の光を蓄えて暗くなると優しく光る蓄光石というセラミックの素材を使い，ヒノキの角材に接着剤でこの石を貼り付けると，図-1.4.13 のような不思議な架空の植物のようなものができる。この架空の植物を子どもたちみんなで集まり一緒につくりながら，クイズやゲームで地域のため池について，ため池の生き物や役割，守らなければいけない安全のためのルールなど，ため池にかかわるいろいろなことを考えたり，学ぶ機会をもった（図-1.4.14）。

子どもたちがつくった不思議な植物は皆でため池の土手に植えて，夜が来るのを楽しみに待った。

プロジェクトが行われたため池の 1 つである，播磨町の妹池の横に位置する播磨北小学校は統廃合が決まっ

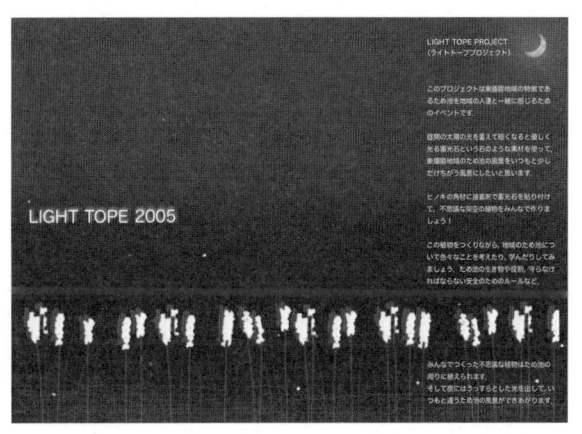

図-1.4.12

図-1.4.13

図-1.4.14

第 1 部　農村の景観と子どもの感性

ており，この年が播磨北小学校の最後の年であった。ライトトープは夏のお別れイベントとしての意味ももっていた。

夜になると不思議な植物はうっすらとした光を出し，その美しい土手の風景とため池は感動的なものであった。子どもたちはかき氷を食べながら校庭からみる夜のため池を楽しんだ。

● 食べる―永室ジュンサイ祭り ●

加古川市志方西地区は山際に水のきれいな谷池が点在し，美しい田園風景の広がる地域である。近年のため池協議会の活動をきっかけに，2007 年からジュンサイ祭りが行われている。永室の中の池は山からのわき水が湛えられた水質の良い池で，地域に残る唯一のジュンサイが採れる池である。図 -1.4.15 は 2008 年 6 月のジュンサイ祭りの様子である。

図 -1.4.15

子どもたちは，山に繁茂する竹を利用した手づくりの筏やボートに乗って池の中の方にあるジュンサイを採る。葉や茎は大きくすぐに掴めるが，食べられる部分は下の方にあり，ほんの少しである。たくさんのジュンサイを食べるためには根気強い作業が必要なのだが，大人も子どもも池の中で遊ぶ方が楽しいようで，なかなか収穫が増えない。池からあがると，前日にため池協議会のメンバーを中心に収穫したジュンサイを使ったゼリー寄せや味噌汁，酢の物などジュンサイの料理を楽しんでいる（図 -1.4.16）。

図 -1.4.16

中の池は大藤山の麓に位置する重ね池の一つで，地元産の竜山石の石積み護岸と余水吐が美しい池である。雑排水の流入がなく，有機質の堆積が多くあり，隣接する皿池とともに生物に

とって非常に良い環境が残されている。池に入ると下の方に冷たい水が溜まっていることや，ジュンサイやハス，ヒメガマ，ノタヌキモなど多くの植物があることがわかり，豊かな生物を育むため池の不思議な環境を実感することができる。

● 伝える―いなみ野ため池博覧会テーマ展示 ●

　兵庫県一大きなため池である加古大池の管理棟では「いなみ野のため池」に関する情報展示を行った。このテーマ館は4m四方の，ため池の水や台地の地形をイメージした大テーブルを中心に，ため池の仕組み，ため池協議会の活動，ため池の生き物のパネルが展示され，昔の堤体と今の堤体の模型，土手の下から掘り出された木樋も展示されている。展示は，ため池協議会，水辺ネットワーク，日本野鳥の会をはじめ，ため池にかかわるグループが協力して作成した。展示パネルや大テーブルのデザイン，生き物カード（図-1.4.17）のイラストは明石高専の学生たちが専門家と相談しながら行った。天井に飾られたアシも，ため池で学生たちが刈りとり，自分たちで施工したものである。

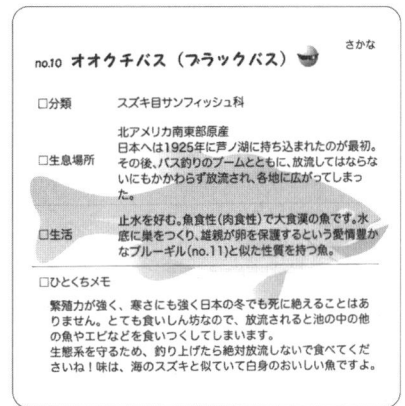

図-1.4.17

　子どもたちにとってもっとも人気があるのは大テーブルで，生き物の封入標本が置かれ，イスになるニッチがあり，生き物パズルで遊ぶことができる。大テーブルの側面には10cm角のニッチが24個設けられており，その小さな穴には24のため池の生き物を紹介した「いきものカード」が入っており，大テーブルをぐるっと回って集めることができる。図-1.4.18は博覧会イベントでにぎわう展示スペースの様子である。

図-1.4.18

第1部　農村の景観と子どもの感性

❻ まとめ

　ため池をめぐるさまざまな活動に参加する事を通して，身近な世界の相互依存関係という複雑な関係性を具体的に体験することができる点が「いなみ野ため池ミュージアム」のプロジェクトの特徴としてあげられる。

　これらの事例を通して子供たちは以下のことを身につけつつあるのではないかと考えている。

　希少種をはじめとする動植物の観察を通じて，地域の環境は地球の生態系とつながっているのだという認識・児童と講師や地域住民との共同体験により地域の人々の協力や活動の重要性を理解する・自然を守りたい，ゴミを捨てないといった環境に配慮する価値観や態度と，人と自然は相互依存関係にあるという認識。このような態度，認識を基礎として，子供たちが自己の尊厳と価値を見いだし，行動力を身につけることによって，今後も活動が継続され，多方面に広がることにより，ため池を地域のより身近な環境資源として守る活動のきっかけとなる事が期待される。

1.5 川と暮らしの原風景と子どもの研究体験

❶ はじめに — 近木川と子どもたちの12年

　大阪府貝塚市内を流れる近木川は，全長約18km，流域面積約28km^2，市域を縦断するように流れる。泉州に特徴的な多くのため池と複雑に繋がりつつ，泉州平野の農地へ農業用水を送る水源でもある。最上流には，雨乞いの神を祭る和泉葛城山，天然のブナ林があり，山間集落を経，中流部への出口部分で支流と合流し，その合流地点には，水間寺が立地する。中流は住宅団地の多い郊外地域で，さらに都市市街地に入る。大阪湾への出口は，かつて広い氾濫原と浜だったが，現在は埋め立て地を通って人工の砂浜に至る（図-1.5.1）。人工とはいえ，大阪湾では貴重な砂浜の一つであり，河口には干潟もみられる。川は全般に，河岸段丘地形をつくっており，周辺の土地より一段低い所を流れているため，堤防をつくることなく今に至っており，川辺に近づきやすいのも特徴である。

　近木川は1993年と97年に全国の2級河川の中で水質ワースト1になった。この衝撃的なニュースがきっかけで開催された近木川市民フォーラムでの提案から，1995年に，川の環境を見直す市民の活動「グリーンカレッジ」，子どもたちによる「近木っ子探検隊」が，市立自然遊学館を拠点として

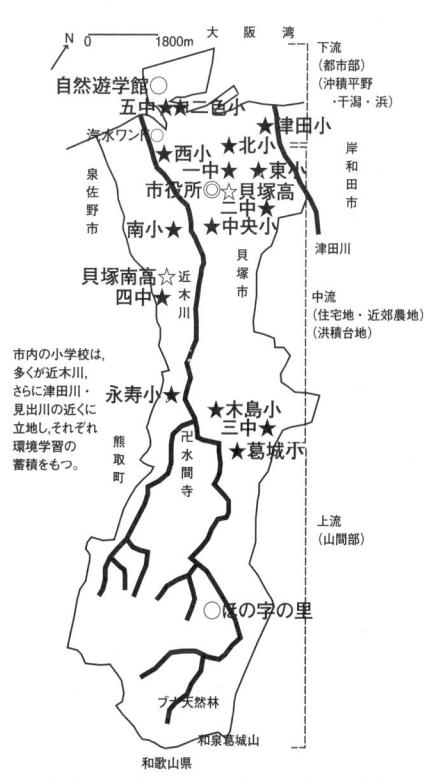

図-1.5.1　近木川と市内小中高校の位置

第1部　農村の景観と子どもの感性

始まった。近木川の集水域は，全域が貝塚市域のなかにある。つまり，川が汚れる原因は市内にある。ワースト1のニュースの直後から活動が奮いおこったのは，源流から河口までが身近な距離の範囲に存在する近木川のわかりやすい構造も影響したのかもしれない。そして，活動のなかで，川にはまだまだ多くの生き物が棲息し，所によって渓流のような風景も健在で，魅力があふれていることがわかってきた。

　1996年，市内の小学校・中学校・高等学校の生活科等の授業やクラブ活動としての，近木川環境学習が始動した。下流の近くに位置する市立西小学校の先生方は，コンクリートの垂直護岸が囲む下流域に，環境学習のために子どもたちを連れだした。護岸の内側には，汽水域らしい環境が観察できる場所やカニ釣り等の遊びが可能な場所もあったのである。当初，先生方は子どもたちが近木川に行くことに多方面からの懸念が示されることを予想され，近畿地方で川での環境学習を実施している諸活動の状況を調査に行かれた。子どもたちの安全の確保はもちろん，近隣の住民や関係方面への説明，そして何より，楽しくてためになる環境の学びの組み立てを検討し，準備を念入りにして実行された。以来，西小学校の子どもたちは現在まで毎年のように近木川の環境を楽しみ，研究し，その成果を市民に向けて公表し続けている。

　まもなく，沿川の複数の小・中・高等学校で近木川での環境学習が導入されるようになった。新たに環境学習に取りかかるときには，観察活動ができる河川内や河川敷の状況把握，学校から現地までの移動のしかたの検討，河川を管理している行政との調整，動植物や地域史の専門

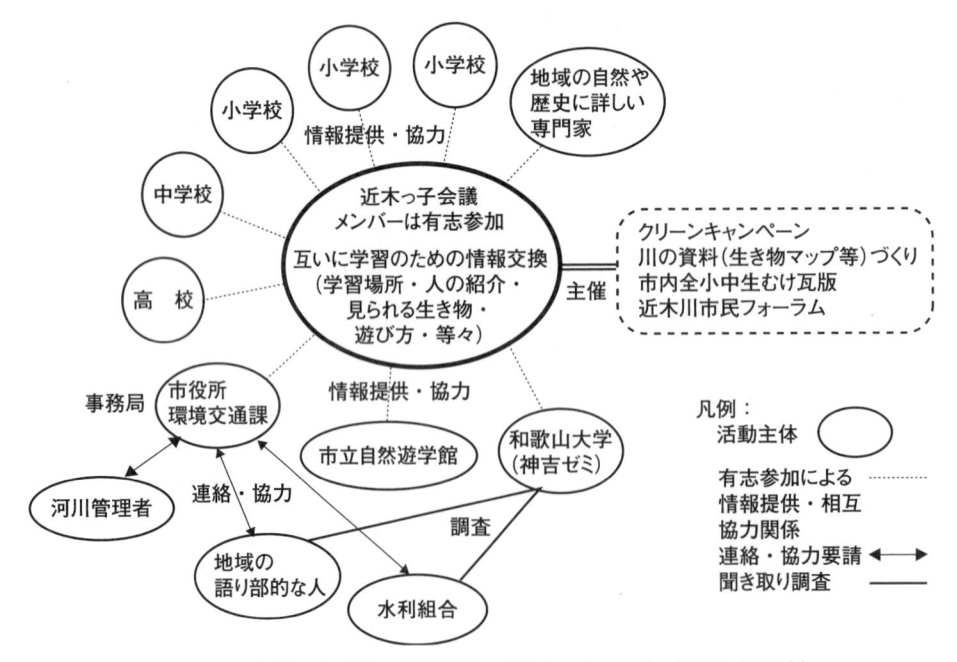

図-1.5.2　近木っ子会議：環境学習の人的ネットワーク（2002年時点）

1.5 川と暮らしの原風景と子どもの研究体験

家などの協力人材との顔つなぎなど，さまざまな準備が必要になる。各校の先生方は，授業の指導計画をねりながら，各関係先と連絡をとる必要にせまられ，多大な負担が生じてしまう。そこで，学校の先生方や関係者による「近木っ子会議」が1996年12月に発足し（図-1.5.2），その後およそ8年間，西小学校の幸光壽一郎先生を代表に有志が定期的に集まって互いに各校の状況を伝えて協力し，また年度末には，フォーラムを開催して各学校の成果発表会を公開するなど，学校や関係者間の連絡調整の役割を果たすこととなった（図-1.5.2, 1.5.3）。

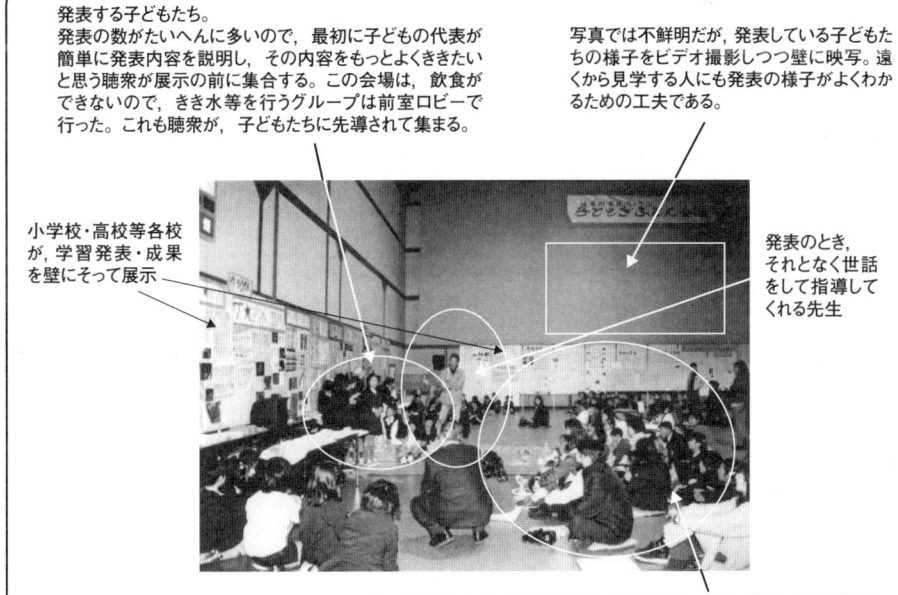

発表する子どもたち。
発表の数がたいへん多いので，最初に子どもの代表が簡単に発表内容を説明し，その内容をもっとよくききたいと思う聴衆が展示の前に集合する。この会場は，飲食ができないので，きき水等を行うグループは前室ロビーで行った。これも聴衆が，子どもたちに先導されて集まる。

写真では不鮮明だが，発表している子どもたちの様子をビデオ撮影しつつ壁に映写。遠くから見学する人にも発表の様子がよくわかるための工夫である。

小学校・高校等各校が，学習発表・成果を壁にそって展示

発表のとき，それとなく世話をして指導してくれる先生

「子どもざぶとん会議」の名前のもとにもなったが，聴衆・参加者は各自，会場でざぶとんを貰う。子どもたちの展示・発表に先導されて，会場内を動きまわるために，椅子座は不可能。床座で行うことを象徴するのが，この「ざぶとん」である。これは参加者へのお土産でもある。

毎年開催のフォーラムであるが，2002年は，はじめて，最初から最後まで，子どもたちの学習成果発表・川の環境づくりへの意見発表，というかたちで「子どもから社会への発信」を重視して行った。
長時間でも飽きない，子どもたちが緊張しすぎないでできる，楽しい，たいへんな質・量の発表をうまくプレゼンテーションする，事などを工夫した結果，フラットフロアでの車座による「子どもざぶとん会議」となった。

ハウジング&コミュニティ財団市民活動助成
河川環境管理財団河川整備基金助成

図-1.5.3　2002年3月の第8回近木川市民フォーラム「子どもざぶとん会議」

同時に各所で進む新しい活動が順調に進んでいくようにバックアップするには，「つなぎ役」の存在が必須である。当時市職員であった橋本夏次氏をはじめ，市の環境部局等，ときには府や国の河川関連の有志の職員が，子どもたちが活動できるようにとさまざまな協力をし，近木っ子会議の主催する行事に参加していた。とりわけ，橋本氏は，日頃から各学校の先生方へ情報提供を行ったり，子どもたちの活動場所の近隣の町内会等へ説明を行ったり，また，近木川の昔の姿にかかわる諸資料を収集整備し，さらには，全国の子どもの環境学習活動との連携の窓口役を果たした。その姿は，片寄俊秀氏著「まちづくり道場へようこそ」（学芸出版社）の「川

の男ハッシー」(学芸出版社, 2005) の項に紹介されているので, そちらに譲ることとする。

各学校の取り組みは, 総合的学習の時間の開始とともに定着し, 取り組む学校数も拡大した。川での学習活動の普及に伴い,「近木っ子会議」はしだいに役割を終えていった。現在は,「近木川流域自然大学」や市立自然遊学館, 大阪府水産技術センターなどの諸団体の有志の方々が適宜学校と連絡のやりとりをしながら継続して運営されている。また, 2002年度から始まった大阪府河川課による「『私の水辺』大発表会」や近畿地方レベルでの大阪湾岸の環境にかかわる研究会, 2007年度から始まった近畿地方の府県共催による「『子どもの水辺』交流会」のような広域の交流の場が誕生し, 市内の複数の学校やクラブが積極的に参加して, 相互交流が続いている。

そして, 近木川の水質は, 近年大幅に改善し (下流観測ポイントでBODが1993年度平均25から2006年度6.3へ), 今では各学校から学習の一環として近木川にやってくる子どもたちの数は, 年間のべ1000人を超えると思われる。元気な子どもたちの姿は, 近木川からさらに見出川などの市内の他の水環境へも進出しつつある。

❷ 総合的な学習に取り組む流域小・中・高等学校の子どもたち

• 小学校4年生の環境プログラムから •

では, 子どもたちの川での環境学習の具体的な中身をみてみよう。

筆者らは, 2000年度の市立中央小学校4年生学年全体での学習, 2001年度の市立南小学校4年生学年全体での近木川をテーマとした総合的学習のプログラムに参加, 運営のお手伝いをすると同時に中央小学校の鈴木司郎先生, 山竹昌郁先生, 南小学校の藤原毅先生におせわになりつつ, 各校の取り組みの観察を行った。その結果から, 小学校の中学年を中心とした, 学習活動の進め方を紹介したい。

近木川の中流部に位置する中央小学校は, 貝塚市内で近木川についての学習をいち早く取り組みはじめた学校のひとつで, 下流に位置する西小学校等と同様に, 2000年度時点ですでに数年間毎年の学習の経験の蓄積があった。児童は, 先生方や応援団の市職員有志諸氏とともに, 近木川で1時間あまり掃除をして, 危険なゴミ等を除去してから思いっきり遊ぶ, という体験活動から始める。その体験を通じて児童各自が興味をもった研究テーマを案出した。先生方の要所要所の助言をもらいながら, 複数クラス合同で興味の共通する者による班をつくり,

1.5 川と暮らしの原風景と子どもの研究体験

研究を進めた。中には，先生方がまったく予想しなかった，粘土採取とそれによる焼き物づくりのような独創的な研究をする班もあった。昔の近木川のことを調べる班は，地域の人々への聞き取り調査を試みた。成果は学内の発表会のほか，年度末の「近木川市民フォーラム」（図-1.5.4）に参加して行った。

近木川をはさんで中央小学校と校区を接する南小学校では，2001年度の2学期の4年生の

児童らによる清掃・遊び体験・観察等の様子。とくに遊び方等を指導するわけではないが，児童はそれぞれ活動を考え出す。この地域は教員も子ども時代に川遊びをしている世代であることも好条件となっているようだ（中央小学校）

ジオラマ 　　　　　　　　　地図 　　　　　　　　　石による製作

粘土による製作

保護者向けの学習成果発表の様子。最初に，グループごとに趣向を凝らした発表をした後,ポスターセッション風に,児童が自ら質問を受け返答している（南小学校）

図-1.5.4　近木川で行われた総合的な学習の時間様子

49

総合的な学習を近木川を中心に行った。近木川の上流・中流・下流へ遊びに行くことから始め，遊ぶと同時に気がついたことを発表し，その中から「もっと調べたい」テーマを各児童が案出，数人の班をつくって調べ学習や製作を行い，保護者等に開放された校内発表会を行う，という流れで行われた。これらの中には，近木川のゴミを掃除するボランティア活動を企画し，協力よびかけのちらしをつくって配布するなど，地域社会をまきこむ活動を実施する班もあらわれた。この学習の成果は年度末の「近木川市民フォーラム」に80名で参加し発表展示を行った。

　2校の活動はよく似ており，図-1.5.5のようである。複数クラスで班構成ができるようになっていると，子どもたちが案出する実にさまざまなアイデアにも，少なくとも数名は共通していて何らかの班をつくることができる。研究テーマをうまく展開させて，具体的な研究作業につなげる指導は，マニュアルのないクリエイティブな作業で，1人の担任ではなく，クラス合同で複数の先生が全体をみる方式の方が進めやすいのであろう。複数の先生方に加え，行政担当者や地域で専門性をもった仕事をしている人たちが協力し，多様なテーマがすべて実現できるよう対応した。授業の計画や準備だけでも忙しい戸外学習であるが，先生方は熱心に，子どもたちの力をひきだそうと各班，各児童の相談にのり，時間をかけて指導されていた。

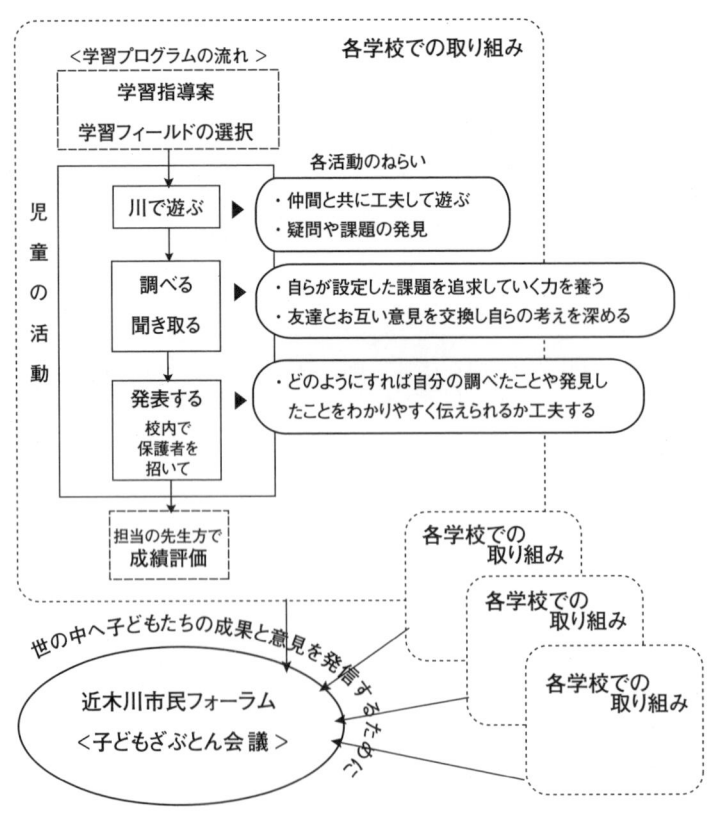

図-1.5.5　小学校の学習プログラムの流れ（2001年度中央小学校・南小学校の例による）

総合的な学習の成果をどのようにみるか，についても工夫のしどころである。児童各自の発想の独創性や作業の完成度も重要であると同時に，小学校中学年期の成長をみつめる目が重要であろう。ある先生が「教室では余り活動的ではなかった児童が川では次々とアイデアを思いつき提案力を示すことがある」ということを話された。年度末に開催された近木川市民フォーラムで，常連ゲスト講師のおひとり，千葉大学の木下勇先生が講演され，「ただ，自然のなかで思いっきり動き回って時間を過ごすというそのことだけでも子どもたちには重要な成長の時間だ」とのコメントがあった。

表-1.5.1 貝塚市内の小学校における近木川を題材にした総合的な学習の時間活動内容の例

遊び体験	自由に遊ぶ
清　掃	遊ぶ前に清掃し危険なものも含まれるゴミを除去する
環境調査	
利き水	上流の湧き水と水道水の味較べ
塩分測定	中下流の水採取・蒸発させ塩分を調べる
ゴミ拾い大会	活動を呼びかけ開催・ゴミ種類展示
今の川・昔の川	資料調べ・聞き取り
石・岩石	上中下流の石の観察・花崗岩の実験
粘土採取	中流川原で粘土採取・粘土のでき方調べ
ため池探検	流域に多くあるため池を訪問調査
生き物調べ	
魚調べ（コイ・フナ・メダカ等）	観察・種類や特徴調べ，投網体験，地引網体験
鳥調べ	観察・種類や特徴調べ
源流の生き物	観察・種類や特徴調べ
植物観察	みつけた植物を顕微鏡観察
じゅず玉草・草花	観察・押し花・草遊び調べ
カニ釣り	体験・観察・種類や特徴調べ
貝調べ	観察・種類や特徴調べ
芸術・工作	
地図作成	現地でスケッチし地図をつくる
でっかい地図づくり	巨大地図にこれまでに調べ集めた資料や実物を貼りこむ地図作成
ジオラマ作成	現地でスケッチしジオラマ作成
石による工作	拾った石をペイント・加工等でアクセサリー・キーホルダー等作成
粘土による工作	採取した粘土で工作
粘土による焼き物づくり	採取した粘土で皿・コップ等をつくり野焼きで製作 市内の民間企業の協力により本格的焼き物製作
演劇	学習成果の発表を演劇に構成し上演
紙芝居	学習成果の発表を紙芝居に構成し上演
草花で工作	押し花などでしおり等の作成
船づくり	船をペットボトル等で制作し川で浮かべる
クイズ	発表のためにクイズ形式の設問集をつくる
飼　育	
校庭に人工の池をつくって生き物を飼う	
亀を飼い観察	

表作成協力：神田正剛，的場功雄，三木雅人
注）いずれも児童自身の発案をベースに企画された（中央小・南小・西小・永寿小から，2001年度）

第1部　農村の景観と子どもの感性

　研究のテーマのみをみれば理科の延長としての自然観察のようにみえても現地で体いっぱいに動きまわり，中腰で長時間観察を続けるなどは体育の要素もあり，地理や郷土史としての社会科の要素もあり，作品をつくれば美術の要素もあり，作文を書けば国語の要素もある（表-1.5.1）。これが「総合的」の意味するところでもあるだろう。さらに年度末のフォーラムで発表し，さまざまなゲストや参加者から，直接感想をきく機会をもつことは，自分の活動はどのような意味をもっていたのか確かめる機会になっていたのかもしれない。自分たちで考案した作業による成果であるから，会場で児童どうしはもちろん大人からきかれるどんな質問にも自分たちで対応できる。自らの発案を完成まで責任をもってやり遂げる経験をもつこと，その経験が社会的影響をもつ可能性を実感することが，この総合的な学習の時間全体を通じた目標であり，意義であった。

• 学年間交流 — 中学校・高校と小学校の子どもたち •

　小学校だけではなく，中学校，高等学校でも，活動が現れた。府立貝塚高校では，東照晃先生はじめ複数の先生方が早くから環境調査を学習にとりいれ，授業の一環として，あるいは，クラブ活動の一環として，小学校の子どもたちとの接点をもちながら活動を行ってこられた。近木川の上中下流の定点観察ポイントでの水質測定，ゴミ投棄ストップを呼びかける看板の製作・設置などの活動は，そのプレゼンテーションの完成度の高さもあり，第1回の「『私の水辺』大発表会」で中高校部門最優秀となった。年度末のフォーラムでも発表され，小学校の子どもたちの尊敬のまなざしを集めた。また，小学校の子どもたちの発表会の司会進行を高校生がつとめたことも複数回ある。第五中学校のグループは，昭和40年代の航空写真のありかをもとめて，大学に訪問のアポイントメントをとり生徒だけで資料探索に出かけた。小学校から高等学校までどの学校の先生方も，子どもたちが研究の全般にわたって自力で責任ある行動をするように指導されていることがみてとれる。

　大学生も参加している。これまでに，大阪府立大学，大阪教育大学，和歌山大学の学生が小中高校への応援人材として参加すると同時に，自らも卒業研究などのテーマに，近木川での総合的な学習の時間の取り組みをとりあげている。

　学年進行とともにどのように子どもたちが活動を継続していけるか，という点も常に工夫のしどころになる。学校にはそれぞれの学年に学習の計画があり，総合的な学習の時間の使い方も変化するからである。クラブ活動として何年も継続して活動する児童，学外の会に参加して活動を継続する児童もある。

1.5　川と暮らしの原風景と子どもの研究体験

❸　拡がる活動成果と発表機会

　近木っ子会議は，各学校や団体の活動の情報交換・協力の場としての役割を果たしつつ，近木川をとりまく環境がもっと豊かになるような地域づくりを将来目標として描いていた。子どもたちが大人の理解や指導も得ながら，川で十分に注意しつつ，思いっきり楽しく活動することができ，学習を通じて川の楽しさも危険もよく知って，自然とつきあう力を体得することをめざし，そうした子どもたちが核になって，さらに地域づくりの輪が拡がり，ひいては地域社会全体で子どもと川を見守ってくれるようになることを目指していた。そして，この目標は，子どもたちと学校現場，その応援団，近隣の町内の一部ではある程度実現しつつあるかと思われる。例えば，2006年，2007年に西小学校・南小学校・木島小学校の子どもたちに尋ねたアンケート（市立遊学館，近木川流域自然大学実施）で，「近木川で遊ぶことはあぶないと思いますか」という設問に対して，6割以上の子どもが「場所によってちがう」と回答している。具体的に川の各地点の状況を知っている，安全かどうかは場所によって判断が必要だということを多くの児童が知っている，ということを示している。

　しかし，全市民的に輪が拡がるにはまだまだ道は途上である。それでも，子どもたちのこの12年間にわたる活躍がなければ実現していなかっただろうと思われる動きのうちの2つを紹介したい。

・西小学校と「汽水ワンド」・

　前述のように，西小学校は，近木川での環境学習をはじめた先駆者であった。下流域を中心に，毎年のように子どもたちが，清掃，遊び体験，生き物観察，などの活動をし，結果を絵地図にまとめながら10年以上継続されてきた（図-1.5.6）。

図-1.5.6　西小学校の研究発表（水質検査結果や生き物観察の絵地図など）

第1部　農村の景観と子どもの感性

　近木川下流の河口近くには，まだ近辺の市街化が進む以前に，「ワンド」と地域で称される汽水の溜まりがあった。その後，川は護岸整備がなされたが，川に隣接したそのワンドにあたる土地は低未利用地となっていた。現在，河川管理者である大阪府による「自然再生事業」として，この場所に，溜まりを創出する工事が進められている。1997年の近木川市民フォーラムで，参加された有志による団体によってこのワンドを再生する提案がなされてから，数年を経て，府の事業となり進みはじめたのだが，整備後には西小学校の子どもたちにおおいに学習活動に活用してもらえるだろうという期待がこめられている。

　工事が川の流れそのものに影響を与える可能性もあること，護岸位置を変えることになることなど，事業内容は大胆なものになり，周辺の住民の了解が必要なことはいうまでもない。そのため，府では，整備事業の計画を立案する過程で，近隣の各町内会に説明に通うほか，オープン参加の連続ワークショップを開催した。ワークショップでは，西小学校の子どもたちの観察成果が掲示され，下流域の現在の環境が見た目以上に豊かな生物相をもつことを参加者に伝えた。また，説明会やワークショップには，西小学校の活動を長年指導されてきた高橋寛幸先生が毎回のように参加された。2008年5月には，工事が進む現地を，府職員の案内によって子どもたちが他校の子どもたちの交流会もかねて訪れた（図-1.5.7）。

図-1.5.7　汽水ワンド工事現場を見学する子どもたち（2008年5月17日）

● 南小学校と「かわっぱGoGo！」
——川と暮らしの原風景を伝える劇団の誕生 ●

　南小学校の活動の特徴は，毎年，子どもたちが自ら台本を執筆して創作する演劇作品である。川を大好きな人々の前に現れる「かわっぱ（河童）」を語り手に，川での学習活動のようす，学外から招いたゲスト講師の出前授業や自分たちとの交流の様子を劇中で再現する。学習活動を通じて学んだことを発表するように構成された演劇で，内容は至極まじめだが，某新喜劇顔まけの爆笑コントを交えて，スピーディーに展開する練られた構成で，大評判である。川を大

切にする人はかわっぱの仲間であり，そうした人々の間には「縁（えにし）」があるのだ，という，活動ネットワークの拡がりをこそ，実はテーマにしているようにもみえる。大阪府主催の「『私の水辺』大発表会」で最優秀賞を受賞した実績もあり，さまざまな機会に上演を頼まれる。当日集まることのできる子どもたちの顔ぶれや人数に応じて臨機応変に配役を替えながら，舞台スペースの大小に応じて上演できる実力が秀逸である。演劇指導を得意とする寺田知代先生のご指導のもと，発声の確かさ，自分たちで書いた脚本内容を演者全員が体得している確かさは圧倒的である。

　劇中では，かつて，川やその水系と密接に繋がっていた，地域の暮らしが印象的に描かれている。例えば，子どもたちが，実際に聞き取り調査で調べてきた，知る人ぞ知る，昔近木川の水を使って成立していた小規模な紙漉き業の話がある。「当時，早朝の冷たい水を使って子どもも手伝いをしてたいへんだった，それでも手伝う子どもに過大な無理にならないように大人が気をつかっていたことを後に知って感動した」という実際に地域の大人にきいた話を再現劇のように演じている。川が汚れた，というのは，川が暮らしと直接の関係を失っていったからこそ進んでしまったともいえる。だから川の環境再生は，現代の暮らしの中でもう一度川を暮らしの場としてとらえなおす作業が不可欠である。「もう一度，川に行こう，川とかかわろう，そうする人の輪が広がると川はおのづから再生されるし，もう再生のみちを進みつつあるよ」，と語りかける「かわっぱ」のメッセージを演劇は多方面へと伝える（図-1.5.8）。

図-1.5.8　南小学校「かわっぱGoGo!」上演中

④ 研究活動から「文化」へ

　筆者らは，2000年に，近木川の中流域を対象として，長く流域に暮らしてきた住民に直接あって，川に関連する体験談を聞く，「原風景ヒアリング調査」を始めた。屋内で聞くときは，旧版地図を持参して話の正確な理解に努め，また，屋外の現場で聞くときには，具体的に場所を指示してもらいながら聞いた。川の流域は市街化が進んでいるが流路の変化は少なく，近木川は昔の姿を想像しやすい川である。調査から，かつての近木川がいかに子どもにとっての豊か

第 1 部　農村の景観と子どもの感性

な環境であったか，あるいは，過去・現在の環境資源のもつ意味について，多様な話が聞かれた（図-1.5.9）。聞かれた話は，川の環境再生像ならびに，現在の川とその周辺に残る重要な環境の理解につながるもので，川や池と暮らしの関係を知るには，こうしたヒアリング調査から学ぶところが多い。同時に，子どもたちにその話を教えてやってほしい，という依頼もこめて調査にまわった。子どもも大人も，初顔あわせでは気軽に話をしづらいものだと先生方からアドバイスをもらったため，前もって少しでも子どもたちと地域の大人，とりわけ高齢者の方々との間のつながりを準備したいと考えていた。

中流沿岸の集落から川へおりる坂の途中の「大師」と湧き水。湧き水は集落と同じ標高にあるため池の地下浸透により供給される水と聞かれた。

水間寺付近には，農業用水路への分水のための井堰（「ゆ」と呼ばれる）が集中し，複雑に水路がひかれている。ヒアリングに基づき訪れると，分水口のひとつに儀式の現存を確認することができた（7月21日）。

図-1.5.9　原風景ヒアリングの聞き取り内容の例：ヒアリングは2000年5月から2001年9月の間に，上中下流の高齢住民ならびに水利組合を対象に計20名の協力者を得て行った。

　川と地域の暮らしの関係の将来像として期待されるのは，学校の活動が中心となることで，川が日頃から近隣の大人の目が届く場所となり，さらに，子どもたちがその見守りの中で訪れ遊びやすい環境になるという，地域づくりとしての好循環である（図-1.5.10）。環境学習は多様な関係者の理解や協力をとりつけつつ継続するもので，学習を運営する先生方は忙しい中で，気軽にコンタクトできる地域の人材との協力関係を必要とする。これが学習の場面にとどまらず，日頃からの子どもと川への関心と見守りに育っていってほしい。児童の成果発表を，

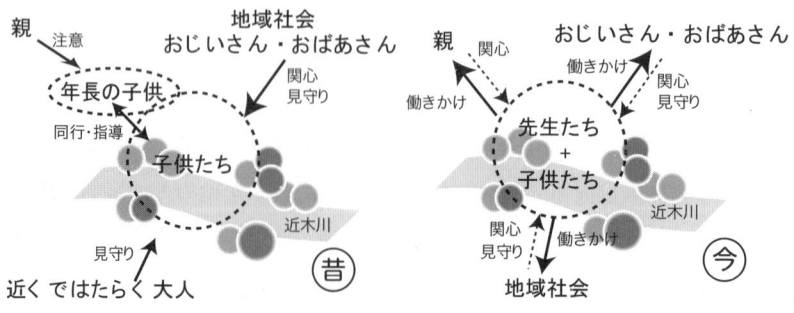

図-1.5.10　川で学ぶ子どもたちを見守ることのできる地域社会の再構築のイメージ

1.5 川と暮らしの原風景と子どもの研究体験

一般へむけてのものとしていたのも，地域の大人と川と子どもたちの関係の再構築を目標においていたのが，一つの背景であった。子どもたちの発見を，子どもと大人社会が共有し，何を実働させていくことができるか常に求めていく営みになることで，子どもたちも自らの試みに手ごたえを感じ，本当に川の環境が再生することにつながる。

(a) 中流の河川敷に集合

(b) 川で思いきり遊ぶことからはじまる

(c) 河口で地引網に挑戦

(d) 地引網でとれる生き物について府水産技術センターの先生から講義

図-1.5.11　2008年の近木川での学習活動の様子

地域と学校の新しい関係が，川と暮らしの新しい関係へと連動して築かれようとしている。子どもたちが川で遊んで学ぶ，という営みは，近木川ではすっかり定着し（図-1.5.11）「文化」となったと感じる。次は，子どもたちが生み出した「文化」を，とりまく大人社会がどのように継承するかが問われる段階に至っている。

第2部

環境が人を育てる

2.1 田園環境の教育力

❶ 田園環境の教育力とは？
そもそも環境そのものが自ずと教育するのか？

　この問いに対して，環境の中に放りっぱなしで教育水準が上がるならば，自然豊かな農村の子どもの方が環境に対する認識や技術が都市の子どもに比べて高いということになるが，はたしてどうであろうか？　自然豊かな中でも自然との接触が薄い農村の子どもという現在の状況がある[1]。

• 隠れたカリキュラム •

　環境そのものの教育力に着目した言葉として「隠れたカリキュラム」という言葉がある。それは英国の学校校庭を人工的な環境から自然の生態系豊かな環境へ改善する事業の調査で発見したことから使われてきた。校庭を子どもたちがどうとらえているかインタビューをした時である。校庭の状態いかんでは子どもたちは良い影響を受ける場合もあれば，悪い影響を受ける場合もあり，子どもたちはシンボルの集合として校庭を読んでいて，文化的な意味合いも感じ取っている。それを「隠れたサイン」，「隠れたカリキュラム」という言葉で説明していた[3]。「隠れたカリキュラム」という考え方で環境をみつめるならば，そこから教育力を引き出す仲介が必要となる。

• 綴方運動とワークショップ •

　このようなことを考えるのは，環境とのかかわりにおける主体形成を考えた時に，わが国の

危機は主体の喪失にあり，それは日本語の言語構造がもっている性質によるところもあるのではないか，と考えてきた経緯による。

　明治末に芦田恵之助によって展開された綴方運動は大正時代の自由主義教育の中で発展していった。「赤い鳥」を発刊した鈴木三重吉は「綴方読本」を著し，その影響を受けた豊田正子の「綴方教室」，そして昭和のはじめに小砂丘忠義の「綴方生活」，野村芳兵衛の「生活学校」と展開していった。東北の方言を重視して綴方運動を行った国分一太郎は『しなやかさというたからもの』[10] の中で「子どものからだも自然である。やわらかい皮膚，筋肉，はらわた，血，それに骨。魂のもとである神経や脳みそさえが，物質という自然である。そうであるならば，子どもの筋肉や神経をつよくしなやかに発達させるためにも，周囲の自然との接触を活発にさせてやらねばならぬ」といい，自然の中での体験から得られる身体的感覚と言葉との対応を綴方運動でていねいに行った。

　この綴方運動と識字教育で発展したワークショップの方法論とに近似する要素を感じ，主体形成への意識化の仮説的モデルを描いたのが図-2.1.1 である。

　このモデルは識字教育の実践的方法を考案した教育者であり哲学者でもあるパウロ・フレイレの考え方をベースに置いている。識字教育のねらいは単なる文字を読み書きできるようにするということではなく，状況の変革の主体形成にあり，言語の獲得とともに意識化（Conscientization）を促すことにある[11]。

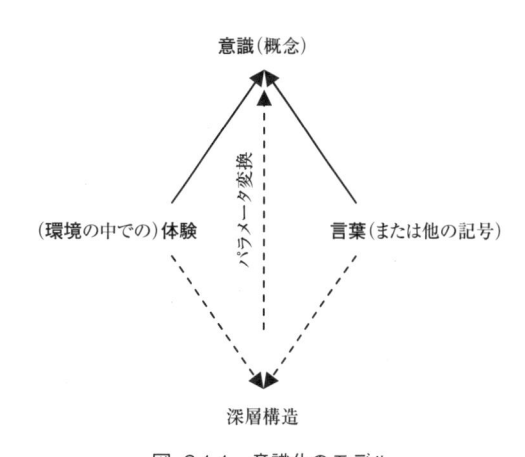

図-2.1.1　意識化のモデル

　フレイレの識字教育ワークショップにおける意識化は途上国のみならず，情報過多で物が豊かな状況下で無関心がはびこる国々にも求められる課題である。とりわけ日本において。テレビやコンピュータゲームなどから身体感覚を伴わない空虚な言葉で溢れる社会は何気ない言葉の暴力をも生み出し，さらに精神をもおかしくする。日本の子どもたちが無気力，無関心，そして切れやすいというような精神状態にあることは数々の調査で明らかになっている[12] が，それはまさに身体と言葉との応答を欠いたことに由来するのではないだろうか。田園環境での体験による学びの意味を問うたら，このような現在の状況において，日本の次世代の社会を切り開く糸口として重要な意味があるかも知れない。その時に隠れたカリキュラムとしての環境での体験を誘い，言葉と体験を結びつけて，人間本来がもっている感覚を意識に結びつけるパラメーターのような変換の触媒や仕掛け，また人でいえばファシリテーターのような役割を必

要とするのではないかというのが，ここでの視点である。

❷ 柳田国男の社会科教科書にみる田園環境の教育力

　柳田国男監修の文部省検定教科書「日本の社会」が発行され，使われたのは昭和29年から昭和30年代前半の数年間だけである。この復刻版[13]が出版されたのは成城大学の教官ら復刻刊行委員会によるものである。

　この柳田監修の「日本の社会」は，表面は当時の教科書と変わりないような体裁であるが，柳田の教育思想が背後に流れていることを読みとることができて，たいへん興味深い。柳田民俗学の投影は教師のための「学習の手引き」の解説に具体的にみることができる。

　例えば，2年生の社会科では「ともだち」，「なかよし」という単元から始まり，子どもたちの成長に伴う人間関係の取り方の解説が述べられている。その中で遊び仲間も重要な位置を占め，どんな遊びをするかという事を子どもたちに話してもらう進め方となっている。その中で柳田のよく語る，軒遊び，庭遊び，辻遊びという展開，そして野遊び，山遊び，浜遊びという行動圏の広がりについて解説がある。

　また，子ども同志のケンカについても考えさせ，子どものケンカに成人が干渉することを諫めている。子どものケンカを厳禁している幼稚園と，子どものケンカは子ども同志で処理するようにしていた幼稚園から一つの小学校に入学した児童を比べると圧倒的にケンカが多かったのが前者の幼稚園から来た子どもであったという事例も紹介されている。柳田は2歳から6歳へ，それから7，8歳へと成長するにつれケンカの方法も素手で殴るものから口論へと変化し，またケンカのチャンスを避けることが上手くなる，など子どもが自然に感情の対立やケンカを処理していく能力を身につけていく力が備わっていく特徴を述べる[14]。つまり小さい頃のケンカを子どもたちの学習として奨励しているかのようでもある。

　柳田の教科書は文字は少ないが美しい言葉と挿し絵の体裁であり，教師側の裁量で手引きに沿って自由に展開できるようになっている。むしろ子どもたちの目を地域の日常の舞台に向けさせて，そこから「なぜ」という問いが子ども自ら出てくるような授業を奨励する。「われわれは子供の教育にあたって，まず第一に，彼らのもつ疑問が豊富になること，進んでその疑問を提出するようになることを望んでいる」とある。

　その疑問も単なるWhy？ではなくてBy what means？ とどのようにしたらよいか，と

いう疑問から問題への展開を子供自身に委ねる方法である。「その疑問を問題へと発展させ，くくっていく仕事を，子供たち自身にやらせて，はっきりと学習の対象となし得る問題として，彼ら自身から提出させることが大事である」[15]とある。

この柳田等の児童中心主義的教育論は戦前の教育への反省によるところが大きい。上からの知識偏重の教育を真っ向から批判する。

「子どもは，衣食住を含めて，広い意味での世間的な生活をすでに行ってきているのである。その自分自身の生きている姿を見つめさせることなく，別世界の概念やら事実を授けてきたのが旧教育であった」

「そうした画一主義が，いろいろな学校教育の中に一貫しておったから，その学習内容がいつまでも生活から遊離したものになって，毎日ここでどうしたらよいのかというような具体的な問題をもとうとすると，それにはさっぱり答えられないような教育であったわけである。したがって，いかに自主的にものを考えろといわれたにしても，しっかりした足場をもたず，頭のてっぺんにがむしゃらに植えつけられていくだけのものであったから，自分自身がここにおいてどういう態度をとったらよいか，などと考えていくことのできない憾みがあった。明治以降のいわゆる立身出世主義の一般の風潮に伴って，その学校教育の目指したものは，とにかく都会に出て，めざましい働きをすることができるようにすることであったから，相手にされるのは，少数の優秀な生徒に傾きがちであった」[16]

この批判は今でもあてはまるようだ。この時すでに，教育が農村から若者を都市へ奪うことに加担していることを痛烈に批判する柳田の姿勢は興味深い。

明治期の学制発布，国民教育の方式が確立された初期には，村の年寄りたちは子供を学校にやることに大きな疑いをもっていたという。「学校にやったところで，怠け者がたくさんできるだけではないか」，「学校にやっていてはよい百姓はできぬ」という観念がまだ強かった。

義務教育はこの当時の地域社会の通念との闘いであり，それゆえに地域の生産技術や生活技術，生活の中での知恵，その他諸々の地域のことがらを否定して全国で基準化されて教育内容による立身出世主義へ邁進したともいえる。

柳田の視点は異なり，地域の日常の生活の中から題材を取り上げて，前述のように子供自らが考えていく力を培うものとして教育を考えている。そしてそれらの学習は教師が一方的に教えるのではなく，親に聞いたり，地域のお年寄りに聞いたりと，地域の人とのコミュニケーショ

ンが重視されている。村人の知恵を引き出し，地域を巻き込んでいく方法でもある。

　柳田は年代順に教える歴史教育を批判し，「歴史教育は地理と結びついてこざるを得ない」と断言する。これはまさに地域の空間を，ある断片から空間軸，時間軸に広げて分析していく，地域を舞台とした総合学習に他ならない。しかし，柳田の社会科教科書における究極の目的は何かというと「『かしこく，正しい選挙民となるにはどうしたらよいか』とも表現すべき大きな問題解決学習」[17]とある。この点は後述する英国の環境学習の視点と通じるところがあり，英国がCitizenshipの教育ならば，柳田が描く常民への教育ともいえる。

❸　荒川流域の子どもの遊びの比較から

　柳田の教育観が通用するのは，子どもはその家庭の子という認識以外にムラの子という感覚が人々にあった時代であろう。そして子どもはムラの中で思いっきり遊び，ふだんの遊びの体験の中で見知っている地域の環境要素があったから，身近な題材から総合学習というプログラムを描くこともできたといえる。

　しかし，現在はどうであろうか？　子どもらは身近に自然が豊かであっても，自然との接触が薄れている。

　筆者らは，農村部の平地部と山間部とで祖父母，父母，そして現代の子どもたちと三世代にわたる，自然との接触の体験について聞き語り調査を実施した。また現在の子どもたちに都市と農村とでの自然の接触体験に関する配票調査を実施した[18]。既報告で述べているように，その結果，いかに祖父母世代の自然との接触体験が豊富であり，現在の世代が貧困になっているかが明らかになり，とりわけ平地部の農村の子どもにおいては都市都心部の子どもよりは豊かであるものの，既成住宅地の子どもとそう変わらない，という実態が明らかになった。

　この自然との接触において川に入れるかどうかという川の状態が注目されたことから，次には一つの河川の水系で都市と農村との子どもの自然の接触体験の比較を思い立ち，荒川流域の5市町村区，9小学校区域で子どもの遊びに関する調査を実施した[19]。意外なことに山間部農村と都心の下町が他地域とくらべて遊び時間，ことに外遊びの時間が多い（図-2.1.2）。なお，生物をとって飼育したり，自然の素材を使って手でつくったり，自然の物を採って食べたり，という自然との接触の体験は山間農村と平地農村ともに都市部より多いという結果になっている。これら自然との接触を誰から教わるかというと，「父母から」がもっとも多いが，農村部においては「祖父母から」も多いのが特徴である。なお，「地域から」は総じて多くな

2.1 田園環境の教育力

図-2.1.2 外遊びの時間

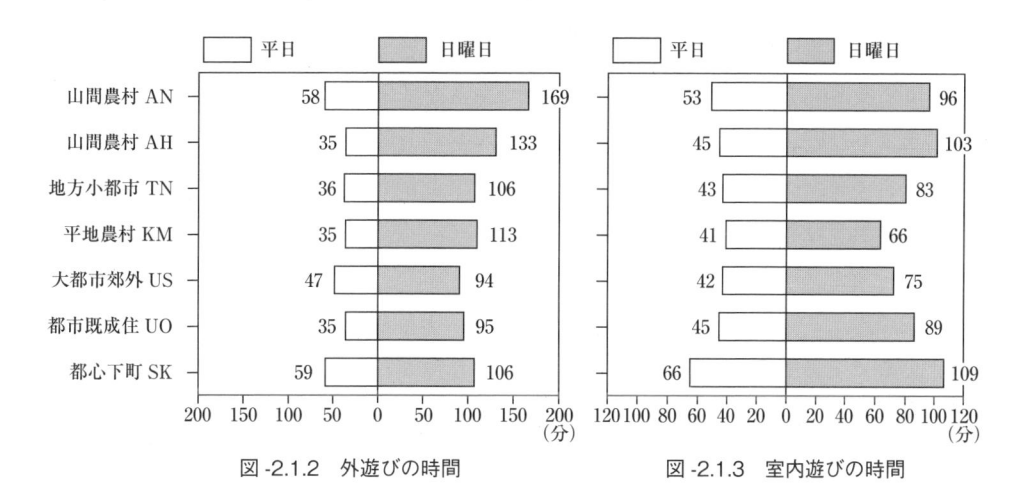

図-2.1.3 室内遊びの時間

いが，比較的他より多くみられるのは山間部農村 AN 学区と都心下町 SK 学区である（図-2.1.4）。これは地域行事への参加について聞いた項目の傾向と符合する。遊び時間とも同様に山間部農村 AN 学区と都心下町 SK 学区が他地域にくらべて顕著に多い（図-2.1.5）。これは地域の歴史性とも関係していることが推察される。しかし同じ山間部農村の AN 学区の横隣り下流側の AH 学区では地域行事への参加も自然との接触の教授もとくに少なくなる。このことは AH 学区が同じ村域であっても下流側であり，道路整備とともに近くの都市への通勤世帯が増えた地域社会の変化が反映されていると考えられる。

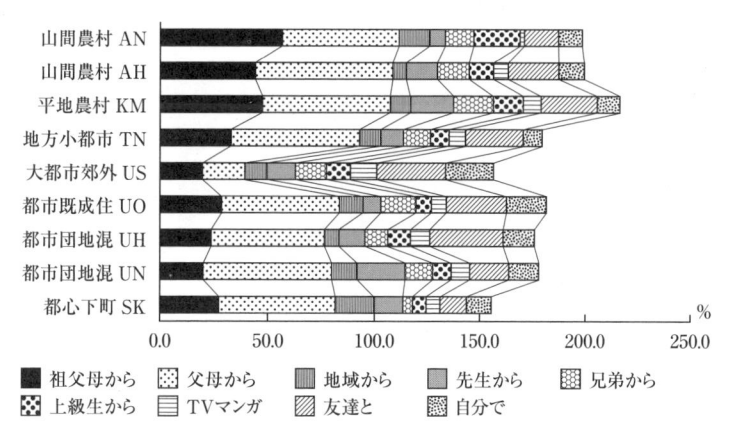

図-2.1.4 自然とのつきあいを誰から教わるか

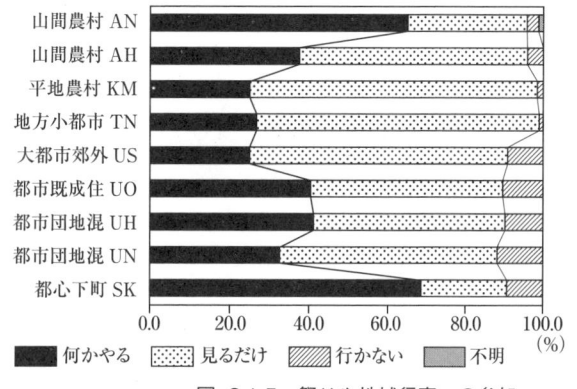

図-2.1.5 祭りや地域行事への参加

つまり同じ山間農村であっても地域社会の有り様で子どもと地域とのかかわりもかなり異なる。AN地区は山間部の奥で条件は不利の地域であるが，伝統的行事はずっと守られてきている。下流域よりは腰が座った，農業への意欲を示す。相対的なものではあるが，そういった地域の落ち着き，または他から干渉されない地域の歳時記にあったリズムというものが子どもの遊びに反映されているのかとも考えられる。

なお，実際に子どもたちに聞き取り調査をすると，子ども数の減少とともに山間部では近所に友達がいなく，異年齢の遊び仲間でダイナミックに遊ぶというのは遠い昔のことであり，遊びの風景は動きの少ないものとなっている。

子どもの遊びの発達において，遊び仲間は重要である。つきあいによって探索行動は促進される[20]ので遊びによる地域の探索には，遊び仲間の影響は大きい。また柳田のいうように子どもの遊びの背後には重要な文化の伝承を考える貴重な情報が隠されているという点から，遊びの伝承面でも遊び仲間，とりわけ異年齢とのつきあいは重要である。遊び仲間の形態を都市と農村で比べると，全体には同年齢化の傾向が強いとはいえ，まだ農村部の方が比較的異年齢の集団での遊びも見られる。

しかしながら，少子化の変化とともに情報社会において子どもたちの人間関係の取り方，コミュニケーションの取り方に大きな問題が生じているのは，都市農村を問わず感じられるところである。ケンカを遊びの中で認めて，友人関係の切磋琢磨でその処理方法を成長とともに獲得していくことを推奨した柳田の教育とは違う方向に社会は変化してきた。幼少期にケンカをするような密な人間関係の体験を経ない子どもが今は圧倒的多数なのである。

❹ 都市と農村の新しい交流

このような地域社会の変化を考えると，都市・農村交流や環境教育のプログラムは，都市と農村の子ども，両者を対象にしたものへの工夫が求められる。

都市農村交流にありがちなのは，一方的に都市住民がお客さんとなり，農村のもてなしに感動して帰っていくが，接待した農村側は疲れてしまい，数年も経つと，何の見返りがあるのだろうと懐疑的になり，ポシャってしまう，というパターンである。即効的な経済効果を都市農村交流に求めるとしたら筋違いというものであろう。では都市住民の教育に役立っているという誇りがもてると，精神論を唱えたところで，現実に過疎化の危機を迎えてせっぱつまった状況の地域においては，雲の上からの話を聞いているように感じるだろう。

しかし，都市・農村交流で都市住民を感化させ，農村のサポーターにさせてしまう農家もいる。それらの農家は確固とした信念を貫き，自らの方向を自ら考える主体性を発揮している。

このようなプラス志向の仕事に村の子どもたちを参加させない手はない。そして，都市の子どもと共同した作業をする中で，田園環境から多くのことを学び取るであろう。都市の子供に教えなければならない，という時にはじめて自分たちの身近な環境に目をやるかも知れない。

ゆえに田園環境の教育力は学校教育のことなのか，それとも地域の環境のことなのか，といった区分けをする議論はあまり意味を持たないであろう。地域と学校とを（ふたたび）つなぐことが今求められている。総合的学習のプログラムの導入にあたり，地域が学校から協力依頼を待っている姿勢では大きな変化は期待できない。また都市・農村交流のプログラムに学校を巻き込まなければ，農村の担い手育成の効果は期待できない。

学校と地域を結ぶといってもこれまでの歴史からその間にできた壁を壊すのは容易ではないと想像される。学校教育と社会教育の間に壁ができているのも「同じ教育委員会主管なのに？」と素人目には疑問符がつくが，これも学校と地域の分離の投影である。しかしいろいろな地域で，学社融合の運動も展開されるようになった[26]。

文部科学省は旧文部省時代に「地域で子どもを育てよう緊急3カ年計画（全国子どもプラン）」メニューの一つに，全国約1200ケ所に子どもセンターを2001年度までに整備しようとしたが2002年3月末で983箇所に設置された。また旧建設省との合同事業で「子どもの水辺」再発見プロジェクトも2002年度までに全国5000ケ所の登録をめざした。農水省との連携では「田んぼの学校」を進めてきた。そして2008年度からは文部科学省，農水省，総務省の連携で子ども農産漁村交流体験プロジェクトとして全国の小学生1学年120万人が5泊6日の農山漁村での体験活動を進める（兵庫県ですでに20年ほど実施してきた事例に習ったもの）。

❺ 持続可能な地域づくりへ — これからの展望

前述のように農村の中でも地域差があるが，必ずしも農村の子どもが地域の中で思いっきり遊んでいるとはいいがたい。先の荒川流域の調査や三世代の聞き取り調査で明らかになったように，環境が教育力を発揮するのは，環境に働きかける子ども側が遊び仲間とのつきあいや，親，祖父母，地域の大人たちとのコミュニケーションか大人たちの行為を盗みみての模倣するという関係が成り立っている場合である。しかし，地域の生活の方向が変わってくると，模倣の天才ともいえる子どもたちは敏感にその先どりをするかのように別な影響が直接に出てくる。

子どもの遊びに重要な三大要素とよくいわれる三間。空間，時間，仲間という要素の変化が子どもの遊びのみならず地域社会を変えている。空間の面では三世代の変化の調査で明らかにしたように，水路，河川，道路，庭，裏山等に人工的環境が進出しており，人のかかわりを排除する方向に進んできた。また時間の面では生産力の増大に向けて忙しさを増し，かつてのように集落の道々で人がゆったりと時間を過ごすような行為がみられなくなった。家族，隣近所，集落の人間関係に大きな変化を生じている。そして，物質的豊かさ，過剰ともいえる情報量の多さの中，つまり我々がこれまでに経験したことのない豊富な世界に子どもたちはいる。しかしそこには豊かさゆえの貧困というパラドックスの落とし穴もある。

今やIT革命の直中において，グローバル・スタンダードの競争的環境，つまり餌食になるか勝者になるかという世界に，我々の生活をさらして生きていかなければならないのか？ならば，ますますもって子どもたちにコンピュータゲーム，英語教育が浸透していくであろう。

豊かさの時代ゆえに人間疎外，主体の喪失は多くの識者が指摘していることでもある。だが，われわれはそのまま流されてゆき，常に満たされぬ欲を際限なく広げていくことに生き甲斐をもつかのように，どこかに空虚な隙間が空いたような感じで日々生きている。物も情報も過剰にある中では，取捨選択する主体がよほど確固とした信念をもち，意識した生活を選んでいかなければ，どこに行くのかもわからない。

いったいわれわれはどこから来てどこへ行くのか，という問いを現在の断片の情報からでも解きあかしていく，郷土を題材にした教育の方法を柳田は示した。

それは変化を扱うことにつながるが，わが国の環境教育において弱いのが，この変化を扱うことである。

「学校教育は，既成の事実を教えるのは得意である。しかし未知なるものとどう向き合うのか，そして変化が起きたその時にどう対応すればよいのかを教えてはくれない。そんな中，環境デザイン教育は，変化を肯定的かつ創造的にとらえる重要な媒体である。」[21] と元美術教師であり英国の環境教育，都市環境教育のコーディネーターである Eileen Adams が述べるように，英国でも環境の変化を扱うプログラムが登場したのはそう古いことではない。英国の都市および地方計画協会が1970年代に進んでアーバン・スタディセンターの設立にかかわった。また王立建築協会や王立都市計画家協会もこの流れに追随し，住民参加と都市学習のプログラムの支援に乗り出した。このような専門家の支援があって，教師たちは地域の課題に対して子どもたちが調べ，問題を考え，提案に導いていくカリキュラムの編成を考えることができる。わが国の建築家やプランナーの専門組織にも求められる役割である。

2.1 田園環境の教育力

　世界の趨勢として環境管理の決定権は地元からどんどん遠くへ移されるが，資源は地方レベルで管理されるべきであるというのが『子どもの参画』に関してユニセフの委託で世界中の事例を調査したハートの主張である。そこで田園環境の教育への期待を次のように述べる。

　「子どもたちは生計を立てるためのいろいろ違った職業の選択肢を，この先どうなるのかという現実的なイメージをもってみることができなければならない。そしてこれらの選択肢のなかには，土地から充分な生活の糧を受けて農村のコミュニティの持続可能な開発にかかわる機会も含めるべきである。農村の学校では，農業を，都会に出ることができない子どもに残された社会的地位の低い職業として扱っていることがあまりに多い。私たちはコミュニティの伝統的な農業および環境の知識に背を向けるよりも，むしろそれらをもとにした学校のカリキュラムを用意して，地方の生活の発展を段階的に成し遂げていく必要がある」。

　農村で子どもたちの体験活動を実施するにあたり，子どもたちがお客さんではなく，いかに主体的に取り組むか，そのようなファシリテーターとしての専門家が不足している。その専門家はまた，このような都市からの子どもを受け入れるとともに農村の子どもたちも巻き込み，そして地域の大人たちも巻き込む中で持続可能な地域づくりへと展開していくためのプランナーとしての素養も求められる。

　このような活動を地についたものとして英国で都市・田園協会が教育ユニットを設けたように支援する専門集団が求められる（図-2.1.6）。例えばそれは地元で保護者や様々な業者の連携で組織してもよいであろうし，また建築学会や建築士会，建設コンサルタント協会といった専門家の支部活動としても考えられるであろう。特にハードな専門家が教育やコミュニケーションといったソフトを得意とする人たちと組んで，物理的環境の改善や管理などと絡めて行うことが考えられる。

　さらに詳細に，田園環境の教育力を専門的に地域づくり（農村計画）の枠組の中にとらえ直すと図-2.1.7のように描くことができる。田園環境は地域の子どもたちへの隠れたカリキュラムの行使として地域の高齢者や女性など様々な世代，階層の地域住民を巻き込んで福祉や生活文化の掘り起こしともなり，それは都市住民相手のグリーンツーリズムという地域振興にも発展する。さらには地域の新規参入者を迎え入れる定住政策へも発展し，ゆくゆくは持続可能な地域づくりとなっていく可能性をも有している。そのようなマネジメントを推進する体制づくりこそが課題であるが，それは前述のように，内部で組織するか，または外部の専門家や都市の団体の支援を得て組織するか，地域の状況によって異なるであろうが，様々な地域の資源を活用することからも総合的に多様な組織の連携が求められる点は，総合的な学びゆえに必然のこととなる。

第2部　環境が人を育てる

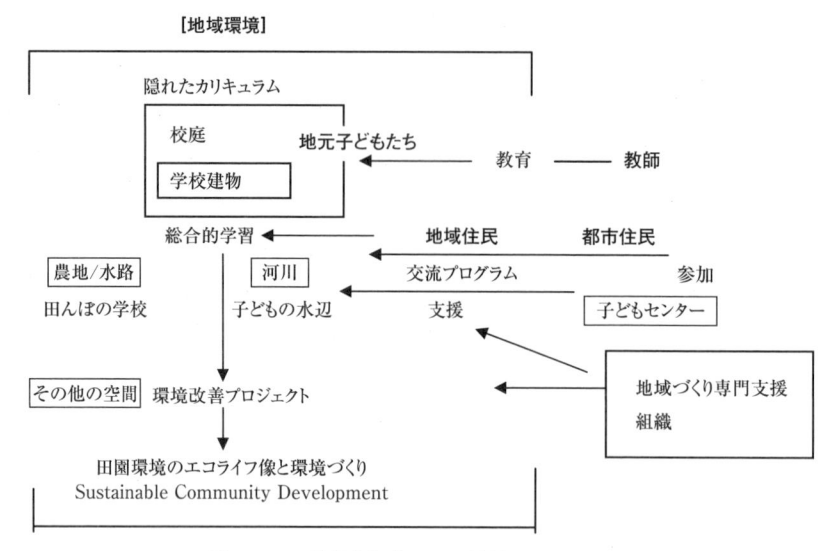

図-2.1.6　学校を拠点とした地域づくりモデル

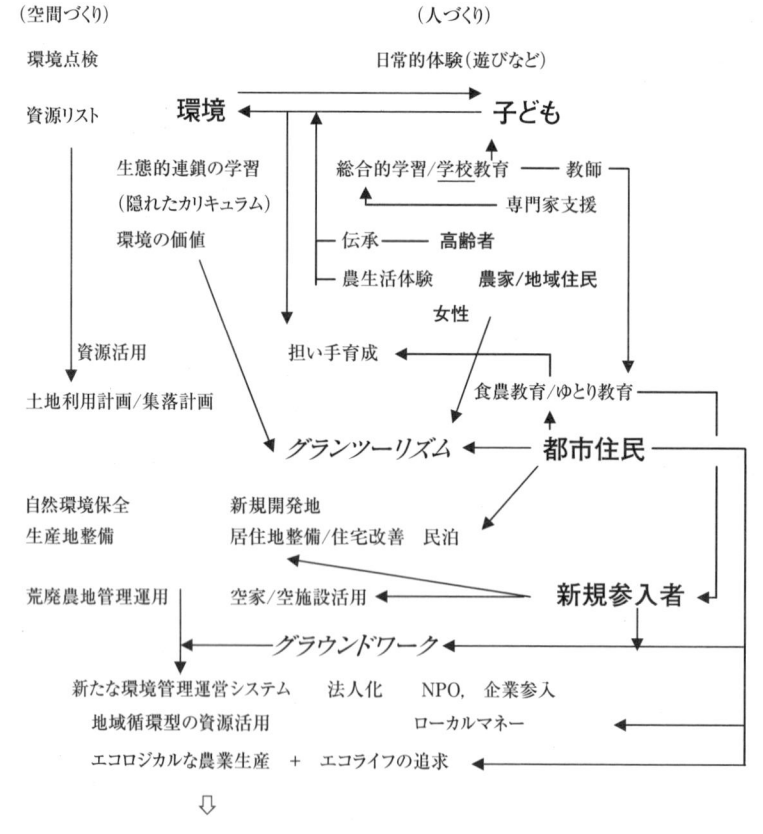

図-2.1.7　田園環境の教育力（農的体験を通じた環境教育力）：農村計画におけるフレーム試案

◎補　注

1) 木下勇：三世代への聞き取りによる農村的自然の教育的機能とその変容〜児童の遊びを通してみた農村的自然の教育的機能の諸相に関する研究　その2, 計画系論文報告集 第450号, 日本建築学会, pp.83-92（1993）
2) ルソー,J.J（1762）, 今野一雄訳：エミール（上）, 岩波書店, p.66（1962）
3) Wendy Titman：Hidden signs, Landscape Design, pp.40-42, February（1994）
4) 1997年11月のまちワーク研究会スタディツアーより
5) ゲデス,パトリック（1914）, 西村一郎訳：『進化する都市』1968年版, 鹿島出版会, 1982
6) カーソン,レイチェル（1956）, 上遠恵子訳：センス・オブ・ワンダー, 祐学社（1991）, 新潮社（1996）
7) ホワイトヘッド.A（1927）, 山本誠作訳：過程と実在（上）, p.362, 松籟社（1984）
8) チョムスキー.N, 川本茂雄訳：言語と精神, 河出書房新社（1976）；田窪行則, 郡司隆男訳：言語と知識：マナグア講義録（言語学編）, 産業図書（1989）；北原久嗣, 小泉政利, 野地美幸訳：障壁理論, 研究社出版（1994）；ロワイヨーモン人間科学研究センター編, 藤野邦夫訳：ことばの理論　学習の理論：ジャン・ピアジェとノーム・チョムスキーの論争, 思索社（1986）
9) ベイットソン.G（1979）, 佐藤良明訳：精神と自然, p.161, 思索社（1982）
10) 国分一太郎：しなやかさというたからもの, pp.195-196, 晶文社（1973）
11) フレイレ.P（1970）, 伊東周他訳：被抑圧者の教育学, 亜紀書房（1979）；フレイレ.P（1970）, 楠原・里見他訳：伝達か対話か, 亜紀書房（1982）
12) 日本青少年研究所が2000年に行った国際比較調査では将来に希望がない, 学校, 家庭, 自分自身に満足していないという点が際立っていた。また同年, 文部科学省の調査ではイジメに対する関与も低い実態が明らかになっていた。さらに2007年ユニセフによるOECD加盟国への調査では「孤独を感じる」子どもの割合が他の国々の3倍以上多いという結果が出ている。
13) 柳田国男（1954）：小学校社会科教科書 復刻版, 実業之日本社, 第一書房（1985）；復刻刊行委員会代表山中正剛：小学校社会科教科書「日本の社会」別冊資料　解題, 第一書房（1985）
14) 柳田国男（1954）：日本のしゃかい　二年　学習指導の手引き, pp.33-34, 実業之日本社
15) 柳田国男・和歌森太郎（1953）：社会科教育法, pp.63-65, 実業之日本社
16) 前掲15）, p.13
17) 前掲15）, p.33
18) 木下勇：都市との比較からみた農村の児童の自然との接触状況〜児童の遊びを通してみた農村的自然の教育的機能の諸相に関する研究（その1）, 計画系論文報告集　第431号, pp.107-118, 日本建築学会（1992）
19) 木下勇・中村攻：荒川流域における都市・農村の子どもの遊び生活の比較に関する研究, 日本建築学会関東支部研究報告集, pp.313-316（1995）；木下勇・中村攻：子どもの生活指標の内容, 農村生活のゆとりと創造－農村生活指標の検討－, pp.40-58, 農村生活総合研究センター（1993）
20) ボロウィ,アンネ・マリー（1977）, 湯川利和, 長沢由喜子訳：子どものための生活空間, p.72, 鹿島出版会（1978）
21) アイリーンアダムスとまちワーク研の仲間たち：まちワーク, p.24, 風土社（2000）
22) Qualifications and Curriculum Authority：Education for citizenship and the teaching of democracy in school（1998）, http://www.open.gov.uk/qca
23) Hart,R（1997）：Children's Participation UNICEF, Earthscan,（IPA日本支部訳で萌文社から2000年9月に発刊予定）
24) アイリーンアダムスとまちワーク研の仲間たち：前掲21）, p.86
25) 丸山真男（1986）：「文明論之概略」を読む・下, 岩波書店；丸山真男（1986）：現代政治の思想と行動, 未来社
26) 例えば習志野市秋津小学校

2.2 環境資源の活用プログラムと その学校づくり
—— 「くりこま高原自然学校」から

❶ 環境資源の力を学ぶために

　今，私たちの社会はこれまでにあまり経験したことのないさまざまな問題を抱えている。そのひとつに，学校と地域のいずれの場にも馴染めず，悩み壊れていく児童や若者（以下この総称として「子ども」とする）の存在があげられる。そこで，深刻な状況に置かれた子どもたちを救うことは重要であるが，その前に，子どもの成長期において心身ともに生き生きと健康に育つ環境を用意することを忘れてはならない。本来，この問題は地域コミュニティや小中学校などの対応を期待したいところだが，今多くのコミュニティは衰退し，定型化された義務教育の現場ですぐにこれらの問題に応えることは難しい。そこで，このような課題を解決するための子どもの居場所を，インフォーマルな「学校」に求めることはできないだろうか，というのがこのテーマをとりあげた理由である。

　自然や農村の環境が潜在的にもつ力を，子どもたちの心身の成長に生かすためにはさまざまな手立てが必要だろう。ある山村の自治体が用意した農村力をデザインする研究所と，その成果を学ばせようという学校があり，そこで講師をしたことがある。そのときに痛感したことは，講座の内容は招かれた複数の講師がそれぞれ用意して行われるので，個々の講師の力量次第で成否が大きくわかれてしまうということだろう。年間のおおまかなプログラムは用意されているが，それぞれの授業は講師の素養と工夫に頼ることになるので，開講に当たって事前に講座全体の到達目標を具体的に示すことはできず，成果についての評価を明確にすることも難しい。この学校では対象が成人だからその咀嚼力・応用力に期待することでよいが，子どもを対象とするときには，到達目標とその実現方法を明確にしておく必要があるだろう。

多様な資源を内包した自然や農村の力を可視化・価値化すること自体大変な能力が求められるが，ましてや学習の対象者が子どもの場合には，体験を前提としたカリキュラムを用意しないと十分な成果を得ることは難しい。また，そのカリキュラムを実行するためには，人，情報や教材，場と設備などの条件を整え，それらをシステム化しなければならない。いい換えると，このような行為を展開するには，そのためのプログラムと場と組織が必要だということである。さらに，そのような場や組織を持続的に運営していくためには，経営をどうするかも重要な課題だろう。本節では，より多くの子どもたちが感性豊かに，生き生きと成長していくための手助けとなるような学校の在り様を考えてみたい。

組織とか経営にこだわる理由は，「悩みを抱える子どものインフォーマルな学習環境の整備」などという課題については，これまでわが国の社会を支えてきた行政と企業という2つのセクターでは解決することができなかった社会的事業であり，これを成り立たせるための経営を含む継続の仕組みをみつけ出すことは，喫緊の重要課題であるからだ。

❷ 自然学校の目的と事業

ここで取り上げる「くりこま高原自然学校」[1]（以下「自然学校」）は，宮城県の北西部，岩手県，秋田県との県境に位置する標高1 627mの栗駒山の中腹にある。この場所は戦後の引揚者がブナの原生林を伐採して入植した開拓地で，現在も30戸ほどの農家と畑が点在している。この自然学校は，岩手県出身の佐々木豊志氏が「自然と共生しながら，持続可能で豊かな平和な暮らしを創造できる人と社会づくり」を目指してこの土地に入り，1996年から活動を開始している。図-2.2.1は自然学校のスケッチであるが，大半は廃材の再利用により，一部は専

図-2.2.1　くりこま高原自然学校の施設配置（佐々木氏作成）

門家の手は借りているもののスタッフの手づくりで建てられている。こうした自分たちの力で施設を建設することもまた，この自然学校の重要なカリキュラムのひとつである（図-2.2.2）。

なお，本節で使用する図や写真をはじめ記述されている内容は，佐々木氏からのヒアリングと提供資料[2]に基づいてとりまとめており，ご本人からここでとり上げることの許諾を得ていることを断っておきたい。

佐々木氏は1957年に遠野市に生まれ，筑波大学で野外運動を学び，その後テレビの関連会社で野外教育事業を担当し，民間企業のなかで野外教育の事業化に取り組んできた。1996年にこの自然学校を設立したが，その傍ら，2006年から宮城大学大学院で事業構想学を学んだ。氏は自然体験学習指導の達人でもあるが，持続可能な社会づくり・人づくりを実現するための構想に基づいて自然体験の場を用意するだけでなく，不登校・引きこもりなどの悩みを抱える子どもの社会復帰のための場づくりも行ってきた。氏の考えは「単なるアウトドア教室ではなく，真に豊かな暮らしを問い直し，自然環境と共生できる人づくりと社会づくりを目指す」ものである。さらに，この自然学校の理念を氏の発言から補足すると，「生活を創造する暮らし方実践」，「結果が保証されないこと，未知のことに挑戦する勇気をもつ人づくり」，「みずから行動すること」などと述べられ，自立していくための人づくりを重要なテーマにしていることがわかる。

図-2.2.3のなかから主要な事業を抽出してみる。自然学校の目的を実現するための事業として，まず，自然学校の開設当初から行われてきた「自然体験プログラム」がある。これは氏の活動の基盤であるキャンプを含む自然体験・冒険体験などの機会提供であり，現在は栗駒高原の四季の環境全体を使って事業が行われている。夏休み，春休みの1〜2週間に，小中学生などを対象としたキャンプをはじめ，子供会，スポーツ少年団，大学生（首都圏をはじめとする6つの大学の実習），企業その他の団体まで，多様な層を対象としたプログラムがある。

自然学校のスタッフトレーニングとして，各種の自然体験プログラムの指導者養成講座を開催し，併せて一般の参加も受け入れている。この人材育成事業も自然学校の重要な事業であり，各種機関から委託を受けて指導者養成講座を実施するほか，自然学校のスタッフは，自然体験

図-2.2.2 多くの施設は廃材利用で，みんなの手づくり（佐々木氏提供）

2.2 環境資源の活用プログラムとその学校づくり

くりこま高原・暮らし環境実験村（エコ・ヴィレッジ構想）関連概念図
自然と共生する持続可能な平和で豊かな暮らしを創造する人づくりと社会づくりに寄与する

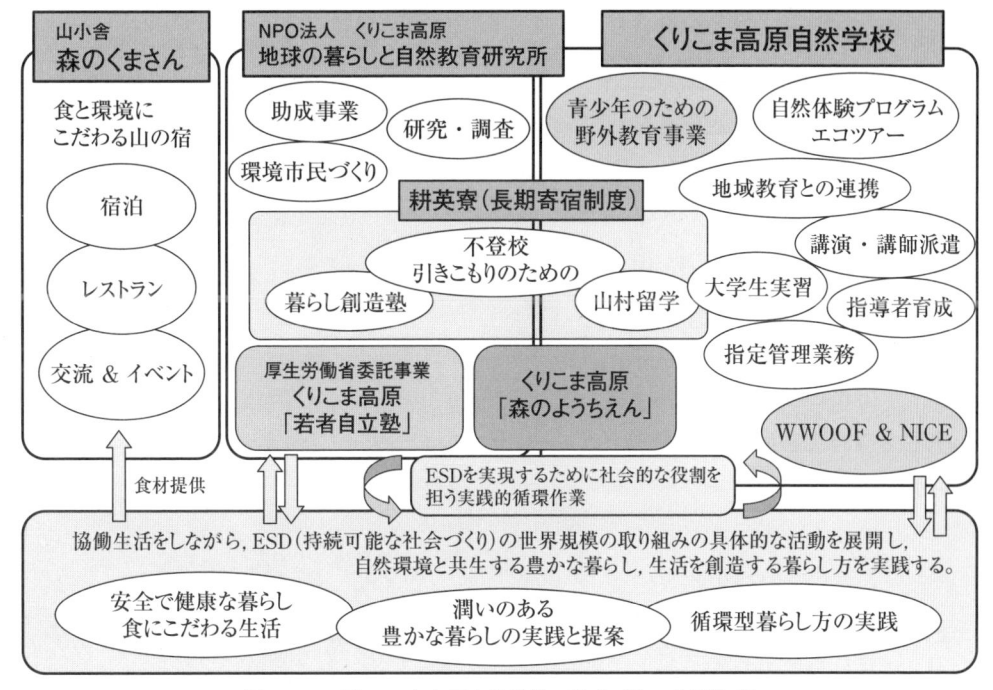

図-2.2.3 くりこま高原自然学校の構成（佐々木氏作成）

などの活動の講師・指導者として学校の外にも派遣される。自然学校で働きたいという人を実習生として受け入れる制度も用意し，これまで30名ほどの若者がここで暮らしながら活動してきた。

不登校に悩む中学生が，自然学校のキャンプに参加して変化を示したことをきっかけに取り組まれたのが寄宿制度「耕英寮」であり，悩みを抱えている子供たちを長期

図-2.2.4 自然体験のひとつ（佐々木氏提供）

に受け入れて生活体験の機会を提供している。対象は，不登校・ひきこもりのほか，ニートの若者もおり，最近では社会人も増加しているとのことである。現在寄宿している4名の中学生のうち3名は「山村留学」としてこの寮に寄宿しながら地域の中学校に通っている。寄宿生の主な進路は，高校などへの進学のほか，もともと通っていた中学校に戻っている。社会的

第 2 部　環境が人を育てる

自立を支援するための事業として，2006 年度から行われている「若者自立塾」[3)] があり，20 歳代の男女が 3 ヶ月間の合宿生活をしながら，地域内外の農家やさまざまな職場での就業体験と仕事探しが行われている。現在，この事業による塾生は 6 名だが，時期によっては 10 名にも及ぶこともある。耕英寮全体で寄宿生は 15 名ほどになることもあり，すでにこれまで 100 名ほどの子どもや若者を復帰させてきた実績がある。

0 歳から 7 歳までの幼児教育の場として「森のようちえん」[4)] があるが，これは自然のなかで親と子が学び過ごす機会を用意し，幼児の自発性を促し，感性・想像力を育むことに主眼を置いている。この事業は 2005 年度に独立行政法人福祉医療機構の助成事業として行われ，その翌年からは自然学校の自主事業として取り組み，おおむね 2 週間に 1 回，年間 20 回程度開催されており，親子合わせて毎回 10〜30 人ほどが参加している。

外部からの利用客を受け入れるレストランならびに宿泊施設である「山小舎森のくまさん」は，一方では食の安全・健康という視点から自然学校の理念を実現しようとするもので，同時に寄宿生が客の応対をすることで，そのコミュ

図 -2.2.5　耕英寮（廃材利用）（佐々木氏提供）

図 -2.2.6　山小舎森のくまさん（佐々木氏提供）

図 -2.2.7　農家の手伝いも大切な学習（佐々木氏提供）

ニケーション力形成のための実習の場にもなっている。

　さらに，農業などの自給事業や地元栗原市の公共施設の受託管理などの事業も行われており，これらをふくめた全体を「くりこま高原・暮らし環境実験村」というエコ・ビレッジとして構成するというのが，佐々木氏の考えである。このエコ・ビレッジは，自然学校の機能を充足する施設群をいうのではなく，自然学校にかかわる人々が，地域の一員として家族とともに，持続的に暮らすことができる村をつくり上げようという構想である。

❸ 自然学校の運営と経営

　自然学校の運営主体は，佐々木氏が校長として自営する「くりこま高原自然学校」と「NPO法人くりこま高原・地球と暮らしの自然教育研究所（以下「研究所」）」の二本立てであり，NPO法人は受託事業などの受け皿となっているが，実際には一体的に運営されている。このNPO法人は，2003年に設立され，それまでの活動の延長上に理念と方法論が整理されて設立されたもので，氏の活動の進化（深化）発展を具体化した運営形態になっている。

　表-2.2.1は自然学校の事業種別に，平均的な収入構成を示したものであり，キャンプや森のようちえんなどへの参加体験料，講師や指導者の派遣による講師料，耕英寮への入寮費と宿舎利用費，森のくまさんにおける利用料，若者自立塾の受託費，人材育成事業の講座収入などである。このほかに自給による食材などの確保，多方面にわたる地域住民の協力，ボランタリーなスタッフの存在なども経営を支える重要な要素となっており，ここに社会的経済を支える経営方法のヒントがみえてくる。

表-2.2.1　くりこま高原自然学校の収入源とその構成（毎年の平均で比率はおおよその値）

種　別	収入比率	備　考
1. 自然体験活動プログラムによる事業	3〜5％程度	主催事業，他機関からの委託事業もある
2. 講師・指導者派遣	5〜7％程度	
3. 宿泊・飲食事業	10〜15％程度	森のくまさん，石窯（パン焼き）
4. 助成事業・受託事業	45％程度	子ども夢基金（パイオニア） 森のようちえん（福祉医療機構），若者自立塾（厚労省） なども初年度は受託だが，翌年から自主事業
5. 耕英寮	20〜25％程度	不登校・ひきこもり・山村留学
6. 公共施設の管理受託	10％程度	市営キャンプ場・公衆トイレ
＜上記計＞	100％	
7. その他　①自給事業		畑，家畜，米づくり，燻製づくり，パン焼き，山菜，茸，薪など
②人材育成事業	数十万円	指導者養成講座
③地域活動・ボランティアネット・各種委員会委員等	数万円	

第2部　環境が人を育てる

　自給事業の中には完全無農薬による有機野菜づくりのほか，ニワトリの飼育，山菜・茸の採取など食物の確保はもちろんのこと，冬は薪ストーブで暖房の大半を賄い，その燃料は地域から伐採した間伐材や建築廃材をもらって調達し，これらによってランニングコストを抑えてきた。また，建築廃材を使って，学校内の必要な施設をスタッフや寄宿生の手で次々に建設してきたことでイニシャルコストの大幅な縮減を実現し，併せてスタッフや寄宿生の創造的な実習・体験活動にも結びつけている。なお，事務室や一部の設備については環境教育関係の財団による助成金で整備されたものも含まれている。

　自給的生活を拡大するためには地域との関係も重要であり，近隣農家と「結い」の関係を育て，学校からの地域協力のかわりに，体験・実習の現場として農家の協力を得ている。

　自然学校のスタッフは，2008年6月現在常勤の有給職員4名，無給研修スタッフ5名であり，このほかに耕英寮の中学生4名，自立塾塾生6名も労働力の提供などで学校の維持に貢献している。無給スタッフを全国から受け入れ，研修生として一定期間滞在させるが，そのなかでWWOOF（ウーフ：Willing Workers on Organic Farm）の存在も忘れてはならない。これは「有機農場で働きたい人」の意味で，労働力を必要としている有機農場が食事とベッドを提供し，有機農法に関心がある若者が労働力を提供するというもので，お金は介在しない。70年代にイギリスで始まったものだが，自然学校は2004年から，世界各地からのウーファーを受け入れている。彼らは，自然学校の他のスタッフや寄宿生と暮らしをともにし，事業に協力するなかで有効な影響を与えている。この自然学校のスタッフの構成をみると，時には教える者と教えられる者との境界がみえなくなるなど，学校にかかわる人の相互関係がファジーな状態にあることが伺える。このことが，学校にかかわる人のモチベーションを高め，潜在的な力を引きだす緩やかなシステムをつくり出しているものと考えられる。

　自然学校全体の年収総額は，自給やボランタリーな労働力提供などを除いて1800万円程度であり，年度によっては2000万円を上回ることもあるという。このうち，公的機関や公益的な財団からの助成事業・受託事業で，使途に制限のある資金が45％程度にとどまっていることは，民間の公益的組織の経営としてはきわめて良好だといえよう。しかも，使途に制限のある助成事業や委託事業であっても，自然学校の理念を具体化する事業が大半であり，組織を維持するために引き受けざるを得ないという事業は無く，望ましい収入構造になっている。その上，自給事業とボランタリーなエネルギーが学校の運営上に重要な役割をはたしていることを考えると，この自然学校の経営は，社会的事業がグローバル経済を乗り越えるための一つのモデルを提示しているとみてよかろう。このほかにも自然学校内で通用する地域通貨の発行も行われ，この使用が子どもたちにとって問題解決のためのトレーニングにもなり，また経営の下支えにもなっていると考える。

❹ 環境資源から学ぶ仕組みを考える

　自然学校の課題として，佐々木氏は2つのことを挙げている。ひとつは，問題解決のための領域を超えたネットワークの形成で，もうひとつは，「拠点」あるいは「施設」から「村（エコ・ビレッジ）」への展開であり，すでにその取り組みがはじめられている。佐々木氏を中心に展開してきた自然学校のこれまでのプロセスをみると，その理念から事業内容，さらに組織形態や経営に至るまで，進化（深化）発展をし続けていることは明らかであり，このような関係を内包する仕組みを用意することが重要であるということを確認しておきたい。

　自然学校では第1の課題についてすでに手がつけられている。それは発達障害や自閉症をはじめとする深刻な問題を抱える子どもたちのために，教育関係者だけでなく，臨床心理や精神医療など多分野の専門家・専門機関との連携をとりあう活動に取り組んでおり，連携の模索段階からシステムの構築へと展開することにより，成果が期待されるところである。また，第2の課題についても，地域との「結い」の関係を取り結んでおり，その協働の成果が過疎化・高齢化に悩む地域に還元されることになれば，あらたなエコ・ビレッジへの展開が期待される。

　以上の検討から，くりこま高原自然学校の活動とその仕組みづくりを通して，環境資源から学ぶ仕組みのあり方についてまとめる。まず，上にあげた，① 問題解決ネットワークの形成（連携・協働関係），② 地域コミュニティへの融合，③ 進化（深化）発展のプログラムの内包，の3つのほかに，自然学校がこれまで蓄積してきた，④ 学習のプログラムなど教育技術の確立や，それを支える，⑤ 指導者や補助者の人材育成方法の確立が不可欠だと考える。また，⑥ 人の潜在的能力を引き出すための柔軟な運営組織の形成が重要であり，このような柔軟性が進化（深化）発展のプロセスをみつけ出すエネルギーになるものと考える。さらに，社会的事業の経営方法として，⑦ 併せ技ともいえる多様な収入アイテムが必要であり，それは市場で交換される通貨以外の手段も含んで構成するという考え方が重要である。

　ここで紹介してきたような事業の実現は，佐々木氏個人の力量に因るところも大きく，誰もがそう簡単に真似ることはできないだろう。そこで，この自然学校の分析結果から，本節のテーマである「環境資源活用型の学校づくり」の実現課題を図-2.2.8のように整理してみた。これによって，問題解決型の社会的事業が少しでも多く起こされ，持続可能な社会づくり・人づくりを実現するために，多少とも参考になればと思う。

　なお，このような学校づくりにあたっては，図に示した内容のほかに，目標とする事業の実現を目指す主体を支援するシステムの整備が求められるが，これらのあり方については，筆者

第2部　環境が人を育てる

らがコミュニティの再生・自立をテーマに提案[5]し，地方大学やシンクタンクの役割とコンソーシアム形成の方向性について提示しているので，これを参考にされたい。

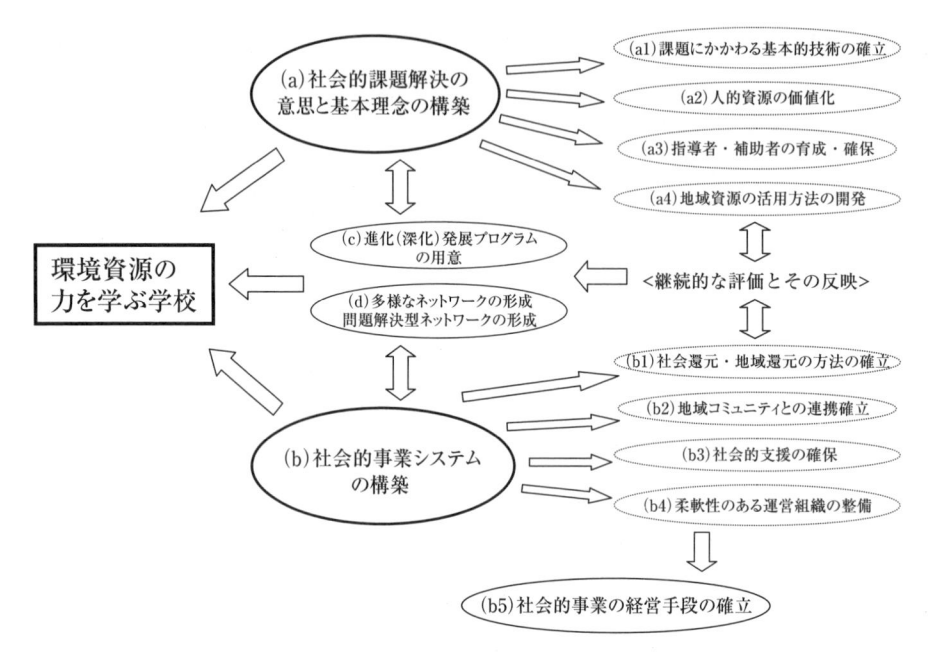

```
                    ┌─→ (a1) 課題にかかわる基本的技術の確立
   (a) 社会的課題解決の ├─→ (a2) 人的資源の価値化
   意思と基本理念の構築 ├─→ (a3) 指導者・補助者の育成・確保
                    └─→ (a4) 地域資源の活用方法の開発
           ↕                    ↕
  環境資源の ← (c) 進化(深化)発展プログラム  <継続的な評価とその反映>
  力を学ぶ学校   の用意
           ← (d) 多様なネットワークの形成
              問題解決型ネットワークの形成
           ↕                    ↕
                    ┌─→ (b1) 社会還元・地域還元の方法の確立
   (b) 社会的事業システム ├─→ (b2) 地域コミュニティとの連携確立
   の構築              ├─→ (b3) 社会的支援の確保
                    └─→ (b4) 柔軟性のある運営組織の整備
                         ↓
                       (b5) 社会的事業の経営手段の確立
```

図-2.2.8　環境資源の活用型学校づくりの課題

自然学校のある栗原市耕英地区は，本原稿の提出後まもない6月14日に，マグニチュード7.2の大きな地震に襲われ，壊滅的な被害を被った。佐々木氏は率先して地域の復興活動に貢献する一方，縮小を余儀なくされながらも，場所を移して自然学校の事業を継続している。被害を受けた耕英地区の自然学校復旧は，氏と交流のある財団などの資金支援を得て，これから取り組まれる予定であることを付記しておく。

◎補　注
1) くりこま高原自然学校WEBページ　http://kurikomans.com/
2) 佐々木豊志「くりこま高原自然学校」（日本環境教育フォーラム20周年記念誌編集委員会「環境教育の知恵」，pp.96-111 第3章自然学校がひらく社会の未来，小学館，2008）に要約されている。このほかにも氏が作成した各種資料を入手し，これらを利用している
3) 初年度は厚生労働省の委託事業で行われ，2年目からは自然学校の事業として実施されている
4) この活動は60年ほど前にデンマークで始まり，その後90年代にドイツで急速に広がりをみせたものである
5) 山田晴義編著：地域コミュニティの支援戦略，第4章 中間支援システムの整備に向けた提案，ぎょうせい（2007）；国土交通省東北地方整備局：平成19年度国土施策創発調査－東北圏の地域維持力向上に関する調査報告書（2008.3）

2.3 英国のシティファーム・コミュニティガーデン

❶ 英国での都市および田園での複合的な農的体験教育センターの試み

　農的体験を介した子どもたちのための環境学習は，農村地域だけで行われるものではなく，都市の中でも必要となっている。エディブルランドスケープとしても評価されつつある「食べられる緑の環境づくり」である。殺伐とした都市環境を再生する力ともなる。身近な居住環境の中に，共同で農的環境を形成し，そこで植物，野菜，家畜に都市の子どもたちがふれることは，貴重な環境教育・学習の機会となる。本節では英国での市民中心による活動事例を紹介する。

　また，過疎の進むウエールズの山間地域での廃坑の跡地を再生して，自然エネルギーやパーマカルチャー的な農業体験や環境学習のできるエコセンターCATを紹介する。CATは，先駆的なエコライフの場としてエコビレッジづくりを目指した若者たちの試みが端緒であり，その後，環境教育の場に拡大発展し，近年はエコロジカルな地域再生の拠点となっている。

　日本の都市づくりの中で，農的環境は近年，市民農園，新生産緑地制度の拡充で行政的な制度的手当が進みつつあるが，まだ，十分な位置づけがされていない。しかも，ここで課題にしているような環境学習や子どもの成長過程，成育環境として農的環境を位置づけるという視点はまだ弱い。子どもの成育環境，体験環境として公園が位置づけられるとしても，そこにおける農的体験，植物を育て，動物を飼育するというような体験の場づくりが十分に用意されている状況にはない。また地域コミュニティによって支えられる仕組みは弱い。市民社会の中に，農的環境・空間を位置づけ，子どもたちの体験学習の場として構築する計画論，デザイン論，実践論が必要であり，英国から学ぶことも多い。

❷ シティファーム，コミュニティガーデンとは

　シティファームやコミュニティガーデンとは，都市の中の遊休地を地域住民が主体となって，野菜を育て，豚や馬等の家畜の飼育の場として再生し，地域の子供たちの教育の場とレクリエーションの場とするものである。英国では古くからアロットメントの市民農園はあるが，それとは別に，コミュニティレベルでのガーデン，農園，農場づくりに焦点があり，都市コミュニティの再生，再構築の重要な手段として注目されている。

　家畜がいなく，小規模な遊休地を活用して，コミュニティで菜園やガーデンを整備するのがコミュニティガーデンであり，規模も大きく家畜の飼育等を農的営みが中心なものがシティファームである。英国の「シティファーム・コミュニティガーデン財団」の設立当時（1990年代後半）でのパンフレットのサブタイトルは，「コミュニティ管理された農場や菜園・庭を介して地域の再生を促進する」とある。

　「コミュニティガーデンの運動は，1960年代に始まり，シティファームは1972年に始まった。この時に，放置された場所，未利用地を地域のコミュニティにとっての生活の質と環境を改善するための場所として再整備することが決心された。1980年に，多くのシティファームとコミュニティガーデンが集まり，メンバー同時の相互の助成や国民に広く知ってもらうために，協議会を結成した。……それらは，地域の人々に食べ物を生産する場として，環境を改善する場として，学び楽しむ場所として，コミュニティの発展のための場所を提供している（協議会のパンフレットより）」

　1998年度のコミュニティガーデンの国内会議での宣言文で以下の点が述べられている。

- コミュニティの結合力と相互理解を高める。
- 研修，収入の発生，ボランティアと学習の機会を提供する。
- 緑化や環境改善を促進することで，コミュニティの再構築をはかる。
- コミュニティ運営や研修や経験を通して，地域の人々の社会的能力，雇用される能力を高める。
- 多様な面での発達，障害者対応，若者と老人との協同作業等の価値ある能力を提供する。
- 目的の明確な実習を介して，肉体的な面での健康改善に役立つ。
- ストレスの減少と信頼の構築により，精神的な健康を提供する。
- 食べ物を生産することで，貧困層に対する効果。
- 野生生物や地域の多様性を促進する。

2.3　英国のシティファーム・コミュニティガーデン

・安全なおしゃべりのできる場所でコミュニティのレジャーとなる場所の提供。

　このように，コミュニティの社会面，物理的な面，経済面と地域環境的な面での貢献が期待され，今日に至っている。子どものための農的体験だけでなく，成人，高齢者の身近な生活環境の一部として位置づけようとしている。

❸　ロンドン市内の農的体験・教育の場づくり

　英国でもっとも古いシティファームは，ロンドンの「ケンティッシュタウン・シティファーム」である。1970年代初頭に設立されている。ロンドン市内のマイノリティの人たちが住む下町的な住宅地にあり，敷地は鉄道の高架の残地を活用した農場であり，乗馬や豚の飼育と菜園が存在し，地域の子供たちへの環境教育の場ともなっている。子どもたちは家畜の世話や，畜舎の掃除等に参加している。

　有名なドックランドの再開発地の中にあるのが，「マドシュット・パークファーム」である。このシティファームの規模は大きい。テームズ川沿いに再開発された高層建築と農場内の牧草地や家畜の羊等のコントラストは奇妙な都市の農的景観をつくっている。ここは政府がテームズ川沿いのドックランド再開発計画の一環としてあった住宅地開発に地域住民が反対し，地域のコミュニティの憩いの環境としてシティファームの敷地として確保したものである。借地料は無料に近い。チャリティ団体が運営し地域住民の憩いの場であり，家族が子どもと一緒に散策する農場となっている。敷地内には子供たちのための動物教育や農業教育をする教育センターがあり，その周囲は自然観察園や散策ルートが整備され，多くの幼児を連れたグループが牧場内を散策し，センター内で学習をしている。

図-2.3.1　マドシュット・シティファーム　　　図-2.3.2　サリードック・シティファーム

第2部 環境が人を育てる

サニードック・シティファームはテームズ川の右岸にあるシティファームである。規模は小さく1ha程度であるが、密度の濃いファームである。住宅地の一角にあり、農場内はラーニングセンター、畜舎、レストラン、パドック、モンゴルのパオ、池、ハーブガーデン、養蜂箱、雑木林のサンクチャリー等があり、農的体験のできる場所が巧みに用意されている。羊の毛の剪定やチーズづくり、養蜂の仕組み等の学習もできる。また、ハーブガーデンはディスアビリティの人たちの作業空間であり、福祉予算を活用してシティファームの維持管理もされている。多様な予算を獲得しながら、チャリティ団体にとって維持されている。

❹ 地方都市リード市のシティファームと環境教育センター

リード・シティファームはヨークシャーの中心都市リード市の丘陵部にある住宅地の一角の谷間の中にある。シティファームを拠点として、自然遊歩道が展開され、都市民の身近なハイキングコースの場所である。

農場内の農作物の作付けデザインはパーマカルチャーによる有機栽培でコンパニオン的な混栽デザインである。70年代の後半に構想され、82年にチャリティー団体が活動を始めている。農場運営の一環として、精神障害者の子どもや青少年のワーキングの場所となっていて、また、失業者の雇用機会や職業訓練の場所ともなっている。シティファームの経営のための資金は、政府からの失業対策費を一部当て、それで失業中の青年を雇い、農場の管理運営のための人件費をまかなうという工夫をしている。

ソイル・アソシエーション（英国の伝統的な有機農産物の民間認証機関）の有機栽培の認証マークも取得し、農産物は施設内で販売もしている。南斜面に展開されるハーブや野菜、ビニールトンネル等の構成は豊かであり、移動も車椅子での移動が可能なようにすべてスロープである。

市の資金と英国のミレニアム基金からの補助で建設された木造の会議室兼情報センター的な役割をする「エピセンター」というエコ建築がシティファーム内に建設さ

図-2.3.3 シティファームにある環境教育センター
畜舎と併設された屋上緑化の建物

れている。木材は地元産の木材で，屋上は緑化され，雨水はすべて集められ家畜用の飲料として利用され，建物は南面ガラスのパッシブ型で，トイレはコンポストトイレであり，その他の汚水は，建物の下の敷地に整備されたリードベット（野外における葦等の抽水植物による排水浄化システム）で処理され，処理後は川に流される。この新しい建物を中心として，シティファーム全体が，有機的なつながりでデザインされている。また，旧納屋を改造したレストランと事務所の建物は周囲の景観に調和している。

❺ シティファームでのコミュニティコンポストづくり

　都市での農は，都市から出る有機物廃棄物を堆肥化し，それで果樹，花卉，農産物を生産するという都市内での有機物のリサイクルと生産という複合的な機能を有している。このことへの子どもたちの気づきと学習は農的体験の重要なポイントとなる。

　英国でのシティファーム内には，ファームからでる家畜の糞を堆肥化する試みもあるが，同時に，シティファームの近くの住宅地から出る生ゴミをシティファームで堆肥化して利用するというコミュニティコンポスト運動がある。

　南ヨークシャーの地方都市，シェッフィールド市の密集した市街地のはずれ，鉄道沿いの小高い丘にシティファームはある。比較的密集して，コンパクトに動物と菜園，コンポストコーナー，レストラン，ガーデンコーナーが配置されている。シティファーム内には，池もあり，牛，馬，豚，鳥等の多彩な動物が飼育されている。ファーム内では，健常者と非健常者が一緒に働き，また，新しい環境教育センターも設置され，レストランもある。

　ここのシティファームでは，多様なコンポストを生産している。農場の家畜の糞，近隣から集めた家庭台所のゴミ，落ち葉，草等を混ぜてつくったコンポストをシティファーム内で販売もしている。LETS（ローカル・エックスチェンジ・トレーデング・システムの略で，英国での地域通貨システム）を活用して，近在の住宅からの生ゴミの回収をLETS会員が担当し，

図-2.3.4　シェッフィールド・シティファームのコンポストモデルコーナー

それをシティファームで堆肥化するというコミュニティコンポスト運動を進めている。また，街路樹の葉っぱのコンポスト化も試みている。

このファームは，EU基金を活用し，全英のコミュニティ・コンポスト・ネットワーク（全英で100以上のコミュニティコンポスト組織がある）の中心的活動拠点として役割を果たしてきている。

❻ 山間地域での総合的環境教育センター／CAT（Centre for Alternative Technology）

ウエールズ州のスレート発掘跡地の山を借用して30年前に始めた若者たちのオルタナティブなライフスタイルの追求，エコビレッジ建設運動の場所は，今，世界的に有名なオルタナティブな環境学習センターとなっている。風力発電等の代替エネルギー開発，環境コンサルタント，エコ建築の建設ワークショップ，パーマカルチャー的有機農法，コンポストづくり等の実験的教育と学習の場を提供し，現在は，環境教育，環境学習のメッカとして英国での先進的テーマパークとして機能している。チャリティセクターと営利セクターからなるソーシャルエンタープライズ（社会的役割を果たす企業）であり，ワーカーズコレクティブ（労働者協働組合）的な集団として民主的に運営されている。

施設内には多様な環境学習の空間が広がり，また，環境テクニックに関する図書等の販売も充実しており，ヨーロッパでのオルタナティブ運動の情報拠点である。毎月，多様なオルタナティブなテクニックの実践的ワークショップを開催され，ストローベイルによる建築づくり等のユニークなエコ建築の事例も数多くある。近年はロンドン市内の大学と連携し大学院の野外環境教育の場としての役割を深める計画で，そのための「ウエールズ持続可能教育機関」の施設が2008年には稼働する予定である。

CATの環境教育・学習の場は，人為的な行為によって収奪され破壊された自然の場を対象として，その再生，新たな自然環境の創造を人為的に行う場として形成されてきた。その場を形成する過程で，自然と人間の関係をどう考えるのか，自然と人間はどうつきあっていけばよいのかを考え，学習する場としての機能を果たしていくことになる。

❼ 脱石油社会構築に向けた CAT の持続可能な流域的地域づくりへの発展

　30年前にスレート発掘の廃抗地が，若者たちのエコビレッジづくりのモデル地として選ばれ，CAT の試みがされた時には，何もない地域であった。その後の CAT の活動展開のなかで，CAT および元スタッフたちの先進的な試みや，サステナブル技術開発とその起業化に刺激され，CAT の位置するダビ川流域での，多様な主体の連携によるエコロジカルな地域活動が始まった。このバイオリージョン的な活動の背景には，脱化石エネルギー，地球温暖化問題に対する，地域の経済・社会・環境のサステナビリティの追求，風力や木質チップ等による地域再生可能エネルギーの普及等があり，EU の総合政策や，ウエールズ政府によるコミュニティ再生のテーマと連動する面もある。

　CAT のあるマッハニレス町を含むダビ川流域は，流域面積 740 km^2 で，7つの地方自治体で 12 300 人，6割がウエルッシュ語を話すウエールズ文化を復興している地域で，経済は牧畜の家族経営農家とツーリズム業が主要な地域である。流域の課題と特徴には，① 農業収益減，② 口蹄疫による経済的危機，③ 若者流出，④ コミュニティの変貌，⑤ 環境破格（景観と生物生息環境），⑥ 言語と文化復興，⑦ 持続可能な技術と経済振興（CAT が関連している技術開発等）がある。

図 -2.3.5　CAT 内の水力ケーブルカー用の池

　エコダビは，3つの地方自治体，ウエールズ開発局，地域企業，CAT，CAT の姉妹企業の連携で組織された。エコはエコロジーとエコノミーを意味し，地域的信託で運営される独立した社会的事業団体で，エネルギー，廃棄物処理，郵送，観光，青少年対策，農業，住宅，芸術等の先駆的な試みをしている。エコダビ構想は，元 CAT メンバーでありエコダビのマネージャーたちによって1998年に組織として誕生した。

　当初は，ポイ州議会およびダラス会社（CAT とのパートナーシップの関係にある代替エネルギー開発会社であり，マッハニレス駅前のディフィ・エコ・パークの産業団地に事務所を設置）の数名が発起人で進められたが，その後は，地域住民による運営となってきている。ウエールズ開発局の審査報告によると，エコダビは，単なる「環境経済」の視点だけでなく，広くコミュニティ再生のための包括的なグループになるべきであると指摘している。また，2007年からは，

第2部　環境が人を育てる

全英で始まったピークオイルと地球温暖化の複合課題に対して，地域的回復力を強調し，低エネルギー型でエコロジカルな地域社会構築運動である「トランジション・イニシアティブ」運動（「脱石油型社会文化への移行運動」と翻訳できる）とも連携を始めている。

CATの環境教育センターとしての世界的にも先駆的な活動は，その後，流域の地域に影響を及ぼし，今では脱石油文化の地域的構築を目指した，新しい地域社会文化の構築を目指すという活動の拠点的な役割を果たしてきている。

図-2.3.6　CATの屋上緑化され，エコライフ体験のできる宿泊施設のエコキャビン

図-2.3.7　CAT内の見本農園

図-2.3.8　筆者も建設ワークショップに参加したストローベイルの小劇場建築

❽ 英国の事例から学ぶこと

英国での都市における農的な環境の場づくりは，けっして恵まれた環境の中での運動ではなく，階級社会の中の歪みとしてあるインナーシティのマイノリティたちの生活環境やコミュニティ環境の改善のため，また，より人間らしい暮らしの環境を獲得するための運動である。そしてその運動の目的に，食の自立や，環境再生ためのコミュニティによる自主的な取り組みがシティファームやコミュニティガーデンという農を介した活動として成果をみせてきている。

この農的な市民ベースの運動は都市の子どもたちの成育環境づくり，子どもの情操教育の場

として，環境教育・学習の場としての意味をもっている。アロットメントやクラインガルテンのような個別の農業体験環境整備だけでなく，都市内の空地や，マイナーな空間を活用し，それの環境改善をコミュニティベースでしていくという，「エディブルランドスケープ（食べられる緑地環境）」，コミュニティ活動，農的環境の三位一体的活動として評価したい。この種の取り組みは英国だけでなく，米国，豪州等で盛んとなってきている。日本でも，単なる市民農園の活動のレベルを超えて緊急に求められる活動である。

CATのように，近代的な工業社会が環境破壊とした場所の自然再生，環境再生をテーマとしながら，よりエコロジカルなライフスタイルの確立のための学びの場として，あらたに構築する試みは魅力的である。しかも，それを行政主導型ではなく，意識ある市民たちの力で，地道に築いてきていることは大いに学ぶ点である。環境の再生やエコライフの実現は，単なる行政のトップダウン的な試みで成功することはなく，意識ある市民たち，環境人たちの地道で長い年月を要する活動により構築されるものである。その中の主要なテーマに食，農の空間が入っている。

❾ 日本での今後の展開方向

英国でのこのような，市民農園を越えたコミュニティ農園・農場の活動は，日本の都市づくりを考える上で大いに参考となる。

世田谷区等で，日本の都市内部でも「コミュニティガーデンづくり」が始まっている。かつての「谷保耕作団」に代表されるような「市民百姓」の活動がある。ここでの問題は，この「市民百姓」の運動を地域での子どもたちの成育環境の場としてどう位置づけ，地域づくりの中にどう反映させていくかである。身近な地域環境の中に農的環境が散りばめられることと同時に，子どもたちが農的環境や体験を集中的にできるような場づくりも求められる。

都市公園を単なるレクリエーション的な公園と位置づけず，地域コミュニティベースで維持，運営し，農的な体験，家畜の飼育，有機堆肥づくり等での農を介した循環型都市環境の創造とそのための学習・教育の場として，エコセンター的な機能をもつ，エコ・シティファームの構築が求められる。行政の縦割りを廃した，農・環境・建築が総合的有機的に暮らしというレベルでつながり，体験・学習できる場の育成が必要である。

農村地域では里山を活用した「里山環境学習センター」といえるものの展開が期待できる。横浜市の舞岡公園は都市公園であるが，里山環境の大切を自覚した都市市民が核となって組織化をし，市から運営を受託し，伝統的な里山，谷戸の農林的環境を生かし，そこでの農林的体

験学習が，子どもだけでなく，大人たちもできるようになっている。これは長年の舞岡の農林的環境を維持，守ってきた市民たちの地道な活動が結実したものである（口絵参照）。

　日本的な特徴である，二次的自然としての里地里山の環境を生かした，農的環境学習・教育センターの方向性を提示するものである。このような試みは，全国の都市近郊の里山を市民と地域住民が協同して再生し，かつ，そこを農林および自然環境の学習・教育の場として活用しようという運動として活発化していきている。今後は，それらの活動が，英国でのCATのようなものとして，より地球環境的課題や，新しい社会文化の創造に向けた総合的な活動として発展していくことが期待される。

　そのような農・環境・建築の総合的な視点での教育環境の場づくりを，筆者は自らの大学キャンパス内で学生たちと一緒に「エコキャンパスづくり」として2002年から継続に進めてきている。小学生たちの農・環境・建築の総合的な環境学習・教育の場としても活用されてきていることを最後に紹介しておく。

図-2.3.9　日本大学生物環境科学研究センター：ガーデン・壁面緑化・エコ建築

図-2.3.10　日本大学生物環境科学研究センターで都内の小学生を案内する大学生

◎参考文献
1)　糸長浩司（共著）：環境と資源の安全保障，共立出版（2003）
2)　糸長浩司編著：地域環境デザインと継承，彰国社（2004）
3)　糸長浩司監修，共著：パーマカルチャーしよう，自然食通信社（2006）
4)　糸長浩司編著，共著：地球環境時代のまちづくり，丸善（2007）

2.4 まちづくりに参加する中学生会議

　本節では、現在までに行われてきた環境学習事例と子どもの参加するまちづくりについての共有性について述べ、静岡県豊岡村（現磐田市）におけるまちづくりに参加する中学生会議の実践事例を通しながら、まちづくりと環境学習の関係について、その成果と問題点および有効性について述べる。

❶ 環境学習と子どもの参加するまちづくり

• 地域へ展開する環境学習の事例 •

　地域に展開して環境学習を行っている学校には、単に地域を知るに留まらない活動を展開している学校が多くある。

　1998年度に横浜市立本町小学校で行われた総合的な学習では、マルチメディアプロジェクト学習という概念を取り入れた環境学習と地域学習で、地域をインターネットや交流校へ紹介するという社会性のある明確な目的を設け、学習が行われている[1]。

図-2.4.1　馬見塚地区の子どもが参加まちづくり

　横浜市立大道小学校では、50周年記念事業（1992年）として、「も

う一度，子どもたちがふるさとの生き物に親しみ，接することのできる場をつくり，残していこう」と，校庭に学校・父母・地域・卒業生の協力を得て，自然広場（学校ビオトープ）を校庭に造成し，その過程や維持活動を通して地域へと開放され，新しい地域のコミュニティーを形成し，卒業生にも学習の場を提供している。

新潟県塩沢町立（現南魚沼市）上関小学校の石打丸山での地域学習は，地域の人たちによってつくられた「まちの謎解きブック」[2]という教材を使っている。この教材の作成の過程や，子どもが家庭に教材をもち帰ることにより，地域と家庭と学校が密接にかかわっているのである。

子どもの参加するまちづくりにはさまざまな形態がある。筆者の研究室と工学院大学荻原研究室がかかわった静岡県富士宮市馬見塚地区の事例[3]では，子どもがまちづくりに参加することで，行政側は子どもならではの発想を得ることができ，大人にとっても良い刺激となっている。また，子どもの方も将来像を提案する過程で地域について学習することができる。

● 環境学習と子どもの参加するまちづくりの共有性 ●

前述の事例から，図-2.4.2に示すように地域とかかわる環境学習と子どもの参加するまちづくりの共有性がみられる。

第一に，地域を学習する必要性である。まちづくりでは自分の意見を提案するために，地域について学習する必要がある。また，環境という総合的な分野の学習をする時に，地域を学習するということは，教材としての内容も，学習のきっかけやその後の展開を考えた上でも必要不可欠である。

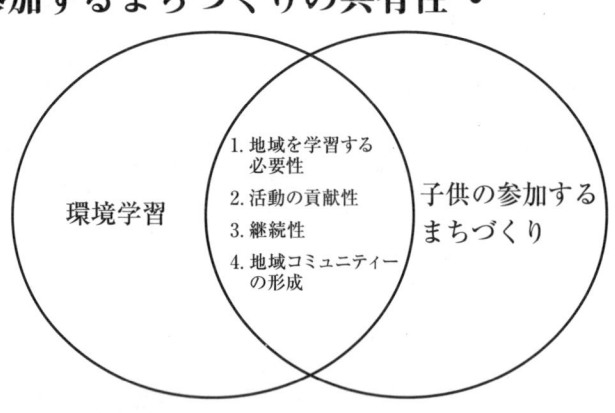

図-2.4.2　まちづくりと環境学習の共有性

第二に，活動のもつ貢献性である。まちづくりに子どもが参加することは，子どもの発想や子どもが参加すること自体が，地域にとって良い刺激となる。環境学習では，子どもが地域の活動へ参加することにより，地域の活動の活性化につながる。また，子どもが学習の成果を地域外へ発信することで，地域に対して貢献性をもつこともある。これらの貢献性は，活動を地域へ深く展開していく上で重要であるといえる。

第三に，継続の必要性があげられる。環境に対する意識というものは，継続的な学習でしか身につかないもので，学習は学校を卒業してからも続ける必要がある。一方まちづくり側は，将来地域を担っていく人間が，子どもの頃から地域について学習していることが好ましいのである。つまり，まちづくりと環境学習はお互いに補完的な役割を果たすといえるのである。

第四に，地域コミュニティーを形成することである。環境学習では，学校や地域での教材の作成や活動を通じて地域の人が集まり，地域コミュニティーが回復する。まちづくりの場では，子どもの参加を通して，従来地域活動の中心であった地域の高年齢層の人と子どもの親世代との間につながりが生まれ，新たなコミュニティーが形成されている。

このように，子どもの参加するまちづくりと環境学習には，その根幹を成す部分で共有性と補完性を有している。

❷ 豊岡村でのまちづくり中学生会議の実践

• 村の概況とまちづくり •

豊岡村（現磐田市）は，静岡県西部の浜松市の北東に位置し，村のほぼ全域が市街化を抑制した市街化調整区域の村である。人口は 11 582 人（2000 年時点）で，その後若干増加してはいるが，地区によっては高齢化が著しく進んでいるところもある。

村は 1994 年から敷地地区（旧村）において住民参加のまちづくりを進めていた。1995 年にはその範囲も村全域へと拡大し，住民参加により策定された「地区将来像・素案」が 1998 年の第 2 次豊岡村総合計画策定や豊岡村都市計画マスタープランに反映された。とくに村の将来を担う中学生たちに，村の将来について提案してもらうことで中学生の地域参加への第一歩としたいと考え，1997 年 11 月に第一回目のまちづくり中学生会議も開催された。そこで出された意見も第 2 次豊岡村総合計画に反映されている。

• まちづくり中学生会議（パートⅠ）•

まちづくり中学生会議の前に，「将来，豊岡村がこんなふうになったらいいなぁ」というテーマで，中学校全生徒から作文・絵の募集を行い，これに対し 320 点の応募があった。この意見をもとに，当時地域づくり課（その後ゆめ推進課）で KJ 法を用いて内容の分類をパネルにまとめた。大きなまとめのキャッチフレーズとしては，「自然との共生を考える」，「特色ある

まちづくりで村をアピールしていく」,「暮らしをより豊かに楽しくなるようにしたい」の3つにまとめることができた。中学生会議では，代表生徒からの意見発表と参加者との意見交換が行われた。

このパートⅠでは，生徒一人一人が村に対し，どのようなことを考えているのかを把握することができた。1，2年生の文章で提案された170点の意見をまとめたものが図-2.4.3である。近隣の都市と同様な生活のための施設などに関する具体的な意見が多くみられたが，「安心して暮らせる田舎」,「自然を守っていく」,「環境に配慮していく」,「特色ある村としたい」など，今のままの村の環境を守ってほしいという意見も開発的な意見と同じくらい提案されている。

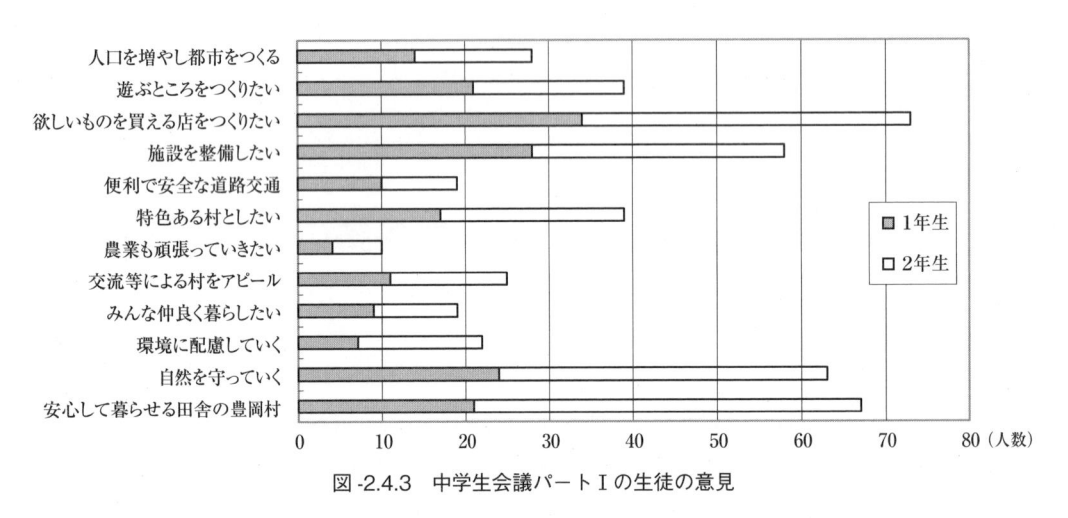

図-2.4.3 中学生会議パートⅠの生徒の意見

• 環境楽習とまちづくり中学生会議（パートⅡ）•

第一回目の中学生会議で，環境について多くの生徒が提案していることを重視し，もっと地域について知ってもらいたいと考え，1999年10月にまちづくり中学生会議パートⅡが開催された。

まちづくり中学生会議パートⅡでは，生徒に豊岡村をもっと良く知った上で，将来像について考えてもらいたいとして，中学生会議の前に楽しく学ぶ環境学習＝楽習が設定され，この環境楽習で出された意見をもとに，中学生会議で将来の豊岡村についての話し合いを行うことにした。

[環境楽習]
環境楽習は，1999年10月中旬に開催され，1週間後の中学生会議で発表するという目的で，学習のねらいを明確にしてコースやテーマが設定された。

全体的な作業の流れとしては，大きく分けて「環境ウォッチング」，「ワークショップ」，「まちづくり中学生会議パートⅡ発表のための準備」の3つから構成され，地域構成から「山部会」，「川部会」，「まち部会」の3部会に分けた。各部会に参加を希望した中学生8～9名，役場の職員1名，教師2名，サポーターとしてまちづくり活動団体の方が1～2名・当研究室の大学生が2名というグループを，標準的なユニットとして活動が行われた。

図-2.4.4　山部会の環境ウォッチング風景

① 環境ウォッチングは，各部会でそれぞれルートを設定し，散策しながら観察したり地元の人にインタビューしながら，自分の気付いたことを地図とメモに記入していった。なお，山・川・まちの三部会の学習のねらいは，「豊岡村の郷土史を知る」，「自然環境の現状を観察する」，「地域の人の生活・活動を知る」の3つの視点とし，活動コース・方法を決めて行った。

図-2.4.5　環境マップとリハーサルの様子

② ワークショップは，各部会にわかれて基本的には子どもたちが，環境ウォッチングで記入した地図とメモをもとに地図上(1/1 000)に，散策ルートと，話し合いながら良いところ・悪いところをカードに記入し，1時間程度で写真も貼って環境マップをつくった。その後，それらの観察結果をもとに，豊岡村がどうなったらいいかを検討して，文章にまとめた。

③ 発表のための準備は，ワークショップでまとめられた文章をもとに，発表者を決め，どのようなことを発表すれば良いか話し合って決め，実際に発表の内容についてリハーサルを行った。

第2部　環境が人を育てる

山部会

■万瀬地区について
・人が少ないので住み難いと思ったがそうでもない。
・急斜面が多い,災害が心配。
・星がきれい。
・このままでいいのではないか。
・天然林を守り,広げていく。
　→災害防止につながる。

① ・万瀬地区の道路が狭く,不便。
・万瀬地区の自然はよいが生活は不便。
・万瀬地区からみた豊岡村の展望が思ったほど良くなかった。

② ・神増坂に登れることを知った。
・道路標識を自然のものでつくったらよいと思う。
・「あきはみち」のような旧道をもっと整備したい。

③ ・地域の人々の活動がすばらしい。
　（Ex. きのこの会,そばづくり）
・活動内容を住民に知ってもらい,参加する。
・炭焼きなど,体験しながら学習したい。
　言葉だけではダメ。
・炭焼きについて…
　　作業工程が大変。
　　実際に見てみたい。
　　存在を広めたい。

④ ・豊岡村の伝説（言い伝え）が多くておもしろかった。
・おじいさんからの歴史の言い伝えがよかった。
・三森神社などの歴史物を守りたい。
・前方後円墳を知った。
・栗を拾う人がいない。
・見たことのない草花があった。
・神増坂にゴミがあった。
・作物のとりっぱなしはよくない。もとにもどせ。
・ヘリポートはただの広場だった。予想外。

川部会

■川について（初めて気がついたこと）　　　　川の魅力
・大三郎の家のまわり景観がよかった（博士橋）。
・上流の方は涼しかった。
・上流の方が木が多かった。
・上流の方でも木が手入れされていた。
・上流には下流にいない生き物がいた。
・上流でも下流でも生き物の数はあまり変わらない。
・上流には川の中に草がなかった。
・上流の方が水が少ない。

・水の少ない川が多かった。
・上流より下流の方が水は汚かった。
・下流は臭かった。
・昔みたいにトノサマガエルがいなかった。　　問題点

・起点とは何か。
・工事をしていてショックを受けた。
・一番圦橋の下の川に変な木やコンクリートがあった。　疑問点

■どんな村がよいか
・ちゃんと川が流れている。
・ゴミのない川。
・きれいな川。
・きれいな野池がほしい。
・生活排水用の下水道をつくる。
・ゴミを無断で捨てさせない。　　方法

一番思ったこと
・水量を増やしたい。
・川・池の水をきれいにしたい。
・遊べるような川を取り戻したい。
・ゴミを捨てない。
・ゴミを捨てないよう呼びかける人が必要だ。
・ゴミを捨てないような川にしたい。

まち部会

■歩いたコース
・上野部駅～役場付近

■インタビュー
・上野部駅
　→栗下の人が駅をきれいにしている。
　→自分たち地区でがんばっていくことも大切。
・下野部（昔の銀座）
　→大正から昭和期には旅館,松林,鍛冶屋などがあった。
　→バスが通っていた。
　→お店が多かった。

■上野部川のこと
・泳げた（水が多かった・きれいだった・用水路だった）

■道路のこと
・歩道が狭い。
・道路が狭い。
・車がすれちがえない。
・街路樹や街灯がない。

■村の中心として整備していくことについて
・屋上から見た様子
　→結構,家が多く見えるけど歩いてみると空き地がある。
・将来のまちの姿
　①緑や木を残しながら「村らしいまち」をつくるとよい。
　②道路は広く。
　③デパートなどがあるとよい。

図-2.4.6　各部会の発表内容のまとめ

発表内容は図-2.4.6に示すように，山部会では，「すばらしい自然」，「歴史的資源」，「地域の活動と情報提供」，川部会は，「川の現状」と「将来の川」，まち部会では，現在と昔のまちを「上野辺川」，「道路」，「上野辺駅での地域の人の活動」を通して，「これからの豊岡村」について発表することになった。

[まちづくり中学生会議（パートⅡ）]

まちづくり中学生会議パートⅡは，村の将来を担う中学生たちに村を知ってもらい，まちづくりや地域活動への参画，村への愛着や誇りをもってもらうきっかけを目的としたものである。

まちづくり中学生会議パートⅡ開催の環境条件は，①「環境楽習」時に作成した環境マップは，「まちづくり中学生会議パートⅡ」までの約1週間，中学校のホールに掲示された。② 中学3年生は2年前に行われた「まちづくり中学生会議」に参加した経験がある。③ 今回行われたパネルディスカッション方式は，中学校の授業のカリキュラムとしては国語の中学3年での単元である。④ 環境学習の授業の形態としては，特別授業型である。⑤ この「まちづくり中学生会議パートⅡ」は村（行政）が主体となって行っている。⑥ 当日は，中学生以外にPTAやまちづくり活動団体も含んだ村民も参加することになった。

プログラムの構成は，① 村から会議の趣旨説明，②「環境楽習」の結果を受けた「山部会」，「川部会」，「まち部会」の3つの部会からの発表，③ 発表を受け，中学校全生徒と村長とのフリートークを中心として行われた。

図-2.4.7 中学生会議パートⅡの発表風景

● 効果について ●

環境楽習に参加した25名と「まちづくり中学生会議パートⅡ」のみに参加した中学3年生153名に対して，アンケート調査により効果を調べてみた。

[環境楽習の参加者]

今回「環境楽習」に参加した中学生たちは，今まで知らなかった地域の自然，地域の歴史，

地域の人の活動などを知り，地域に対して興味をもち，地域活動に参加したいと考えている。また，今回「環境楽習」で，良かった点として「村を知ることができた」ことをあげ，次も参加したいと大多数の生徒が答えている。

［まちづくり中学生会議パートⅡのみの参加者］

　発表された地域・施設について認知度では，「三森神社」,「炭焼き小屋」,「博士橋・涙橋」といった地域に深いかかわりがある施設などについてはほとんどの生徒が知らないと答え，「きのこの森」など，地域の人の活動に関係したことについても認知度は低かった。一方，「一雲済川」，「上野辺川」，「神増坂」といった場所，「血松塚古墳」などの村指定文化財に指定されている史跡は，認知度が高く，また，駅や地域の名前はほとんどの生徒が知っていた。

　生徒たちの認知の傾向としては，地域的な施設や史跡などについてはほとんど知らなかったということである。しかし，逆にいえば今回の会議で，これらの施設などについて生徒たちに知ってもらうという広報としての役割は十分果たしたといえる。

　「部会発表を聞いて環境に興味を持ち学習をしたいと思いましたか」に対して，「はい」が64人と42％を占めている。この「はい」と答えた生徒に対して，「興味を持ち学習したいと思ったことは何ですか」との問に，「自然環境」と「豊岡の歴史」について大多数の人が学習したいと回答している。

• 環境学習としての成果と問題点 •

　今回行われた一連の活動では，まちづくりに環境学習を取り入れるという形で行われた。

　今回の大きな成果は，生徒が自分の住んでいる村について考えるようになったことである。生徒へのアンケートからもわかるように，豊岡村について興味を抱く「きっかけ」になったといえる。とくに，「環境楽習」に参加した生徒についてその傾向は顕著である。直接，まちづくり活動団体や豊岡村にふれたことが，「きっかけ」づくりとしては大きな意味をもったことがわかる。「きっかけ」は，まちづくりにおいても環境学習においても，活動への参加を考える上で重要なことである。また，家族や友人と豊岡村の将来について話し合った生徒もおり，生徒を通して家庭で将来の豊岡村について考える良い機会ともなった。

　一方で，今回の環境楽習では，村側がコースやテーマを設定したのであるが，どの部会も同じようなプログラムであったため，コースごとの特性を活かしきれなかったこと，短時間で広い地域を歩いたため疲れたことなど，環境学習としては不十分な形となってしまったことは否

めない。

　中学生会議は時間が短く，400人超という大人数で行ったために，生徒の本音の意見を聞くことはできなかった。また，参加した大勢の生徒が傍観者となってしまった。

　これらの問題は村が中心となって単発的に行ったことと，村と学校側の連携が十分になされなかったことが，大きな原因である。

　今回の事例では，まちづくりへ環境学習の利点が十分に活かされた形で取り入れられたとはいい難いであろう。しかし，これらの問題点が解消されれば，「きっかけ」，「目的」，「活動のフィールド」として，子どもの参加するまちづくりの手法として環境学習は活かされると思う。

　これらの問題を解決する方法として考えられるのは，学校がまちづくりへの参加をテーマとして環境学習を行うということである。その結果，まちづくりの側面からも環境学習の側面からも，両者がお互いに活かされる関係となるのである。

　総合的に判断すると，環境学習の利点が十分に活かされた形でのまちづくりとはいい難いものの，まちづくりを環境学習の教材として取り込む意義は十分感じられる内容となった。

　とくに，村の豊岡南小学校では，1997年より3年間にわたる環境学習の実践に取り組んでいる。研究主題を「豊かに感じ，主体的に働きかける子の育成」，サブテーマを「地域に根ざした環境教育の実践を通して」とし，3年間における研究が行われている。

　低学年では「環境の中で気付く学習」として，学校探検や地域探検が試みられている。中学年では「環境について考える学習」として，村の名産品である海老芋の栽培や，地域の身近な川である一雲済川と自分たちの生活との関係について考えることが展開されている。高学年では「環境のために行動する学習」として，米づくりにより田んぼと川の関係，過去から現在までの流れを調べる中で，環境問題に関することを発見し，住み良い豊岡村にするにはどうしたらいいのかなどが考えられている。このように環境学習のための地域環境が非常に豊かな村なのである。

　また，まちづくり活動団体（23団体）も多く活動していて，村もそれらの活動の支援に対して積極的である。これは，環境学習を行う上で，非常に重要な資源であるといえる。また，今回の活動をみてわかるように，村側も環境学習に協力的である。

　当時豊岡中学校で環境学習はとくに行われていなかったが，今後は，これらを活かした形で豊岡村ならではの環境学習を，展開していく素地が生まれてきている。

❸ 今後の展開

まちづくりへの参加をテーマとした環境学習の今後の課題としては，学習計画を展開していく上で，環境学習とまちづくりの共有性を活かし，まちづくりが環境学習の補完的な役割を果たす必要がある。それは，第一に，地域へ学習の成果を提案できることである。環境学習では限界がある目的性を，まちづくりなら社会参加という位置まで展開する。第二に，継続的な学習の場の提供である。環境学習は，子どもが学校に所属している間は活動の場が提供されるが，卒業と同時に活動が終わるケースがほとんどである。まちづくりは行政が住民を対象として行うため，子どもの卒業後も場を提供することができるのである。

これらを踏まえて，実際の学習計画を作成する際に注意したい課題がある。まず，まちづくりのプログラムを分解し，子どもの学習段階に合わせた適切な内容とし，学習をすすめることである。そして小学校から中学校まで連携された学習計画が望まれる。また，子どもの学習状態を把握している学校が学習を主導し，行政や地域の活動団体は縁の下の存在として学習に協力するという形が好ましい。

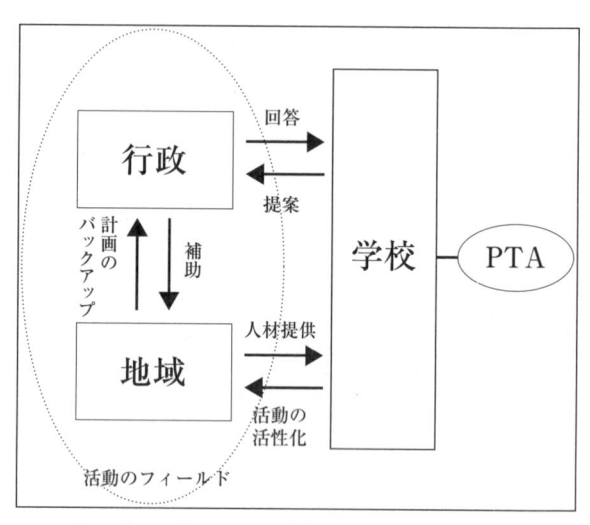

図-2.4.8 学校・地域・行政が学習で果たす役割

次に，生徒が出した意見に対して行政側がきちんと回答を提示することである。子どもが参加するまちづくりでは，子どもに意見は求めるが，行政が意見をどのようにまちづくりに活用していくかが，ほとんどの場合提示されていない。行政がきちんとした形で子どもの意見に対して回答を提示しないということは，まちづくりへの参加がもつ環境学習に与える明確な目的が失われることになる。よって，行政は子どもの意見に対し，きちんとした形で回答を出す必要があるのである。

これらが実行されたとき，まちづくりへの参加は環境学習のテーマとしてより活用できると思われる。

◎参考文献
1) 横浜市本町小学校著:総合的な学習 マルチメディアプロジェクトで学校改革,p.212,教育家庭新聞(1999)
2) 石打の子どもと地域を考える会編:まちの謎解きブック,p.96,農山漁村文化協会(1995)
3) 荻原正三監修,岩田俊二,川嶋雅章著:彩適空間への道-住民参加による集落計画づくり-,p.237,農林統計協会(1998)
4) 細川大輔:明治大学大学院理工学研究科 1999年度 修士論文 「子どもの参加するまちづくりと環境学習に関する基礎的研究」

2.5 環境教育を重視した集落ビジョンづくり

❶ 秋田県湯沢市中屋敷集落における集落ビジョンづくり

　秋田県湯沢市は，秋田県の県南部，雄勝地方に位置する地方都市である。酒どころとして酒米の生産が盛んで，農業粗生産額の5割強を米が占めている。中屋敷集落は，市の西部に位置する旧村山田地区の中心集落であり，総戸数52戸，うち農家数32戸で，農村部としては，比較的非農家割合が高い集落となっている。

　農村生活総合研究センター[1]では，1994年に開発した農村生活新指標に基づく地域診断手法に基づき，中屋敷集落の子ども世代の個人・家庭生活指標に関して診断を行ったところ，小学5年生の男児の「温かみのある農村文化の継承」に関する診断評価が低かった他，小学4年生の女児の「子どもとしての権利の保障」に関する診断評価が低い結果となった[2]。

　そこで，このことについて小学6年生と子ども育成会の代表者への聞き取り調査で補足しながら結果報告会を開催し，各世代の代表者を中心に話し合いを行った。

　その結果，参加者の中から，「中屋敷集落では，最近，20歳代の若者の参加が少ないことがむらづくりの問題になっている」という意見が出された。さらに，その原因として，以前に比較して，子ども時代に異学年との遊びが減少したことと，圃場整備等によって，子どもたちが自然と触れ合う空間も減ってきていることが議論となった。

　中屋敷集落のビジョン検討会では，以上の結果を受けて，子ども世代の遊びや環境に焦点を

2.5 環境教育を重視した集落ビジョンづくり

あてたビジョンづくりを行っていくことで合意し，まず，はじめに，昔と現在で子ども世代の遊びや暮らしがどのように違うのかをおじいちゃん，おばあちゃん世代（60歳以上）と壮年世代（40，50歳代），若者世代（30歳代）のそれぞれの世代の代表者に聞き取り調査を行い，土曜日の午後の時間を利用して，3世代の子ども時代の遊びに関するワークショップを実施した（図-2.5.1）。

図-2.5.1　3世代の子ども時代の遊びワークショップ

ワークショップでは，参加した小学生のおじいちゃん，おばあちゃん世代とおとうさん，おかあさん世代からの子ども時代の遊びについての話や昔の子どもたちのおやつの試食，湯沢地域で小正月に行われる伝統的な子ども遊びの一つのかまくらづくりを皆で行い，今と昔の子どもたちの遊びと暮らし方の相違の確認とともに，世代間の親睦を図った。

次に，現在の子どもたちの遊び環境について，子どもたちの親の目から点検することを目的に，母親による子どもの遊び環境点検ワークショップを実施した（図-2.5.2，2.5.3）。

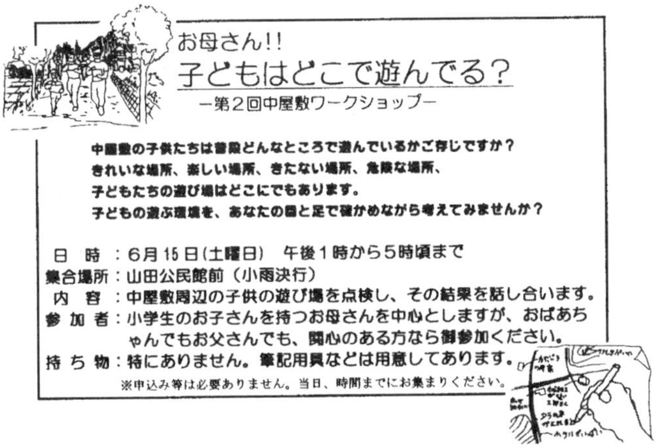

図-2.5.2　母親による子どもの遊び環境点検WSの声かけ

ワークショップでは，参加者が各自，画板と地図をもち，中屋敷集落内で子どもたちがよく遊んでいる場所を歩いて周り，安全性や保全方法などをチェックした。その結果，中屋敷集落の共有地にある広場が，以前はよく子どもたちが遊んでいたが，遊具が古くなり，危険な状態になっていることや，以前は夏になるとホタルが多く飛び交った用水路が，最近は農薬などの影響により数が減ったことなどが話し合われた。

第2部　環境が人を育てる

　さらに，小学校が休みとなる土曜日を利用して，中屋敷集落の共有林がある里山において，植物や昆虫に詳しい地区公民館長に講師役をお願いして，自然観察教室ワークショップを実施した（図-2.5.4）。

　集落の里山は，以前は子どもたちの遊び場であったが，最近では，中学生が自然学習のために入る程度で，小学生が遊びに来ることは少なくなっていた。ワークショップの当日は，集落にある公民館前に集合し，里山までの2km弱を，田のあぜ道の植物や昆虫を観察しながら歩き，さらに，里山の中を往復2時間程度かけて山歩きして自然とのふれあいを深め，お昼には里山のふもとにある広場でお弁当を食べながら，参加したおじいちゃんやお父さんたちから，木の葉や枝を使ったお面づくりを教わったり，講師役の公民館長から昆虫のいる場所や地域に希少な昆虫や植物について説明を受けた。

図-2.5.3　母親による子どもの遊び環境点検WS

図-2.5.4　里山における自然観察教室ワークショップ

　中屋敷集落のビジョンづくりでは，これらの結果ひとつひとつをちらしにまとめ，集落の各戸に配布して活動報告を行い，子どもたちの遊び環境の現状に関する共通認識づくりを図った。さらに，それらの結果を集落会でも報告する機会をもらうことによって，子どもたちの遊び環境に焦点をあてたビジョンづくりが集落からも公認されることとなった。そうした過程を経ながら，ビジョンづくりのメイン作業である将来像に関する提案募集を住民全体に対して実施した。

　中屋敷集落の将来像に関する提案募集は，祭りや行事に関する提案，集落の生活環境全般に関する提案，集落の広場の活用方法に関する提案の3つの内容で行った。その結果，住民各世代から計57の提案があり，それらの意見について，ビジョン検討委員を住民からあらたに募

2.5 環境教育を重視した集落ビジョンづくり

集し，ビジョン検討会を開催しながら意見整理を行った。

祭り・行事に関する提案では，これからも夏祭りを残していこうという意見の他に，子どものイベントについて，子ども会で水田を管理して，田植えや稲刈り，餅つきと季節ごとのイベントをつくり，農業に対する子どもの理解を深めようという案や，小正月に皆でかまくらづくりをしようという案などが出された。

集落の生活環境に関する提案では，集落の入り口に看板を立てる案や，集落周辺の散策路の除草，用水路の改善，カーブミラーの設置などの案が出された。

さらに，集落の広場の活用方法に関する提案では，子ども会と子ども育成会で広場の草刈り

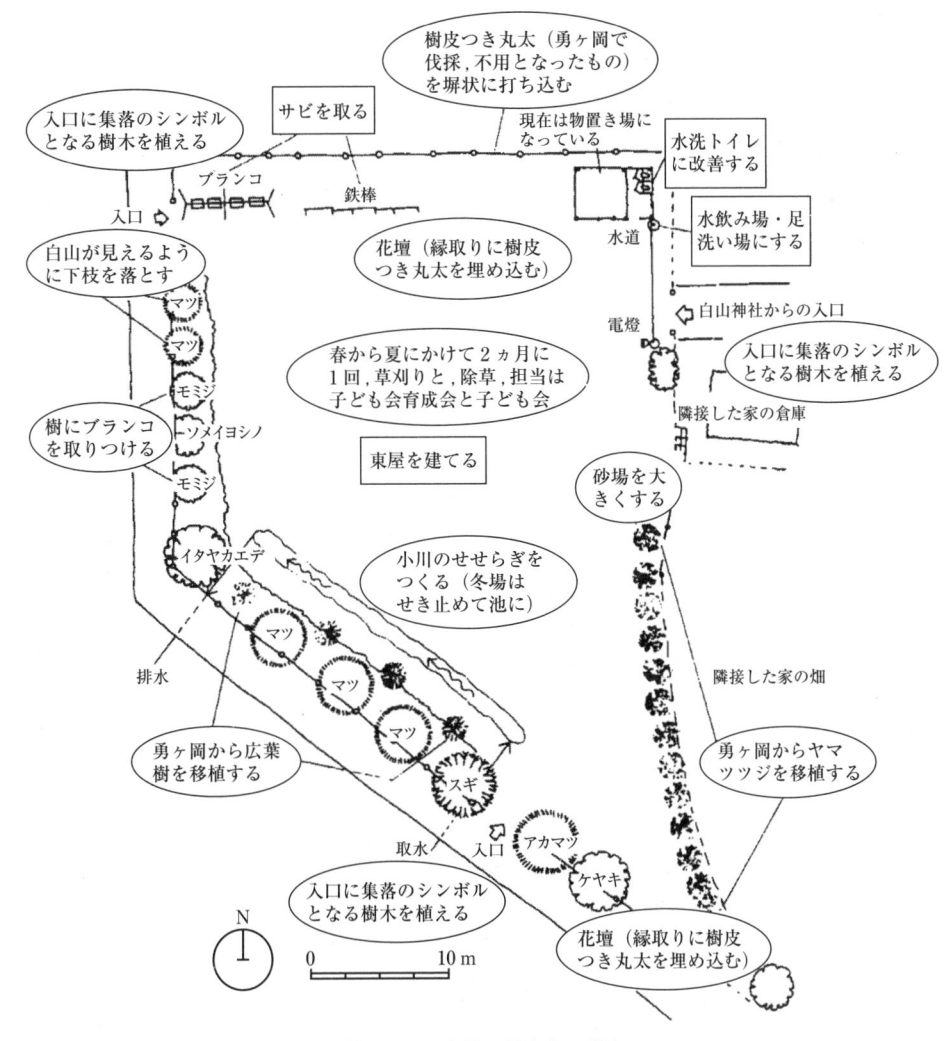

図-2.5.5 広場の将来像の提案

と除草をするという案や広場の周囲に草花を植える，東屋を立てるといった案などが出された（図-2.5.5）。

ビジョンづくり検討会では，これらの作業結果をまとめる一方で，世代別の検討座談会を開き，提案に対する実現性を含めた話し合いを行った。

こうして，さらに数回のビジョンのたたき台に対する議論を通じて最終案をまとめ，集落の総会で報告することによって中屋敷集落の子ども世代の遊び環境に焦点をあてたビジョンが出来上がった。

中屋敷集落のビジョンづくりを通じて明らかになった環境教育に対する要点は，住民の各世代が参加し，子どもたちの遊び環境について考えたことと，中屋敷集落らしい環境の良さを再発見し，その保全・再生方法を検討したことである。さらに，ビジョンづくりの目的が，子どもたちが集落に対して誇りと思い出がもてるようにすることであり，子どもたちの環境教育の目的をあらためて考えるきっかけとなった。

❷ 富山県氷見市における田園空間博物館構想づくり

次に，農村生活総合研究センターが1999年度に実施した富山県氷見市における田園空間博物館構想づくりの支援事業の事例を紹介しながら，環境教育を目的とした空間整備に関する住民参加型の構想づくりの要点と課題について考察したい。

富山県氷見市は，富山湾に面した能登半島の頸部に位置する人口約59 000人の地方都市である。氷見市では，1998年度に策定した氷見市中山間地域活性化プランに基づき，氷見市の中山間地帯を中心とした環境整備事業に取り組んでいる。

氷見市は，豊富な魚介類の水揚げで有名な氷見漁港を海岸部にもち，漁家民宿をはじめ，海浜部を中心に観光が盛んであった。その一方で，中山間部は棚田やため池などの生産資源や自然資源とともに，農村文化資源や歴史資源など

図-2.5.6 トンボ池

2.5 環境教育を重視した集落ビジョンづくり

の人文資源が豊富であるにもかかわらず，中山間部への集客は少なく，近年，人口の高齢化・過疎化とともに，耕作放棄地の増加，小学校の統廃合による廃校舎の管理など，地域資源の保全維持が課題となっていた。

田園空間博物館の構想づくりは，そうした中山間地域の活性化方策

図-2.5.7　小学校跡地を活用した工房

の一つとして，国の補助事業である田園整備事業による田園空間博物館整備に向けての構想策定を行うものであり，先に策定した活性化プランを実現化するものとして氷見市が実施したものである。農村生活総合研究センターは，コンサルタント事業として，その構想策定の支援活動を行った[4]。

田園空間博物館は，いわゆるエコ・ミュージアムのことであり，地域の自然資源，歴史資源，景観資源，人的資源などをまるごと博物館として，現場で訪れた人に学んでもらおうとするもので，まさに環境教育のしかけの一つとして有効的である。

先に述べたように，氷見市の田園部には，天然記念物のオニバス，希少なトンボの群生池，棚田オーナー制度を行っている棚田とその景観，小学校跡地を有効活用した工房，市全体の各地区ごとに特色のある獅子舞，はさかけの景観，木曽義仲の歴史の道，水郷公園，大いぬぐすと大つばき，小学生が飼育観察するメダカ池とミズバショウ，イタセンパラやヘラブナ・ガガブタなどの水生生物，古墳と城跡など，数多くの地域資源があることがわかっているが，田園部に散策ルートが未整備であることや海浜部の漁港資源が豊富であるために，これまでは市民にも知られていないものが多かった。

そこで，田園空間博物館の構想策定では，氷見市内の22地区135集落の中から，近年，とくに過疎化・高齢化が進み，地域の活性化が課題となっている2集落を選定し，住民に対して，地域資源の保全活用と地域振興に関する配票調査とワークショップを実施した[6]。

配票調査では，回答者の個人属性に合わせて，それぞれの家の農林業への関与状況や地域振興に対する意見，集落の地域資源とその活用方法について，質問形式と一部，地図を使った自由記入形式による調査票を対象集落内に全戸配布し，調査を実施した。その結果，家の農林業への関与状況では，米の自給や野菜の自給を行っている家が過半数を占め，氷見市の中山間部

第2部　環境が人を育てる

において農村の暮らしが残っていることがあらためて認識された。

　また，地域振興に対する意見では，地域内の人的資源に関して，おいしい山水を知っている人や，花や野菜づくりの名人，獅子舞の笛や太鼓の名手，きのこ採りの名人，自然薯づくりの名人などが数多く紹介され，地域の活性化方法については，住民が行政と一緒になって計画・整備するといった意見や，地域住民以外にも都市の住民も加わって計画・整備するという意見が多数を占めた。

　さらに，集落の地域資源と活用方法について具体的に地図に記入してもらったところ，特産物の氷見牛，眺望のよい場所や湧き水の出る場所，ホタル，トンボ，メダカの自生地，歴史史跡など，集落の人しか知らない資源が数多く指摘され，その活用方法に関しても，バーベキュー広場をつくってイベントを開催するといったものから，野鳥が観察できる公園整備をする，ホタル，メダカ，トンボを地域の皆で保全するなど，さまざまなアイデアが出された。

　一方，一列地区で実施したワークショップでは，地区内の住民に参加してもらい，先行して行った配票調査の結果報告を行った後，参加者それぞれに，子ども時代に思い出に残った地域内の場所やことがらを一枚の絵に描いてもらい，地図で場所を確認しながら発表しあう形で，地域資源の発掘を行った（図-2.5.8，2.5.9）。

図-2.5.8　集落のいいとこ探しワークショップ

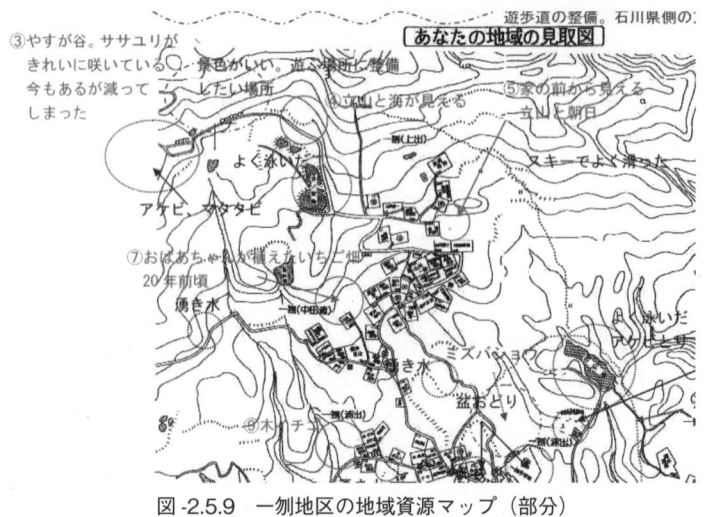

図-2.5.9　一列地区の地域資源マップ（部分）

表-2.5.1 地域資源の整備案

分類	場所	状態	整備案
自然資源	石仏池（ため池）	コイ，フナ，カワセミなどが生息	釣り，野鳥観察（遊歩道整備）
	メダカ池	メダカの生息，水バショウの自生・育成	メダカ観察，水バショウ育成
	日ノ宮池（ため池）	ホタル，トンボ，メダカなどが生息	ホタル鑑賞，昆虫観察など
歴史資源	一夜一夜城蹟	場所のみ	案内板の設置
	逆さ竹おのよの墓	墓がある	案内板の設置
	八幡宮	木製のコマ犬がある	案内板の設置
	前田遺跡	場所のみ	案内板の設置
	旧一夜街道	一般の人は歩きづらい	フットパス整備
景観資源化	高階社周辺	立山連峰の眺望	休憩所整備
	芝山周辺	立山連峰の眺望	休憩所整備
	一夜小学校の花壇	小学校の職員と小学生が管理・育成	地域全体の花壇化
人的資源	戸島焼き	戸島氏	工芸教室（小学校など）
	獅子舞	川口久雄氏，山田儀良氏	獅子舞教室（小学校など）
	野菜づくり	木村好子さん	山菜ご膳
その他資源	わらび（旧街道沿い）	山道に自生	山菜ご膳，山菜そば
	氷見牛	一部の農家が飼育	バーベキュー広場
	氷見米	棚田で各農家が作付け	山菜ご膳

　子ども時代の思い出を絵に描いてもらう作業では，おじいちゃん，おばあちゃんが，それぞれ自分たちの子どもの頃を思い出しながら，当時，竹スキーをした場所や水泳をした池，アケビ採りなどの山遊びをした場所など，記憶に残る思い出の場所を紹介しあいながら，活用方法などについて皆で議論した（表-2.5.1）。

　田園空間博物館の構想づくりでは，これらの事例集落での配票調査やワークショップの結果を踏まえ，博物館の基本構想と整備内容の案をまとめた。そのうち，基本構想では，「氷見地域でしか知ることができない風土・環境」を一括保全し，その価値を都市と共生しながら，新たな農業・農村づくりを目指すことがあらためて謳われた。なお，このときの田園空間博物館構想は，現在，田園漁村空間博物館整備事業として，あらたに漁村空間の整備を加えることにより，氷見市が中心になり具体的な整備が進められている[7],[8]。

❸ 環境教育に対する行政支援とその課題

　本項では，秋田県湯沢市中屋敷集落における子どもの遊び環境に焦点をあてたビジョンづくりの調査事例と，富山県氷見市における田園空間博物館の構想づくりの調査事例を紹介しながら，環境教育を行うための空間整備における住民参加の手法とそのときの行政支援についてみてきた。その結果，子どもたちの環境教育のための空間整備であっても，計画段階から多世代の参加が不可欠であることや，地域のアイデンティティとなる地域資源を再評価することに

第2部　環境が人を育てる

よって，子どもたちに地域への愛着を深めていくことが環境教育の一つの重要な目的になることが明らかになった。また，地域資源はただあるだけでは活用できず，その資源をよく知る人を学芸員や講師として活動に巻き込みながら，資源の保全活用していくことが，地域資源を環境教育に活かす上でも重要な要件になることが明らかになった。

これらの環境教育のための空間整備に対する行政支援の課題は，第一に，環境教育を行う際に，当事者の子どもや教育にあたる先生だけでなく，広く住民からの参加機会をつくることであり，第二に，その地域資源を活用できるように，遊歩道やトイレの設置など，ある程度の施設整備を行うこと，さらに第三として，それらの地域活動に関する情報提供と情報発信への支援を行うことがある。

◎補　注
1) 農村生活総合研究センターは，2004年に解散
2) 本調査研究は，農林水産省の補助事業により平成6年度から8年度にかけて社団法人農村生活総合調査研究センターが実施した農村生活新指標適用調査推進事業における平成8年度の成果に基づく。研究は，山下仁（本稿筆者），岡村純（現 日本赤十字九州国際看護大学 教授），林賢一（現 財団法人農村開発企画員会 研究員）が担当した。詳細については，3)の「Ⅲ　子ども世代に焦点をあてた集落ビジョンづくりの手法－秋田県湯沢市中屋敷集落の事例－」を参照
3) 農村生活総合研究センター：生活を重視した集落ビジョンの策定手法（1997）
4) 本調査研究は，富山県氷見市とのコンサルタント事業として，社団法人農村生活総合研究センターが平成11年度に実施した「氷見市田園整備構想等策定支援事業」の成果に基づく。研究は，山下仁（本稿筆者），片倉和人（現 NPO法人農と人とくらし研究センター 代表），有馬洋太郎（現 社団法人全国農業改良普及支援協会 主任研究員）が担当した。詳細については，5)参照
5) 農村生活総合研究センター：コンサルタントレポート40「田園空間博物館構想づくり―富山県氷見市―」（2000）
6) 詳細については，5)の「Ⅲ　事例地区における検討」を参照
7) 一刎ミズバショウ園の開園に関する記事　http://www.toyama.hokkoku.co.jp/_today/T20070423201.htm
8) 一刎ミズバショウ園の関連記事　http://www.city.himi.toyama.jp/hp/page000002300/hpg000002212.htm

第3部

田園環境教育のかたち

3.1　田んぼの学校と農の体験

全国各地で，子どもを対象に自然環境や農業，農村文化などを題材にした教育学習活動が行われている。小学校での公教育の一環としてだけでなく，学校以外のさまざまな担い手が，学校教育という枠にこだわらない活動を展開している。

子どもを対象とした農の体験学習が盛んになっていくためには，多様な担い手がそれぞれの特性を活かした活動を実践し，バラエティに富んだ体験学習が展開されていくことが望まれる。

ここでは，そうした農の体験学習について，「田んぼの学校」の取り組みや，滋賀県高島市新旭町での住民グループによる取り組みを紹介し，これからの農の体験学習の担い手について考えてみたい。

❶ 田んぼの学校

「田んぼの学校」は，伝統的な文化・暮らし・技術が残る農村環境の中で，田んぼや畑，水路，ため池，里山などを活用して，子どもたちがのびのびと農や遊びを体験することにより，都市的な生活のなかで潜在してしまった生きる力や豊かな感性を呼び戻すことを目的にしている。また，「田んぼの学校」の活動により，耕作放棄が進んでいる棚田や水路，ため池，里山などを学習の場として活用するとともに，都市と農村の交流が進むことにより，農村地域が活気づくことを期待するものである。

「田んぼの学校」を提唱する農村環境整備センターでは，1999年度から毎年，「『田んぼの学

校』企画コンテスト」を開催している。優れた企画を表彰するとともに，その実施を支援している。2008年度の第10回までに，延べ223の団体が表彰されている[1]。

コンテストに入賞した地区の担い手についてみると，小学校，PTA，教育委員会のほかに，NPO法人や住民グループ，集落，各種団体，行政や，こうした組織の連携・協力によって運営されている。また，データがやや古いが，1998年度に農村環境整備センターが実施したアンケート調査（全都道府県で1 554件の回答）によると，田んぼなどを使った環境教育の主催者は「学校」が901地区で60％近くを占め，以下「自治体（市町村）」264地区（14％），「集落」217地区（12％），「PTA」155地区（8％）となっている。創造の時間などで実施する「学校」が圧倒的に多くなっているが，集落やPTAなど地域住民による取り組みが20％を占めていることが注目される[2]。

「田んぼの学校」開設の目的も，さまざまである。農作業の体験を通じて土と自然に親しむとともに，農業の重要性や農作物の生産過程を理解する。農作業の大変さを身をもって理解し，生きる力や感性を育む。地域に伝わる生活，文化，技術を体験し，郷土への理解を高める。また，親子，世代，都市・農村の交流を推進するとともに，地域の活性化や高齢者の生きがいづくりにつなげる，といったことがあげられている。

活動内容も，こうした目的に対応してさまざまである。農作業体験や自然体験・自然観察はもとより，生活・文化体験（伝統文化や伝統工芸の体験や調理実習など），地域学習，ビオトープづくり，施設見学などが行われている。活動場所は，田んぼ・畑，里山，ため池，水路，湿地，湧水，川，雑木林，ビオトープ，公民館，体験加工施設などである。また，活動の時期や期間から，通年型（1年間を単位に，年間計画に基づいた継続性のある活動）と，短期・散発型とに分けることができる[3]。

❷ 高島市新旭町での取り組み

滋賀県の新旭町は琵琶湖の西岸に位置し，2005年1月1日に5町1村が合併して高島市になった。JR湖西線を利用すると，京都まで45分から1時間程度であることから，京阪神方面からの世帯転入もみられ，人口は微増ないし横ばいの状況にある。

緑豊かな田園景観と洪積大地の緩やかな里山景観が広がっている。とくに町の北西部では山麓と湖岸が近接し，水を介して山と農地と湖岸が繋がっている。湖岸に近い平地部の針江地区の民家には，豊かで清冽な地下水を利用した川端（かばた）と呼ばれる水場が，住まいのなか

に設けられている。

　合併前の2001年3月に策定された第4次新旭町総合計画では，まちづくりの5つの方針のひとつに，「自然と共生する快適なまちづくり」を掲げ，その戦略的なプロジェクトとして"里山空間整備計画・整備事業"が位置づけられている。町の北西部を，人と生きものが共生するフィールドとして保全整備し，共生の仕組みが学べる場にしていこうとするものである。

　こうした町の北西部の一画に広がる「饗庭」地区で，「饗庭里山の会（以下，「里山の会」という）」が活動している。地域の宝である里山の自然や暮らしを守り，都市との交流によって地域を元気にしていく。そうした農と里山の地域づくりを，会の目標にしている。元小学校長，元JA職員，会社員，教員，専業農業者，自営業者，市職員にIターン者が参加するなど，「饗庭」地区に暮らす多彩な職業と経歴をもつメンバーで構成されている。元小学校長が理論的な中心者で，他のメンバーがそれぞれの立場や技能を活かして会の活動を支えている。

❸ 新旭農業小学校

　先に紹介した「田んぼの学校」の第1回コンテストで金賞を獲得した「新旭農業小学校」は，1995年に，JA新旭の主催によって始まったもので，「里山の会」のメンバーのひとりが，JA新旭の職員であった時に取り組んだものである。農業を地域で守っていくというJAの使命感から始まったもので，食農教育の一環として取り組まれている。

　活動のねらいとして，① 子どもたちに命の尊さや生きる喜びを感じてもらう，② 生きることの基本は土，農業であり，自分の食べものを自分たちの手でつくってみる，③ 年間を通して農作業に親しむ，の3点をあげている。農作物をつくるだけというのではなく，「とにかく自分の食べるものをはじめから自分の手でつくってみよう」[4]との主旨で，畑の雑草や害虫の観察，稲の育ち方，どうして肥料をやるのかなども授業に取り入れ，年間計画に基づいて，生産から最終の食まで，一貫した幅広い体験と学習が行われている。「どろんこ農場」と称する，農薬を一切使っていない，5アールの田圃と6アールの畑を利用し，餅米，スイカ，ナス，ミニトマトなどを栽培している。活動は毎月第2，第4土曜日を中心に年間25回程度開催し，農業実習（種蒔きや苗植え／手入れ／収穫／畑作と同時にお米づくり／田植え／草取り／稲刈り／脱穀），社会見学（青果市場，食肉工場，食品工場，種苗会社，酒造会社など）のほかに，親子の交流（親と子の集い／親子自然観察会），料理教室（収穫物を味わう），お餅つきやそば打ちなども実施し，農作業のない冬の間はワラ細工や紙漉きなどに挑戦するというものである。参加者は町内の2つの小学校の児童（4〜6年生）で，その大半が農業をはじめて体験する者である。

農業小学校は，JAの職員だけでなく，さまざまな人々の活動によって支えられている。参加児童の父母，祖父母，老人会，農業者などが，農業実習開催時の先生としてはもとより，田畑の日常的な管理やイベント実施時の準備などにもかかわっている。

こうした農業小学校に，スタート年の1995年から1997年までは40人を越える参加者があったが，2000年以降は18～20人程度に減少している。JAの担当職員の熱意によって，興味ある活動メニューが用意され，その熱意に共感して積極的に応援する住民も多かったと思われる。しかし，職員の退職やJA新旭の取り組み姿勢の後退などにより，かつての熱気も失せてきているようである。社会見学はなくなり，農作業に関する活動メニューも限定されてきている。ここ10年の間に，親も変わったとの声が聞かれる。かつては，時間を惜しまずに協力する人も多かったが，最近のおじいちゃん，おばあちゃんは忙しく，みているだけで手をかさない親も増えたという。

❹ 農業体験教室

「農業体験教室」は，新旭町と大阪市旭区の「旭」の漢字を縁にした都市・農村交流から始まったもので，「里山の会」が毎年，大阪市旭区の子供会育成連合協議会の子どもたちを受け入れて開催している。「里山の会」のフィールドである饗庭地区の日爪区（北谷の里）にある，メンバー所有の農地を借用し，5月に田植えとサツマイモの苗植え，9月に刈り入れとイモ掘りを行っている。

会のメンバーの一人は，「新旭の子どもたちと一緒に田舎（農村）を体験することによって共に成長してもらう。田圃や山，浜でおもいっきり自然を体験し，夜は地域の集会所や寺で泊まる。そこで，自分たちで育てた食物や，採れた物を食する」と活動の将来像を記しており，2001年の夏には，旭区の子どもたちが寺に宿泊し，川での魚の手づかみなども実施された[5]。

図-3.1.1　「里山の会」の方から田植えの方法を教えてもらう

図-3.1.2　ヌルッとした感触をいやがっていた子どもたちもすぐに夢中になる

第3部 田園環境教育のかたち

「農業体験教室」が縁となって，旭区の老人福祉施設が新旭町の米を使ってくれるようになるとともに，毎月1回，旭区で開催される昼市に，「里山の会」のメンバーが農産物を大阪まで運んで出店するなど，旭区とのパイプが太くなってきている。

図-3.1.3 田んぼよりカエルの方がおもしろい

図-3.1.4 水路で足を洗うのも，子どもたちには新鮮な体験

図-3.1.5 9月の刈り入れ

図-3.1.6 大型コンバインに子どもたちも興味津々

図-3.1.7 稲を束ね，干すのはなかなかむずかしい

図-3.1.8 イモの苗植え

❺ 学童やまびこ

　「里山の会」が主催するもうひとつの大きな取り組みとして,「学童やまびこ」があげられる。新旭町の「里山空間整備事業」の一環として,2004年10月,活動エリアの一角に里山体験交流館「もりっこ」がオープンした。「もりっこ」は,人と自然の共生を学ぶ拠点施設として整備されたもので,「里山の会」はNPO法人クマノヤマネットを立ち上げ,指定管理者として「もりっこ」の管理と運営にあたっている。

　この施設を中心とした琵琶湖を望む里山をフィールドに,昔ながらの生活体験を通じて親子が触れあう「学童やまびこ」を,毎週月曜日から土曜日に開催している。「学童やまびこ」は,子どもや若い父親・母親を対象に,農作業や農村地域に伝わる昔ながらの生活文化や自然遊びを体験し,心と体を鍛え,生きる力や五感を豊かにしようとするものである。教育というよりも,自然のなかで伸び伸びと遊び,また,伝承文化を体験してみる場といえよう。

　次のような活動メニューが用意されている。

① **お米づくり**：黒米田植え→草取り→稲刈り→精米→餅つき
② **菓子づくり**：小豆栽培→竹の皮採り→丁稚羊羹
③ **和紙づくり**：こうぞ（楮）採取→紙すき→習字→色紙・絵手紙
④ **自然と遊ぶ**：魚つかみ,昆虫採取,木の実採り,雪合戦
⑤ **道具を使う**：小刀,のこぎり,竹とんぼ,山小屋づくり
⑥ **心を鍛える**：禅寺での座禅

　四季のサイクルのなかで,里山の自然に働きかけ,その恵みを享受するものである。幅広いメニューは,元小学校校長やJAの職員をはじめとするいろいろな経歴と技術・技能を有するメンバーがいることによって可能になっている。

図-3.1.9　「もりっこ」の前で挨拶　　　　図-3.1.10　竹トンボづくりに夢中になる

第3部　田園環境教育のかたち

図-3.1.11　「もりっこ」を望む　　　　図-3.1.12　「もりっこ」の内部

　NPO法人クマノヤマネットでは，「学童やまびこ」以外にも，「もりっこ」を拠点に，農業体験教室や自然観察会，蕎麦打ち，炭焼き，和紙づくり，ぞうりづくり，竹飯つくりなど，子どもだけでなく大人も対象にした体験教室を開催している。

❻ 住民グループが担う農の体験学習と地域づくりへの広がり

　農の体験学習の中心的担い手は，公教育の一環として実施する小学校と，教育という枠にこだわらずに，それぞれの特性を活かして活動する地域住民を中心にした組織とが考えられる。小学校の授業のひとつとして実施する，全員参加の体験学習が子どもたちの環境教育において果たす役割は大きい。しかし同時に，小学校における農の体験学習は，時間が限られていることから断片的な体験になりがちなこと，学校という枠の中だけの活動になり，地域との繋がりが希薄になりがちなことなど，その取り組みには一定の限界がある。こうした学校での体験学習に比較して，住民グループが主催する体験学習は，地域住民がその担い手であること，専門家を含めた多様なメンバーがスタッフになることにより，内容の多様性，地域とのつながり，活動の継続性といった点から，自由な発想による活動を展開することが期待できる。

　「田んぼの学校」にみられるように，農の環境学習は単に自然や農業を体験するだけでなく，地域の自然，社会，文化の理解と地域への愛着心の醸成など，地域とのかかわりを含めたより総合的な取り組みをめざすべきであろう。そうであるとするならば，学校教育という枠を超えて，広く地域社会と接点をもつなかで体験学習が行われる必要がある。中山間の過疎地等に立地する小規模校における「田んぼの学校」では，地域との交流による体験学習も可能と考えられるが，生徒数が多い学校では，地域との交流はなかなか難しいのではないか。また，小学校やJAのような組織による取り組みでは，担当する教師や職員の熱意や能力が大きな鍵を握っており，異動のある組織では，継続性という点でも一定の限界があろう。

学校で行われれる農の体験学習に比較して，住民グループによる活動は以下のような点で，すぐれていると考えられる。

① **活動の多様性・継続性・一貫性**
　「里山の会」にみられるように，地域に根づいた多様なメンバーが参加する住民組織が主催することにより，多様性と継続性と一貫性のある活動が展開できる。土・日，夏休みなどを利用して，通年・一貫型の体験学習の実施が可能である。

② **地域とのつながり**
　さまざまな立場や職業につくメンバーが，仕事の枠を越えて参加することにより，地域社会との接点をもちやすい。学校や教育委員会が主催する場合には，学校という枠のなかでの活動であることから，地域との接点をもちにくいと考えられるが，住民グループではとくに制約もなく自由な発想で活動を展開できる。

③ **地域づくりへの展開**
　農の体験学習を通じて，参加する子どもや保護者さらに関係者が，地域の環境保全や環境資源に対する理解を深め，地域づくりへと関心を高めていくことが期待される。「里山の会」のリーダーが，「地域社会全体の構想を持つ必要がある」[6]と指摘しているように，里山の会では，「もりっこ」を拠点に，地域の豊かな里山の自然の保全と活用という地域の課題を見据えて，取り組みを展開している。

　地域社会全体の構想をふまえた農の体験学習は，地域の特性を活かし，地域の活性化につながっていくとともに，そこに参加する子供たちにも，自らが生活する地域の環境や社会について考えるきっかけを与えることになると考えられる。

環境の分野に限らず，福祉，まちづくり，子育て，芸術・文化，防犯，国際交流など，生活にかかわるさまざまな分野で，住民（市民）活動が盛んになっている。農の体験学習についても，地域に密着した住民（市民）グループがその活動を担い，小学校教育とは異なる取り組みを実践することによって，多様な農の体験学習が展開されていくことが望まれる。

そうした活動を担う住民（市民）グループやリーダーが育つように，行政や関係機関，地域住民などによる支援が求められる。

第3部　田園環境教育のかたち

◎ 補　注

1) 「農業農村の多面的機能を活用した環境教育『田んぼの学校』活動事例集」第1回（200.6）から第8回（2008.2），農村環境整備センター，「田んぼの学校」ホームページ
2) 「田んぼの学校」研究会 企画,「田んぼの学校」支援センター 編集:『田んぼの学校』のすすめ,農村環境整備センター（1999.8）
3) 拙稿 農的環境教育活動の担い手と地域との関わり－全国における『田んぼの学校』の取り組みから－；子供の農的環境体験からみた学校・地域環境づくりの新たな展望，2002年度日本建築学会大会農村計画部門研究協議会資料
4) 第三期生卒業文集　どろんこ体験記，しんあさひ農業小学校（1998）
5) 農業体験教室の状況については，拙稿 農村域における農業体験学習の状況と課題－滋賀県新旭町における2つの農業体験教室から－，田園環境のエコライフと学習力，2000年度日本建築学会農村計画部門研究協議会資料（2000.9）
6) 「田んぼの学校」活動事例集－第1回「田んぼの学校」企画コンテスト入賞地区活動報告－，農村環境整備センター発行（2000.6）

3.2 山村留学制度を通した環境学習

❶ 誰のための山村留学か

　都市部の子どもたちが一定期間家庭を離れて山村地域の学校に通学しつつ，さまざまな自然体験・農的体験を試みる山村留学制度は，1976年，長野県八坂村で財団法人育てる会によって始められた。当初9名であった留学生は，2006年度現在，全国103市町村，143の小中学校で受け入れられ，同年度の参加者は806名と報告されている（全国の山村留学実態調査報告書／育てる会，以下報告と略す）。報告によれば，この期間の参加者延べ人数（継続を含む）は14 094名に及んでいる。

　本節では，山村留学制度が都市部の子どもたちの環境学習をどのようなかたちで担っているのか，さらに留学生を受け入れる山村側が，この制度をどのように受け止めているのかをトレースして，山村の子どもたちにとっての環境教育への手がかりを求めることを目的としたい。

❷ まちとむらの子どもにとっての環境学習

　なぜ，山村の子どもたちにとっての環境学習を問題とするかについて，視点を明らかにしておこう。

　まず農的体験を，「都市と農村の交流による体験（山村留学，農村滞在，農業体験等），日常生活における農村環境・地域文化とのふれあい体験（遊びや行事），学校教育・地域活動を通じた自然や動植物とのふれあいや学童農園・校庭のビオトープでの体験等」とすることを確認しておきたい。

山村地域に生まれ育つ子どもたちの視点からこの課題をとらえると，彼らの環境自体が農的体験の日常化した世界である。「体験」という言葉からイメージされる一過性の世界を主対象にした環境学習は，山村地域の子どもたちにとってどのような意味を有するのだろうか。「Think globally, act locally」であるとすれば，彼らの行動の基点（足元）は自然豊かな山村の環境である。

　環境教育の出発点である環境問題は，温室効果ガスによる地球温暖化，オゾン層の破壊，熱帯林の減少と砂漠化，酸性雨（霧），海洋汚染，都市・生活型公害等として示されている。しかし，澄んだ大気，清流，豊かな自然に恵まれた山村地域の子どもたちにとって，これらの問題はどれほど身近な学習と実践の対象となるだろうか。

　環境問題の理解と，環境に優しい暮らしの実践を主題とする今日の環境教育にとって，農的体験が多大な効果を有することは，数々の実践例から明らかである。しかし，従来から論じられてきた農的体験の効果は，環境問題を理解し実践する教育というよりも，子どもたちの成長過程に直接響くものであった。1986年3月，「農業・農村と教育に関する懇談会（座長：加藤一郎）」は，「最近の校内暴力やいじめなどの教育荒廃といわれる現象や，子どもたちの思いやりの欠如などの問題の顕在化に伴って，農業・農村の教育的機能の見直しの必要が気づかれてきた」，と懇談会の動機を述べている。ここでは，農業・農村のもつ教育力が都市の子どもたちを惹きつける誘因とみなされているから，「体験学習」をどう進めるかが課題になっている。都市的な発想からする「山村留学」は，この延長上に位置づけられているという実態がある。実はこのことが山村留学への期待・効果を歪めてしまっているといえるのだが，少なくとも一定期間親元を離れて農的体験をすることが，都市部の子どもたちにとって環境教育の一環となっていることは事実であろう。

　一方，元々農的環境に囲まれ，先生との交流が密な小規模学校の子どもたちにとっては，これらの問題は都市の子どもたちに比べればさほど大きくはない。むしろ，義務教育を経てムラを出ていく子どもたちが，ふたたび自分の故郷に目を向けるように動機づけをすること，つまり農業・農村のもつ教育力を内部発信することが先決であるように思われる。

　環境教育指導資料（文部省/1991年3月）によれば，「環境は，自然環境と社会環境を含めた総合的な事象として理解すべき」であるとされている。山村地域の恵まれた自然環境を保全することの必要性を理解することは，地域の子どもたちにとっても不可欠である。しかし，山村地域における「豊かな自然・滅びるムラ」の現実に対処する環境教育は，社会環境への視点を軽視するわけにいかない。単純にいえば，ムラを愛する子どもたちが育つ環境を用意するのが山村地域の環境教育ではないか。

以上の視点から山村留学をとらえると，子どもを山村に送る側の期待や効果ばかりでなく，受け入れる側（山村）についてもその体制づくりをはじめとして，山村の子どもたちにとっての影響はどうなのか，内部発信すべき教育力とは何なのかを明らかにすべきであることが浮かび上がってくる。

❸ 山村留学の意味と形態

　1998年6月30日付けの中教審答申「新しい時代を拓く心を育てるために」において，山村留学は，地域社会の力を活かし，異年齢集団の中で子どもたちに豊かで多彩な体験の機会を与える長期の自然体験活動として位置づけられている。すでに上記の蓄積を有する取り組みが，国レベルの政策にも反映されつつあることは意義深い。

　報告によると，山村留学の居住形態（受け入れ方式）は4つに分けられ，運営形態については6つの型にまとめている。まず，居住形態は次のとおりである。

① **里親主体方式**→全期間または大半の期間を里親の家庭で過ごし，学校へ通学する。
② **寮主体方式**→宿泊施設（山村留学センター）から学校へ通学する。
③ **里親・寮併用方式**→両方を交互に利用する。
④ **家族留学方式**→家族の一部または全家族が転入。空き家，公営住宅等に入居して学校へ通学する。

　山村留学の実施団体は，これら4つの方式のうちどれかひとつを選択する場合と，複数の方式を並行して選択する場合とがある。留学期間は，短期（2日〜2週間：学校休暇の期間）と長期（半年〜1年）に分けられる。家族留学の場合は期間が1年以上に及ぶ例もみられる。

　次に，運営形態は次の6種類である。

① **自治体主導型**：自治体の施設整備（寮，住宅等）による留学生の受け入れ。
② **自治体主導・住民委託型**：自治体による予算措置・窓口業務，学区住民への寮運営・里親等の委託。
③ **自治体・教育団体連携型**。
④ **住民主導・自治体支援型**。
⑤ **住民主導型**。
⑥ **民間主導型**：財団法人，企業，特定集落，篤志家等。

❹ 山村留学の現状と動向

　1976年からの31年にわたる山村留学の全国的な実施状況については，育てる会が実態調査を行い，報告書にまとめている。また，2000年度にも詳細な白書を刊行しており，ともに本節の目的にかなう貴重な参考となるので，必要と思われる部分を中心に要約紹介し，若干のコメントを付す。

1. 運営団体が属する市町村の人口規模は1万人未満が約半数（46％）である。

2. 市町村の山村留学事業に対する予算は，年間100万円未満と1 000万円以上の双方が増加しており，山村留学事業に対する二極化傾向が見られる。規模の小さい市町村は，平成の市町村合併と財政悪化の影響をもろに受けていると推察される。

3. 山村留学生の受け入れ校について，25年間の推移をまとめた白書によると254校が開設，65校が中止，1校平均の受け入れ人数は減少傾向にある。山村留学を中止した学校の過半数は留学開始から5年以内に止めており，長期的展望のないままに受け入れたことの問題を示している。中止の主な理由は，① 地区の人口減による廃校，② 高齢化により里親のなり手がいない，③ 自治体からの資金援助が少ない，あるいはうち切り，などが挙げられる。
　留学受け入れ校は，約6割が児童生徒数20人以下の小規模校である。とくに北海道はこの傾向が強い。

4. 留学生の居住形態は，家族留学方式の継続参加割合が高く，里親方式が低くなっている。答申にいう「異なった家庭の中で，親とは違った視点から適切なしつけを受けたり，農業や家事を手伝ったりする経験を通じて，子どもは，家族とのふれあいの意味を改めて考え，自立心を身につけていく」ことはたやすくない。親子関係の日常的な持続が，「依存的自立」を進めることにも注意する必要があろう。

5. 留学生は小学生64％，中学生36％の割合であり，うち小学4～6年が全体の約半数を占める。大都市からよりも地方都市からの留学が増える傾向にある。

6. 留学生の参加動機・目的は，小中学生ともに「自然の中での暮らしや，農山漁村の学校で学ぶことに魅力を感じた（積極型）」が多い（小71％，中50％）が，中学生は「不登校，いじめ，教師との相性など学校の悩みを解決するために（消極型）」が小学生に比べて多くなっている（小8％，中24％）。

7. 山村留学のきっかけは，小学生が「親のすすめ」にやや特化している。中学生もその傾向はあるが，「テレビの影響」，「キャンプ参加の経験」，「親から離れたい」など，きっかけに幅がある。

8. 通年留学の場合，年度の途中で中止する子どもは7～8%であり，中学生の中止割合が高い。中止理由は，小学生は家庭の事情や家族転居で留学地での生活困難，中学生はさまざまであるが中では寮生活や指導員とのトラブルが比較的多い。

9. 6つの運営形態のうち，休中止校の割合が多いのは，「自治体主導・住民委託型」と「住民主導型」である。事業継続校は，「住民主導・自治体支援型」に多い。住民の充分な協力体制が得られないままに住民へ事業委託することの問題，また，逆に自治体からの支援が不充分な状態での住民主導は行き詰まることが示唆されている。

10. 運営形態と留学生の居住形態とは密接に関連している。「自治体主導型」と「民間主導型」は寮主体方式，「自治体主導・住民委託型」，「住民主導・自治体支援型」，「住民主導型」は里親方式，「自治体・教育団体提携型」は里親・寮併用方式が多い。

11. 居住形態別の受け入れ人数割合は，里親・寮併用方式が約1割である他は，それぞれ3割程度ずつとなっている。傾向としては，家族留学方式が増えつつある。里親不足，寮運営の問題，受け入れ側の負担軽減などが理由として挙げられる。小規模校で自治体予算の少ないところは，家族留学方式か里親方式が多い。

12. 留学経験者の約7割が「とてもよかった」と評価しているが，年齢が上がるにつれてやや評価は低くなる。男女別では女子の評価が高い。

❺ 事例：京都府南丹市美山町の山村留学センター

美山町の山村留学センター（以下，センターと略す）は，白書では運営主体「住民主導型」，学校名「知井小学校」，留学生居住形態「寮・家族留学方式」と紹介されている。しかし，実態は「住民主導・自治体支援型」であり，居住形態は「寮・里親併用方式」に近い。地区住民が主体的にセンターを運営しており，行政（教育委員会）がそれをサポートするというモデル的な事例であるので，以下に取り組み状況を報告する。

第 3 部　田園環境教育のかたち

● 地区の豊かな資源 ●

　センターのある知井地区は旧村の単位であり，留学生受け入れ校である知井小学校は町内 5 小学校（旧村単位）のひとつである。留学生の受け入れは 1998 年度から始められた。翌 1999 年度の児童数は 55 名，以降 2002 年度には 61 名まで増えたが，2007 年度時点では 54 名と若干減っている。しかし，留学生数はここ数年 8 名から 10 名で推移しており，地域に根付いてい

図 -3.2.1　美山山村留学センター「四季の里」

ることが伺える。地区内には，芦生原生林を有する京都大学演習林が広大に拡がっており，そこを水源とする清流由良川および支流沿いにいくつかの集落が立地している。その中のひとつ北集落には茅葺き民家が集中しており（250 戸），1993 年 12 月に国の重要伝統的建造物群保存地区に指定されている。知井小学校の近くには，「遊ぶ・学ぶ・憩う」をテーマにした宿泊体験施設「河鹿荘（定員 60 名）」を拠点施設とする自然文化村がある。JR 京都駅からの送迎バスも用意されるこの施設の年間プログラムは多彩である。以下はある年の例である。

- 美山の四季をまるごと撮影会（13 回）：春・桜と茅葺き民家／茅葺きと鯉のぼりと田植え／ホタルの舞いと芦生の森／紫陽花と茅葺き民家／松上げと芦生の森／ソバの花咲く山里／紅葉と芦生の森／雪の茅葺き民家のともしび（ライトアップ）
- 春の野草と夏の薬草教室（5 回）：自分で採取，自分で料理。地元薬草研究家の指導
- 鮎つかみファミリーデー（11 回）：清流由良川に放流した鮎のつかみ取り
- 美山楽農まつり：田舎の家庭料理，祭事の料理，コンサート，ゲーム

図 -3.2.2　知井地区の豊かな歴史資産，北集落（重要伝統的建造物群保存地区）

- 美山雪祭り：雪だるまコンテスト，アイスクリーム早食い競争，スキー教室
- あまご祭り：渓流釣り場でファミリー釣り大会，バーベキュー
- 芦生原生林ハイキング（3コース別に7〜23回）：ガイド付き，フォト・トレッキング，アートハイキング，自然観賞
- クロスカントリースキーレンタル

これらの他に陶芸教室，紙漉き体験，田植え・収穫，リンゴ収穫祭もある。山村留学生に用意されているプログラムではないが，当地区が，こうした自然体験・農的体験ができる山村留学の環境条件をソフト・ハード面ともに備えているといえよう。楽農まつりに出店したり，陶芸教室への参加など，プログラムの一部には留学生も加わっている。

● 山村留学事業の導入経緯 ●

- 1996年4月，知井小学校PTAによる山村留学検討委員会を設置。当時の児童数47名。この段階で地区内ホームステイ希望者が3名あり，2戸の農家が1学期（2名）〜1年間受け入れる。里親方式の始まりといえる段階である。同年11月，以下の3点を柱とした協議結果を知井地区自治会に提出した。

① **都市と山村の交流**
　　茅葺き集落に象徴される伝統的な文化を大切に育み，心豊かに生きる地域住民とともに，生活体験を都市部の子どもたちに与える。

② **活力を高める小学校教育**
　　都市の児童と山村の児童が，理解と協力をしあい競い合い，互いの友情を深め大きく育ち合いつつ，少人数化する知井小学校の教育の活性化を図る。

③ **新しいむらづくりの視点**
　　都市部の子どもたちを受け入れることにより，住民自ら地域の価値を再認識し，地域の一層の連帯を広げる活力を得て，Iターン，Uターンにつながるむらづくりの原動力とする。

- 知井地区自治会の事業導入の合意形成。たまたま知井小学校の改築時期と重なっており，学校側の合意を得て1998年4月より実施が決定。美山町知井地区山村留学推進委員会（後に運営委員会）が発足。事務局は小学校内，事務局長は教頭。
- 受け入れ体制（居住形態）は，センター（寮）方式を中心として，週1日は里親宅泊とする。寮・里親併用方式に近いが，里親の負担軽減に配慮した取り組みである。里親は，子どものいる家といない家半々程度であり固定していない。一泊3 500円の経費は教育委員会がもつが，留学生は寮費，学校給食，学級費など毎月68 000円の負担金を支払う。開設時点のセンターは借り受け民家。募集活動は複数の新聞社に依頼した。

- 推進委員会と自治会，町行政へセンター建設を要請。農林水産省補助事業（山村振興農林漁業特別対策事業・子ども等自然環境知識習得施設）の採択。1999年夏着工，2000年3月完成，4月センターオープン。事業費8281万円（国・府補助率55％）。

• 山村留学センターの生活形態 •

- 受け入れ期間は1年間が原則であり，2年以上も可。小学3年生～6年生が対象，学年別・男女別の制限はないが，当該年度の希望者による。夏休みと冬休みに1泊2日の体験留学を実施しており，希望に沿えるか否かを判断する機会にしてもらっている。保護者が同伴すると，お客さん気分になるので，送迎だけに限っている。毎年2月に地元運営委員会による面接がある。指導員1名が常駐，寮母（地元）1名が週日の炊事・洗濯・掃除のほか子どもたちの相談も受ける。他に地元の推進委員会から寮長1名が加わる。寮長は，地域の行事に子どもたちを参加させる役割と，月2回の指導員の休日に宿直する任務がある。
- 留学生の受け入れ定員は12名。実態は5名から10名でありゆとりがあるが，希望者は15名になったこともあり，厳選している。受け入れ範囲は，京都府，大阪府，兵庫県，奈良県など近畿地方が主である。
- センター農園にて野菜栽培の手伝いがある。休日は美山町，地区のイベント・行事への参加が必須である。
- 平日の日程：起床（6：30）→朝食（7：00）→登校（7：30）→帰宅（17：15）→学習（17：30）→自由時間（18：15）→夕食（18：45）→自由時間（19：30）→就寝準備（21：00）→消灯（21：10）

風呂掃除，夕食の準備は当番制。日曜日（休日）の午前中は各自の部屋，トイレ，廊下などセンターの掃除，および洗濯物干し。帰宅すると，子どもたちは真っ先に宿題を片づけるように習慣づけられる。やらない子がいると，子どもたちどうしで助け合って終わらせるとのこと。留学前にテレビゲーム三昧だった子どもたちは，外での遊びに熱中するようになるという。

- 集団生活を送るなかで，自立性と積極性を育んでいけるプログラムが用意されている。加えて，山村の暮らしと自然にふれる体験機会は，週1日の里親宅滞在を含めてさまざまなプログラムがある。まず，センターの年間予定は次の通りである。

　　4月：入所式・ジャガイモ植え・北集落散策
　　5月：五波峠山歩きと山菜天ぷら料理・ザリガニ捕り
　　6月：炭焼き見学・イモ掘り・交流会・里親懇談会
　　7月：七夕会・川遊び・閉所式
　　9月：開所式・星の観察・魚釣り

10月：海釣り

11月：芦生原生林散策

12月：クリスマス会・閉所式

1月：開所式・雪遊び・かまくらづくり・凧づくり・凧揚げ

2月：スキー教室・雪遊び

3月：スケート・お別れ会・退所式

特徴的なのは，これらの行事以外に推進委員会が主催するサマーキャンプ（7月），短期山村留学・同窓会（8月），キノコ狩り（11月），クロスカントリースキー（2月），および知井地区・公民館等が主催する歓迎会，子ども会旅行，海水浴，登山，地区運動会，地区文化祭，剣道大会への参加機会も用意されていることである。

● センター施設 ●

知井小学校は主要構造が木造（一部RC造）で保育園と敷地を共有している。センターもまた温かみのある木造平屋建てで総面積は234m^2。主要室は食堂，厨房，パントリー，多目的ホール，宿直室，浴室（大小各1），宿泊室（6室×2名）からなる。定員12名に対して10名に満たない現員なのでゆとりがある。連続する食堂と多目的ホールは子どもたちの憩いや学習のスペースとして有効活用されている。施設の使い勝手は，① 多目的ホールと連続するバルコニーからの開放景観のすばらしさ，② 事務室と多目的ホールの仕切りが閉鎖的，③ 常駐する指導員の生活スペースが狭小，の3点が挙げられた。センターに近接して，子どもたちが栽培する農園があり，収穫物は寮母C.Sさんの手料理でセンターの食卓に供される。センターから小学校までの距離（約20分）を，子どもたちは歩いて通う。

図-3.2.3 山村留学センター内部：事務室と多目的ホールの間が閉鎖的との声あり

● 学校生活 ●

環境教育に関連するカリキュラムは，1～2年の生活科を含む総合学習の時間である。知井小学校における総合学習は，自立・創造・共生の資質と能力を育むことを目標として，テーマ「ふ

れよう，学ぼう，伝えよう，ふるさと知井」を掲げている。具体的に採り上げられている素材は，知井地区の自然・歴史・祭・茅葺き民家などであり，学年が進むにつれて内容は濃くなる。

学校行事のひとつである祖父母参観日は，単に授業参観だけではなく，高齢者と子どもたちが昔からの遊び（めんこ，コマ，竹とんぼ，お手玉，ゴム飛び）を手づくりで楽しむ時間である。ある年の参観日には，児童数67名に対して51名の祖父母と保護者が集まり，学校給食を共にするまで交流を楽しんでいた。

図-3.2.4　祖父母参観日：竹とんぼづくり

図-3.2.5　祖父母参観日：お手玉づくり

このようなプログラムを通して，地元の子どもたちは自分の生まれ育ったむらの環境を学び取り，留学生たちはまちの暮らしではふれることの少ない環境を，まるごと身体に染み込ませている。

• 指導員と寮母の位置 •

留学生にとって，センターでの生活は学校生活にも劣らない比重を占めている。センター運営の責任者は寮長であるが，子どもたちの日々の生活に直接かかわるのは指導員と寮母であり，この二人の存在は留学を意義あるものにするうえで大きな影響力を有している。指導員は，① 関係者の協力を得ながらセンターの年間プログラムを企画実行すること，② 学校生活との連絡調整，③ 保護者，里親との連絡調整・懇談，④ センター生活の全般にわたる指導と施設管理，⑤ センター広報紙の執筆・編集・印刷発行など，多岐にわたる役割をこなしている。留学生と保護者にとっては，大切な先生である。2002年にこの任にあった高知県出身の指導員K.Yさんは，大学で児童福祉を専攻，自然大好きのワンダーフォーゲル部に属していた。在学中に福島県の山村留学施設にボランティアとして1年間参加したことが転機となり，美山町の山村留学指導員に応募したという活発な女性である。着任早々の2001年4月から毎月手づく

りで発行していた「四季の里センターだより」は，留学生の日々を詳細に伝えており，保護者をはじめ関係者にとって魅力的な情報が満載されている．2008年現在の指導員は，愛媛出身のボランティアリーダーが子どもたちの相手をしている．若い男性であるM.Hさんの悩みは，女子留学生が多感な思春期であるため，部屋に閉じこもりがちで遊びづらいことだという．

地元の寮母C.Sさんは，センター発足当時から留学生の親代わり的存在であり，新任間もない指導員の及ばない部分あるいは役割外の部分をカバーしつつ，子どもたちの日常に気配りを欠かさない．彼らの心のケアも受けもつ優しさゆえ，皆からお母さんと呼ばれている．

この二人の存在が，留学生の日々を活気あるものにしている．

• 里親制度 •

毎週木曜日，留学生は学校が終わると里親宅へ向かう．1泊2食の滞在である．里親との交流を深めるために，1軒で複数の子どもを預からないようにしている．里親は固定されておらず，留学生の状況に応じて毎年異動がある．里親方式をとっている事例では，里親のなり手が少ないという問題が一般的であるが，当地区の場合，週1日のみとして負担軽減に配慮しているせいか，現状では滞りなく対応されている．近所で里親を引き受けた家庭の楽しげな様子をみて，子ども自身が里親を引き受けることを望んだというケースもある．里親はやはり同じ小学生のいる家庭が多いが，子育て終了後の家庭，高齢者夫婦のみの家庭も加わっている．また，当地区にIターンで転入してきた家庭が里親となっているケースは，当の家庭自体が地区の環境を好ましく評価していることの証左であろう．里親を希望する家庭は，自分の子どもと同学年，同姓などの条件をつけている．ただし，指導員K.Yさんは，同学年の女子どうしの場合，学校でのトラブルが家庭滞在に影響することがある，と指摘していた．仲間はずれのトラブルは女子に多い，とM.Hさん．

• 留学生と地元の子どもたち •

両者の交流に視点をおきながら，小学校の校長，教頭，センター指導員，寮母，里親（2家庭）への聞き取りで得られた状況を以下に挙げる．

- 放課後の生活比較では，地元の子どもたちのほうがテレビゲームに費やす時間が多い．センターにはテレビゲームがないため，留学生は里親宅でゲームをしているというケースもなくはない．しかし，傾向として外で遊ぶことにかけては留学生のほうが積極的であり，地元の子どもたちが誘われて出るようになる．

- 外では地元の子どもたちが留学生をリードする。川遊び，釣り，野球など，里親宅では暗くなるまで戻らない。
- 自然への関心と知識の点では，留学生のほうが勝っており，地元の子どもたちが教えられる場面がある。発表力，表現力に関しても同じことがいえる。
- 留学生の参入によって，地元の子どもたちの体力・知力の固定的なヒエラルキーが崩れる。このことが，彼らによい刺激を与えている。
- センター入所の時点では，課題を抱えた子どもかどうかの判断が難しい。問題が生じたときに当然対応はするが，素朴に育っている地元の子どもたちに与える影響は軽視できない。
- 里親と留学生の「相性」が悪く，1年間，両者が我慢しつつ過ごすというケースもある。逆に，留学生を大切にして，自宅のこどもがひがむ場合もある。
- 10人足らずがセンターでの生活を共にすることによって，地元とのつながりばかりでなく留学生相互の友だち関係をつくれたことへの評価も高い。
- 留学生は食べ物の好き嫌いが多く，とくに野菜嫌い。しかし，自分たちの育てた野菜はきちんと食べる。

総じていえば，両者は互いに刺激し合って，山村留学のプラス面のほうがいくつかの問題面を凌駕しているといえよう。

❻ 山村留学制度を通した環境教育のあり方

　以上，美山町における山村留学の実態については，「住民主導・自治体支援型」が実質的に機能しており，全般的には望ましい方向で事業が継続していると評価してよいと思われる。当事例を念頭におきながら，山村留学制度，環境教育おのおのの検討と，両者をどうつなぐのかという二つの検討を試みる。

• 山村留学制度の課題 •

　まず山村留学制度自体の課題は何か。前提となるのは，受け入れる山村住民の合意形成が不可欠という点である。加えて，どの受け入れ方式をとるにせよ，何らかの行政支援がなければ持続させることは困難という点である。事業中止となった学校は「自治体主導・住民委託型」と「住民主導型」に多いという事実がそれを物語っている。行政からの一方的働きかけに対して，山村住民は「なぜ我が町（村）の税金を，よそから来た子どものために使う必要があるのか」，「我が子の子育ても大変だったのに，なぜ血のつながりもない都会の子の世話までしなければならないのか」，「問題のある子を他に預けるというのは，子育ての放棄ではないか」等の

率直な批判が出されるという。批判に応えるためには，地域社会が留学生を受け入れることによって，単に子どもの数を確保するにとどまらずどのように活性化するのか，あるいはどう活性化させるのかという理念の構築がなければならない。美山町の場合，「都市と山村の交流」，「活力を高める小学校教育」，「新しいむらづくりの視点」という3つの柱が地区住民の理解と協力を可能にしている。

理念の構築は，住民の合意形成に必要なだけでなく，子どもを送る都市側と受け入れる山村側の双方に求められる。山村側が留学事業を発意するのは，白書が指摘しているように「過疎地の零細校対策」が現実の動機である場合がほとんどといってよい。この点は，送る側から「教育理念もあいまいなままに，単に地域の子どもの数をふやすためというのであれば，積極的に我が子を預ける気にはならない」という問題指摘として表れている。

一方，子どもを送る側には山村留学への誤解も一部に認められる。いじめ，不登校，校内暴力に悩む子どもやその保護者が，山村留学に解決の糸口を求めるケースが増えているという実態がある。冒頭の視点でふれた農業・農村のもつ総体的な教育力が，結果として不登校解消や問題行動の改善に寄与する事例があるとしても，それは山村留学に求められる積極的な機能とはいい難い。山村住民は，問題のある子どもの治癒を任されるわけではない。このような子どもを送る側の認識のずれが，子育て放棄の批判にさらされることになるのである。

● 山村留学制度の展望 ●

山村留学制度のもうひとつの課題は，当制度が今後どのような展望のもとで発展可能かという点である。短期留学（2日〜2週間）程度であれば農的体験レベルといえようが，長期留学（半年〜1年）となれば，たとえ人生の一駒に過ぎなくとも農的生活を経験することになる。豊かな自然や親密な人間関係のもとに，子どもの自立を促そうとする親の期待があり，当制度がそれに応えるものであることは認められる。だが，受け入れ側の山村は一般に，里親不足，人口減による学校自体の休廃校，財源不足等の問題をかかえている。

この状況を念頭において白書を振り返ると，長期留学では里親方式が減り，家族留学方式が増えているという事実がある。また，後者のほうが留学を1年以上継続する割合が高い。寮（センター）方式・里親方式に比べて，家族留学方式は従来の都市的生活様式が多少なりとももち込まれる結果，子どもの自立・自律効果が相対的には低いことが指摘されている。例えば起床時間，朝食の有無，炊事・洗濯・掃除などにそれが示される。

しかし，親と子の日常的な関係が維持されることの安定性が，留学継続を可能にしているの

ではないか。他の方式に比して目覚ましい効果が期待できなくとも、農的生活の中で徐々に「依存的自立」が図れるようであれば、むしろこの方式は好ましいといえる。

受け入れ側の地域社会からみても、家族留学方式は里親不足を回避し、近隣との交流を通して地域活性化に寄与することが期待される。その先には、美山町の柱のひとつとして挙げられているＵ・Ｉターンも視野に入ってくる。知井地区の場合、初めは家族留学で転入して、その後定住に移行した家族が数件ある。以上の点から、山村留学制度の今後をとらえると、寮主体ないしは里親・寮併用方式を持続させながら、家族単位を迎え入れられるような住まいの充実が当制度をも展望のあるものにしていくように思われる。子どもを主対象にしながらも、都市の幅広い年齢層が山村にかかわることが、生涯学習的効果と地域活性化の双方をもたらすといえよう。

● 山村留学制度と環境教育 ●

山村留学を環境教育の一環として位置づける場合、教育体制は都市部の環境教育とはまったく異なることを確認しておく必要がある。都市部の環境教育は、都市在住の教師・住民が主体となり、学校が立地する市街地ないしは郊外をテリトリーとして実施される。山村留学は、都市部の子どもを山村の教師・住民が預かるから、山村の子どもはその受け皿的存在となりがちである。当制度によって都市部の子どもと交流する山村の子どもは、どのような影響を受けるのかは、本節で採り上げた一つの事例ばかりでなく、今後明らかにしていくべき課題である。

これに接近するためには、留学制度のプラス面に着目しつつ、ムラに愛着をもつ子どもを育てる環境教育をどう展開するのかを問うことであろう。冒頭に、山村の子どもたちは非日常的な農的体験ではなく、日常的に農的環境の中にあると述べた。しかし、これはやや不正確ないい方である。確かに農的環境の中にあっても、それを自己形成の教育素材としているか否かが問われるのである。この点に関して白書の調査結果は楽観視できない。総じていえば「農山村の子どもの生活は、都市の子ども以上に都市化社会の影響を受けており、今や農山漁村の子どもたちも山村留学的な体験を必要としている」というのである。美山町の事例でもこの傾向は否定できない。とすれば、ムラに愛着をもつ地元の子どもを育てる教育、つまり本稿で意図している山村地域の環境教育を充実させることが、都市部の子どもたちに特別メニューを用意せずとも、彼らを受け入れる容易さを生み出すものと思われる。まず、ムラの価値を地元の子どもたち自身が掘り起こし、活用するという足固めが、山村留学の魅力を増すことにつながるといえるのではないか。美山町の事例は、その必要性と意義を雄弁に物語っていよう。

3.3 廃校と自然共生の教室

❶ 地球デザインスクール ― その概要

　全国で小学校，中学校の廃校が続く中で，この貴重な社会資本を活用しようという試みが進んでいる。多くは不足している地域の公共施設への転用，例えば地区の集会施設や郷土資料館等が多いが，この事例は，エコロジー，環境教育，住民参加をキーワードとした魅力ある廃校利用の実例である。

　ここで紹介する「地球デザインスクール」は京都府宮津市にある。この波見地区の丘陵地は立地条件と眺望に優れ，尾根すじからは栗田半島・若狭湾，そして日本三景の天橋立を望むことができる。（図-3.3.1 参照）宮津市立養老小学校波見分校は児童数の減少から1977年に休校となり，1993年に廃校された。

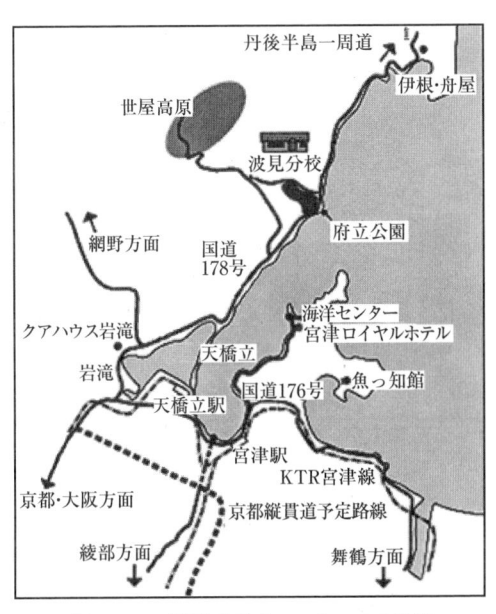

図-3.3.1　地球デザインスクールの位置

表-3.3.1　地球デザインスクール関係の年表

年次	出来事
1977年	養老小学校波見分校休校
1987年	総合保養地整備法制定
1989年	丹後リゾート構想承認
1991年	公園の都市計画決定・事業認可
1993年	養老小学校波見分校廃校
1997年	地球デザインスクール開校
2002年	NPO法人地球デザインスクール設立
2006年	丹後海と星の見える丘公園（丹後エコパーク）開園

第3部 田園環境教育のかたち

地球デザインスクールはこの波見分校を拠点とし，丹後リゾート構想に基づいた養老地区の丘陵地帯144haの府立公園対象地を，手づくりで整備する組織として1997年に開校された（表-3.3.1参照）。

その活動理念は，手づくり（ソフト先行，市民参加）であり，都市公園法に基づいた公園整備でありながら，公園全体を，自然保全，さまざまな実験の場の設営，遊び・学ぶ場の設営，台地上で休み滞在する場の設営等をキーワードとして，活動を展開してきた。ここでは自然と共生する新しい文化を構築するための多様な教室が開催されている。

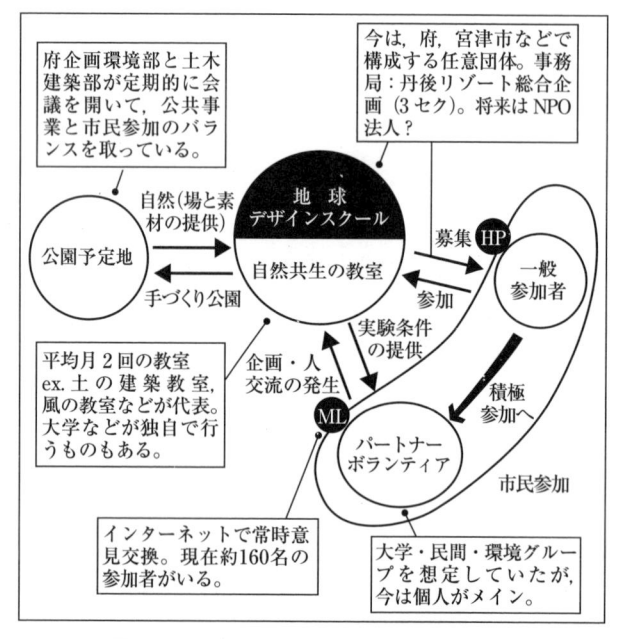

図-3.3.2　地球デザインスクールの基本原理

1997年の開校当初は，総合保養地整備法（俗称リゾート法）・都市公園法により，京都府を整備主体として発足した。図-3.3.2は地球デザインスクール発足時の基本原理であるが，京都府が主導し，宮津市が整備事業費を拠出する体制であった。また活動資金は京都府より第3セクター「丹後リゾート総合企画（事務局）」への補助事業とされた。この理念では，地球デザインスクールを自然共生の教室と位置づけ，運営主体を，パートナー・ボランティア，そして一般参加者を募る。主催者とこれらの人々が主体となって自然的環境保全と自然体験をテーマにインターネット等を駆使して推進しようと企画した。すなわちマネージメントやインストラクションの重要な部分は地球デザインスクールの運営主体で行うが，その具体的な事業の運営や参加者については広く公募し，応募者の主体的な活動がスクールの活動を支えていく構想となっている。

❷ 府立公園予定地の自然的資源

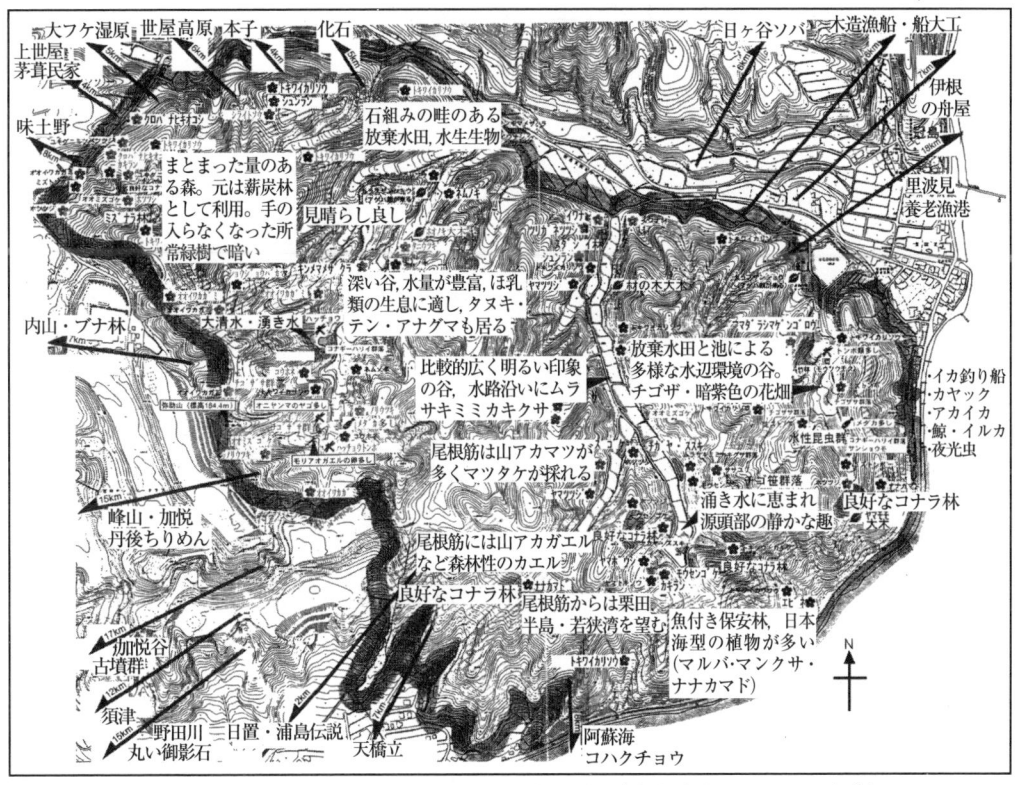

図-3.3.3 府立公園に存在する動植物の分布・景観（地球デザインスクール編集）

表-3.3.2 府立公園内の地域資源

区分	地域資源
樹木	アカマツ，ミズナラ，コナラ，ホツツジ，キンキマメザクラ，ヤマツツジ，ナナカマド，ヤマモモ，ヤマボウシ，ホオノキ，スダジイ，ユキグニミツバツツジ，ツリガネツツジ，マルバ，マンサク，イワナシ，シイ
植物	トキワイカリソウ，シュンラン，シライトソウ，オオミズゴケ，クロバナヒキオコシ，オオイワカガミ，エビネ，ヤマトキソウ，モウセンゴケ，チガヤ，ススキ，カキラン，チゴザサ，ササユリ，ムラサキミミカキグサ，ショウジョウバカマ，カラスザンショウ，ネムノキ，タニウツギ，ノリウツギ，イワナシ，モウソウチク，サンショウモ
動物	ハッチョウトンボ，アゲハ，タヌキ，テン，アナグマ，メダカ，オニヤンマその他のトンボ類，メダカ，モリアオガエル，マダラシマゲンゴロウ，ヤマアカガエル，コハクチョウ，オオミズキドリ，水性昆虫類
眺望	栗田半島・若狭湾，天橋立，伊根の舟屋，冠島，漁り火

144ha の府立公園は，若狭湾を見下ろす風向明美なロケーションをもっており，山林全体には貴重な植物，動物の生息が認められ，こうした地域資源が地球デザインスクールの活動展開の源泉となっている。この丘陵には大小6本程度の谷が入り，微妙な自然地形を形成している。図-3.3.3 は地球デザインスクールから発行された府立公園における植物・動物相を示した地図である。この丘陵地には，表-3.3.2 のような動植物が存在し，小高い丘からは栗田半島と

第3部　田園環境教育のかたち

若狭湾，そして日本三景のひとつである天橋立が眺望でき，これも貴重な地域資源である。

❸ 地球デザインスクールの活動

地球デザインスクールの目的とするところは「自然と共生する新しい文化の構築」である。これを実現するために，スクールでは多様な教室を開催したり，活動への参加を積極的に呼びかけている。活動の要点は，① パートナーと一緒に試みる自然共生の実験事業，② 自然と地域文化と共生技術が学べる教室事業，③ 地球デザインスクールに集う人たちの交流事業である。これら事業には廃校である波見分校を活動の拠点として開始された児童・生徒の総合学習に対応する環境教育の推進なども含まれている。そして，こうした方針のもとに1997年の開校以来，さまざまな活動を展開し，開校9年後の2006年には，143haに及ぶ，丹後海と星の見える丘公園（丹後エコパーク）が開園された。この公園は丹後リゾート構想の中核・集客拠点という性格から，自然との共生，府民参加，手づくり型の公園へと方向転換して完成した。

❹ 地球デザインスクールの事業

このスクールの運営主体であるパートナーとしては，府立公園内において，自然と人間の共生文化創造に向けた実験事業を行ってくれる，大学・民間企業・市民グループの人たちが想定されていたが，実際に多くの参加者を得た。これらパートナーは常にホームページ上で公募されており，主旨に合ったテーマを有する団体・グループであれば，新たなパートナーとなって公園づくりにさまざまな提案ができることになっている。また一般に人々が参加できる活動は，

① パートナーが企画する調査・実験へのボランティア活動

野外音楽教室
自然の中で聞く音楽。どれがふさわしくて，どんな場所で味わうのが感動的なのか，いろいろ試みる。

自然の天幕教室
天幕は自然の形や構造を学ぶ格好の材料。不思議な形に何度も挑戦でき，みんなの集まる広場となる。

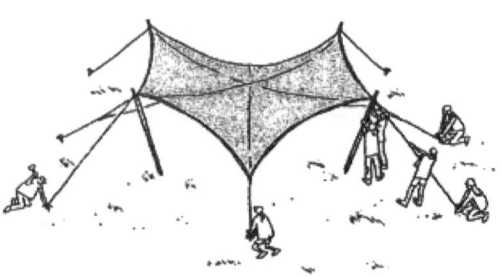

図-3.3.4　野外音楽教室　　　　図-3.3.5　自然の天幕教室

ソーラーカー教室
太陽電池の可能性は創意をもって試してみる。それには、ソーラーカーづくりが一番。未来の乗り物からエネルギーを考えられる。

野外劇場の整備
新しい文化交流の場として、様々な工夫をもりこんだ野外劇場を公園施設として整備。

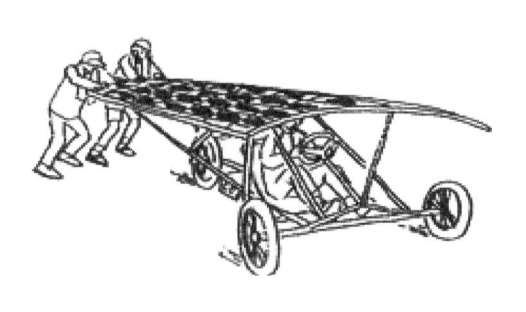

弱い風でも動いて水を循環させる風車
幕にも貼れる太陽電池パネル
将来、形の変えられる天幕
イベントによって変えられるフレキシブルな舞台と客席

図-3.3.6　ソーラーカー教室　　　　　図-3.3.7　野外劇場の整備

② スクールが企画して一般公募する各種教室への参加
③ 各自が自主的に企画提案して実施する事業
である。

ここでいう自主企画とは、湿地の動植物観察、里山の森林維持体験、森の中の道具づくり、府立公園を利用した自然環境を理解するための活動であり、学校・グループなどに呼びかけている。

こうした事業に係る経費の内、材料費・講師料などは実費を参加者数で割るなどして、参加者による費用負担が行われている。宿泊に関しては、廃校を利用したセミナーハウス（宿泊容量20人）があり、1人1泊2000円で利用できる。

表-3.3.3 は2001年に現地を訪れた際筆者が入手した、地球デザインスクールの企画書を整理したものであるが、自然観察・地域資源の活用・ローカルエネルギーの活用・自然体験・自然の保全・拠点づくりというキーワードにまと

表-3.3.3　地球デザインスクールの活動

自然観察	自然体験
・湿地のビオトープ・土の調査	・子供冒険広場
・どんぐりの木を通じて森と海を考える	・太陽熱教室
・夏休みいきなり生き物探検	・雑木林で遊ぶ
・デジタル生き物図鑑現地	・冒険遊び教室
・川に流れる教室	・水の生き物植生管理
・谷内田の自然観察教室	・赤トンボ園のつくり方
・人の中の自然・水辺の生き物	・シーカヤック教室
	・エコキャンプ
地域資源の活用	自然の保全
・土の炭窯づくり	・笹刈りワークショップ
・土のパン窯づくり	・冒険の森づくり
・石灰窯による貝灰づくり	・野の花の移植教室
・チップでボイラー沸かし	・湿地ビオトープ教室
・石臼・石窯・パン焼き教室	・里山の伐採・観察
・牡蠣灰づくり	拠点づくり
ローカルエネルギーの活用	・エコハウス
・ストレートダリウス風力発電機	・冒険の森づくり
・水質バイオマス	・土と雑木の交流室
・メタン発酵実験装置	・親子でつくる秘密基地
・手づくり電気自動車教室	・土の建築教室
・風車エネルギー	・テント広場

第3部　田園環境教育のかたち

められている。

❺ これまで行われてきた活動の内容

地球デザインスクールでは，ソフト先行，住民参加，自然との共生の理念のもとに，府立公園をフィールドとした活動が開始された。

・自然観察・体験・

府立公園の丘陵は自然植生の宝庫である。この丘陵の自然植生を保全し，植生を復元し，合わせて学習する事業が行われた。図-3.3.8 は「自然農法ワークショップ」であり，参加者はプロの農業者を講師として，自然農法を学んだ。写真は自然農法の講習が行われた実験農地において，講師からの説明を聞いているところである。

図-3.3.9 は丘陵地の保全として下草の「笹刈り」が行われた際の昼食風景である。2001 年に現地を訪れた際には，公園内にある丸い小山の樹木をすべて伐採した光景を見た。樹木を伐採し，あたかも更地にすると元の植生に戻るのだという説明を受けた。写真は立命館大学インターンシップ生たちがセミナーハウス建設予定地に入り他の応援者ともども総勢 16 人がチマキ笹と呼ぶ幅広の笹を 5 時間伐採した際のものである。

図-3.3.8　自然農法ワークショップ

図-3.3.9　笹刈りワークショップ

林業労働力が高齢化したり廃業したりして，全国各地の林地の保全が困難になってきているが，ボランティアによって下草刈りを行ってもらうことは，保全の上で大変有効である。

図-3.3.10は「田のビオトープ」と題するものであるが，いね倶楽部という組織ができ，この組織は伊根谷で里山の生態と景観を保全する目的で活動を開始した。そして自然観察教室をはじめ，田植え，田の生物相の学習などを行っている。写真は田の保全で刈り取ったカンガレイであるが，これを使用し和紙がつくられている。

図-3.3.11は「キノコ本伏」の際の光景である。スクールでは「きのこ教室」を開催しており，椎茸菌の接種を指導している。

図-3.3.10　田のビオトープ

図-3.3.11　キノコ本伏せ

　地球デザインスクールでは専門家の参加等もあり，さまざまな自然観察や体験の行事が行われてきた。それは水辺の生き物と植生管理であったり，世屋高原，大フケ湿原の学習などである。また府立公園内各谷の定点観測，NPOとの協力で毎月自然観察を行う「四季の講座」等である。また2000年から子供向け行事として開始された「夏休みいきなり生き物探検」はフィールドである林地と波見の海岸における海の生態についても学習している。さらに「雑木林で遊ぶ教室」では波見の里山の生態や雑木林管理の基礎についての学習が行われている。近年は若い社会人のボランティアの人たちが「地元学ワークショップ」(庭先地元学)と称して調査活動を行っている。

● 森や水辺で遊ぶ ●

　地球デザインスクールの一方の魅力は，豊富な自然環境資源を利用した「遊び場」の設営で

第3部 田園環境教育のかたち

ある。府立公園の丘陵には、尾根・谷・川・湿地帯など、野外の遊び場となる魅力的な素材が揃っている。学びながら遊ぶ、遊びながら学ぶ、という可逆的な関連性はまさに環境教育の中で育ち、子供たちの冒険心を育んでくれる。

図-3.3.12は樹上の回廊づくりである。ツリーハウスという試みが国内外で行われているが、林地の中では必ずやってみたくなる魅力に駆られる。森に親しみ、樹木に親しみながら、樹種を知り、森に棲む動物や植物を学ぶことができる。スクールでは、ロープとネットで創る冒険遊び場教室、親子でつくる秘密基地（宮津JC）の中で林地の遊び場づくりが試みられた。前者ではネット、つまりロープを編んだ編み物が人間の文化に深くかかわることを学習した。また後者では子供たちの冒険心をくすぐる基地づくりやブランコづくりが行われたという。

図-3.3.12 樹上の回廊づくり

図-3.3.13 遊び教室

　地球デザインスクールでは、森や水辺に親しむための、数多くの行事を開催してきた。例えば落葉広葉樹林の世代交代を促す皆伐作業「冒険の森づくり教室」や「森に浸るワークショップ」あるいは「川に流れる教室」、「エコキャンプ」などである。このように子供たちの冒険心を育み、参加者がわくわくするメニューが催されている。

● 自然エネルギーの研究と導入 ●

　地球環境時代にあって、温暖化抑制、有限埋蔵資源、化石燃料依存の抑制は地球規模の課題である。

3.3 廃校と自然共生の教室

地球デザインスクールでは，その名の通り，地球環境を知ることと，環境を守ること，自然環境との共生を目的として活動していることから，自然エネルギーについても重要なテーマとして取り上げている。自然エネルギーを代表するものは，① 太陽熱，② 風力，③ バイオマスである。また他には地熱の利用などもある。近年は化石燃料の消費を減らすためにトウモロコシ等の植物，水素ガスなども代替エネルギーとして登場している。

地球デザインスクールは「手づくりエコトピア」というテーマを掲げ，太陽熱・風力・バイオマスによる自然エネルギーについて研究を進めている。

図-3.3.14 の「風の教室」のイラストには，スクールによる，風を調べ，風と遊び，風車を手づくりで作成する挑戦の企画が描かれている。教室では手づくり風車の製作も行われたが，1999 年にはストレートダリウス風車が導入され風洞実験が行われたが，翌 2000 年にはこの風車による自立発電が実現している。

図 -3.3.14　風の教室の企画

図 -3.3.15　手づくりの黒炭窯

図 -3.3.16　手づくりによる土の炭焼窯

第3部　田園環境教育のかたち

　図-3.3.6はソーラーカー教室であるが，太陽熱利用の企画としては，ソーラー温室や天幕面の膜面ソーラーの利用，丘の斜面へのソーラーパネル設置による「ソーラーの丘」，「ソーラー実験教室」などが企画されている。図-3.3.15は初期の段階に製作が試みられた「手づくり黒炭窯」のイラストであり，図-3.3.16は土を掘り起こして製作される土の炭窯づくりの様子である。

　図-3.3.17は地球デザインスクールから発行された，府立公園の断面ごとの企画を描いた「手づくりエコトピア」のイラストであり，文章で表現するよりもエコロジーの試みが理解できる。

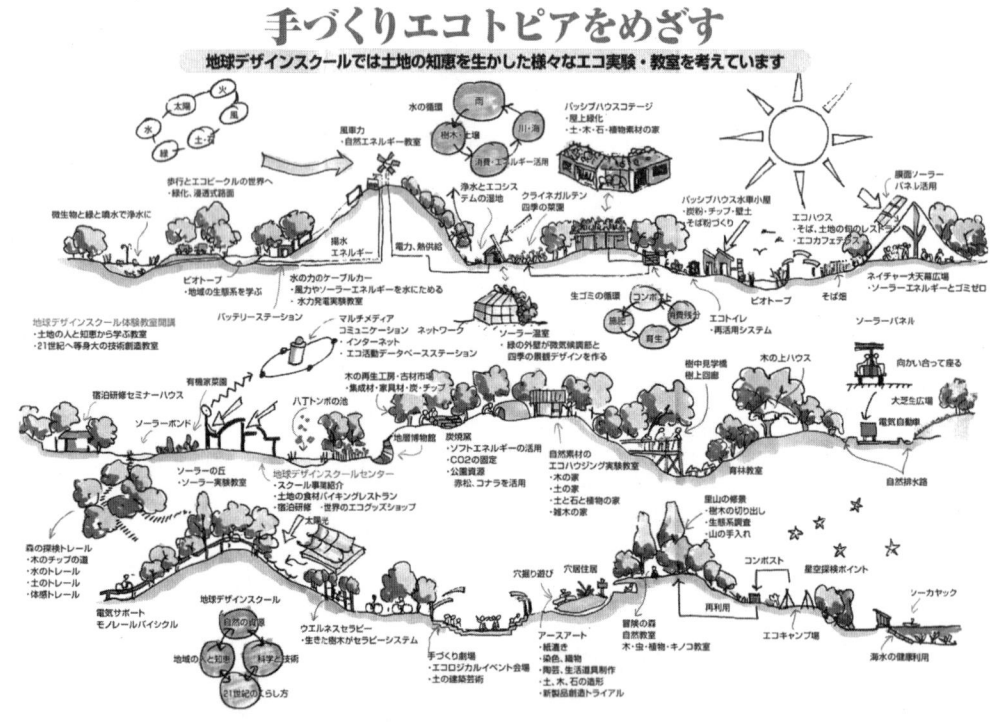

図-3.3.17　手づくりエコトピア，府立公園の断面図（地球デザインスクールによる）

　ここでは太陽光，風力，バイオマス，水力など自然エネルギーの利用や制御をはじめとし，水，動植物の生態系保全，森林や内水面での遊びと学習，地元の自然素材を使用した，黒炭焼の製作や「土の建築教室」から生まれた土のテーブル，おくどさんなどがあり公園内のキャンプ等に使われている。

　バイオマスの利用に関しては，当初木質ガス発電として10kw（10戸分）の発電が企画されていた。これはオガクズを燃料として使用するものであった。

森のエネルギー研究所によれば，ペレット・ダストチップを利用した出力43kWの温水ボイラが導入されボランティアが設置したとの報告がある。

❻ 活動の成果と新たな展開

• 丹後海と星の見える丘公園 •

図-3.3.18 丹後海と星の見える丘公園

図-3.3.19 公園から若狭湾の展望

このような地球デザインスクールの努力が結実し，2006年に「丹後海と星の見える丘公園」（丹後エコパーク：118.5 ha）が開園した。ここへは国道178号，府道619号によりアクセスすることができる。園内の「大地の展望台」からは宮津湾，冠島と晴天時には遠く能登半島を望めるという。また「潮騒のテラス」，「風の谷」からは，栗田半島や若狭湾・天橋立の素晴らしい眺望が楽しめる。このほかには「こども自然の森」，「風の砦」，「セミナーハウス」等が整備された。この公園づくりに際しては，自然との共生，住民・ボランティアの参加による手づくりがキーワードであり，約1万人以上の人々が200回を越える教室に参加しながら完成したものである。施設管理はNPO法人地球デザインスクールが当たっている。

これまでに開催された各種の教

表-3.3.4 地球デザインスクールで開催された教室

	地球デザインスクールで開催された主な教室
自然観察	豊かな自然の調査・保全活動，自然を楽しく観察するための基地づくり，乗り物づくり
	赤とんぼ園づくり，森の観察用樹冠デッキ，森のモノレール・ET，水辺調査隊，イネ倶楽部，湿地のビオトープ，四季の講座，ツリーハウスづくりなど
循環社会	汚水処理，土や竹，貝石灰などを利用した建築や物づくり，自然農法など
	空き缶トイレ，土のテーブル，泥風呂，土の建築，貝の石灰窯，石のパン窯，竹の大屋根など。開墾しながら有機農業を学ぶ，ぐうたら農学校
エネルギー	風力や生物エネルギー利用，乗り物づくり，炭焼き
	土の炭窯づくり，ドラム缶炭焼き窯づくり，手づくり電気自動車，風の教室，ペットボトル温水器，手づくり森林鉄道，バイオディーゼル，雑木林の教室，木質バイオマス発電など
地域文化	丹後の海の文化，山の文化を学び伝える
	定置網体験，川に流れる教室，シーカヤック，波見フェスタの開催，地域実習生，柿渋づくり，古民家再生・保存，里山の再生など

室の概要は表-3.3.4に示した通りであるが，大半は素人であるボランティアや児童・生徒，そして学生たちの指導に当たったのは，地球デザインスクールのスタッフであり，時には専門家が講師となっている。

• ハード面での特色ある整備 •

[森林輸送システム]

企画のイラストに示されていた「森のモノレール」はやがて，一本の樹木も伐らずに敷設された「森林輸送システム」として登場した。林地の保全において林道等林業基盤整備が大きな課題となっているが，画期的なシステムの導入といえる。図-3.3.20は内燃式機関車が200 kg積載の無蓋貨車を引いている所であるが，人は蓄電式電車によって移動することができる。

図-3.3.20　森林輸送システムの機関車

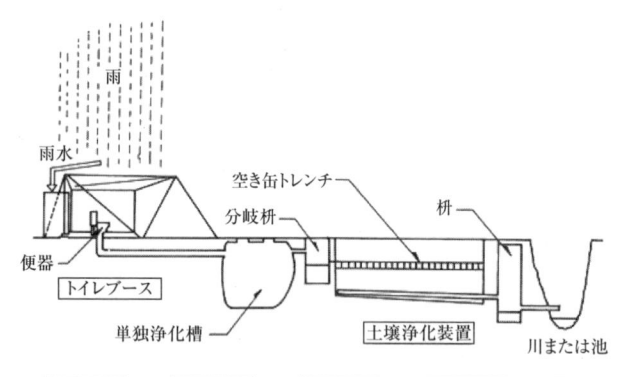

[エコトイレ]

雨水利用と土壌浄化作用の利用によるエコトイレが製作された。これはトイレの屋根を大きく広げて雨を受け，コンクリートヒューム管を利用したタンクに貯留して汚物を流すという考えである。汚水は一次浄化を行った後，土壌を通して微生物による浄化を経た後，河川に放流される。この場合，土の中には微生物が生息しやすい条件が必要となるため土壌づくりから始められた。図-3.3.21はエコトイレのシステムを示したものである。

図-3.3.21　エコトイレのシステム概要

[手づくりの野外劇場]

地球デザインスクールの企画により，2006年に立命館大・愛知大の学生約20人が参加して「手づくりの野外劇場」が製作された。これはこの公園の拠点施設，セミナーハウスの中庭を利用

してつくられたものである。素材は石が用いられ，専門家の指導のもと，学生たちの活動によって完成した。

[ソーラークッカー]

太陽熱を利用して料理を行おうという自然エネルギー利用の一連の試みである。これまでに，目玉焼き，ホットケーキ等の料理が試みられている。図-3.3.22 はソーラークッカーである。

[登りパン窯ニコイチ]

公園内でパンを焼こうという試みは開設当初から企画されていた。図-3.3.23 は「登りパン窯ニコイチ」と名付けられたパン窯である。地球デザインスクールでは毎月パン教室を開催しているが，利用者の希望がある場合には不定期にパンを焼くこともある。

図-3.3.22　ソーラークッカー

図-3.3.23　登りパン窯ニコイチ

● 地球デザインスクールが主催する各種教室 ●

これまでに紹介してきたように，地球デザインスクールでは 200 回を越える多様な教室が開催されてきた。それは自然観察，循環社会の理解とそれに資する試み，地球温暖化防止や埋蔵資源利用の抑制を目指した自然エネルギーの利用，丹後および若狭湾一帯の持つ地域文化，地域資源の学習や保全などである。これらの事業への参加者は，NPO の会員（社員）や外部講師が教師となり，大学生，小学生，中学生，高校生等学生・学童を初め，一般社会人である。また各地の環境保護団体や環境問題に興味をもつ団体・組織がスクールの事業に協賛し，訪問

して学習するばかりでなく，事業に参加してその本旨に触れた体験がインターネット上に公開されている。

地球デザインスクールの評価は，関係者の間で年々高まっているが，当初，図-3.3.2にすでに述べた，府立公園を手づくり，ボランティア参加，自然環境の保全と活用，そしてサステイナブルな活動を展開するという企画が見事なまでに発展していることがわかった。

他地域で見られる，「むらづくり」，「まちづくり」などにも共通するが，こうした事業の成功の裏には必ず優れた人物が居る。そしてリーダーのもつロマンや目的を達成するための忍耐・実行力がなければ成し遂げられないことである。

3.4 総合学習の原点と地域づくり
—— 愛知県岡崎市立大雨河小学校の事例から

　2002年度から総合的学習が本格的に導入されたが，2007年度の中教審でゆとり教育批判が起こり，2008年3月に公示された新しい学習指導要領ではこれから総合的学習の時間は週1時間の削減が予定されている。学力低下論の元になったOECDの国際学習到達度調査（PISA）では考える力が測られているのであり，総合的学習の時間の削減は矛盾していると批判の声も少なくない。要領では時間が削減されるとはいえ，総合的学習の時間の意義が否定されたわけではない。位置づけが明確になり，成功例の例示など，これまで方法論に知識のなかった教師への支援も強化されている。

　さて，ここでいう総合学習は，教育改革における総合的学習の時間よりも古くから実践されてきた流れに位置づくものである。

　その事例として愛知県岡崎市の旧額田町の大雨河小学校での総合学習の実践をとりあげる。大雨河小学校は現在は岡崎に合併している山村部旧額田町にある児童数10数人の小規模校である。そこでは田んぼの学習，お茶づくり学習，炭焼き釜での竹炭づくり，川の学習，水車小屋づくりなど地域社会の協力を得て現在も大変ユニークな教育を行っている（詳細はHP参照。http://www.oklab.ed.jp/oamekawa/）大雨河小学校が総合学習に取り組みはじめたのが1996年であり，その詳細は「ふるさと総合学習（農文協）」[1)]に詳しい。

　子どもたちが活き活きと，興味を次から次へと展開し，郷土の生活と環境の関連を体験的に解き明している様が感動的につづられている書物である。たいがいの書かれたものは実際よりも美化される脚色が働くが，この学校を実際にたずねるとその書物にはいい表せない本物の感動的なドラマが展開されていることを知る。生徒数10数人というこんな小さな学校で行われている「ほんもの」，それは人と人との関係であり，人と環境との関係，そこに本題の田園で

学ぶ効果の核心があるのではないだろうか，と感じたのがこの事例をとりあげた理由である。

　大雨河小学校の実践の概要は前述の文献に紹介されているので，ここでは，このような活気あふれるふるさと総合学習が地域の振興，持続可能性にどう寄与しうるかという方向性を探る。ともすれば小規模校は統廃合の対象とされ，村の人たちが通った学校が廃校となることはさらに村の衰退の契機ともなりかねない。学校建設に国の補助が導入されたのは1947年からということを考えても，山間部では村人自ら学校をつくった村の学校である。限界集落などという言葉で形容される山間部の地域活性化を再び，学校を中心にできないか，総合学習にそういう可能性がないかという点を探るのがここでの主旨である。筆者がそのような意図で現地を訪問したのは2001～2002年の時である。対応していただいた当時の担当主任の荻野嘉美教諭はそんなことは今まで考えていなかったというが，後述するログハウス公園づくりの子どもたちのプロジェクトは今までの地域の協力者以上に地域あげての取り組みとなり，まさに総合学習が地域振興へ向かう契機となるかのような時期と重なった。

　旧額田町での総合学習は大雨河小学校が始めではない。より歴史は古く1967年に始まった豊富小学校での自主学習の実践からであり，それは「総合的学習の時間」という最近の流れとは異なる，大正時代の合科学習の流れを組むものである。まずはその総合学習のルーツから本題の田園での学びの視点をふりかえる。

❶　総合学習のルーツにみる田園での学び

　総合学習のルーツはわが国においては飛鳥山遠足の実践で知られる樋口勘次郎が1896（明治29）年に行った合科的な学習とされる。それは進歩主義教育運動のパーカー（Fransis W.Parker, 1837-1902）の影響を受けたものである[2]。パーカーの流れはシカゴ大学付属小学校で実験室学校を1896年に始めたジョン・デューイ（John Dewey, 1859-1952）によって理論化され，それは日本の大正デモクラシー時代の自由教育運動へと大きな影響を与えた。明石女子師範附属小学校の及川平治の「分団式動的教育法」や千葉師範附属小学校の手塚岸衛の「自由教育論」，奈良女子高等師範附属小学校の木下竹次の「合科学習法」などがある。また1917（大正6）年に開校した成城小学校など，自由教育運動の流れをリードする私立小学校が開設されてきた（成城小学校はその後，柳田国男らと教科書を編纂するにいたる）。

　また当時の文学における武者小路実篤・志賀直哉・有島武郎など白樺派の運動は文学にとどまらず理想社会の実現を目指し（後に武者小路実篤は理想郷を九州に求め「新しき村」を建設する），個性と人格の完成を目指した教育とその舞台となる地域を田園部に求めて長野県を中

心に実践されてきた。それはまた芸術と教育をおりまぜた芸術教育運動として，雑誌『赤い鳥』を主宰した鈴木三重吉の童話や北原白秋による童謡，山本鼎の児童絵などに展開し，全国に波及していく[3]。自然の中での身体的体験に基づく子どもの観察力や表現力を尊重した新しい教育は，自然環境と生活が密接につながった田園の教育力を活かした総合学習の方法であったといえよう。

信州で児童自由画と農民美術を興した山本鼎は次のようにいう。

「教師も生徒も，美術品や印刷物をすてて自然へ向かった。あらゆる美術の源泉となり，常に無限な資料を展開して居る，態と彩と，組織の沃野に向かった。それは不思議にも図案の処女地であるが，其処に造形美術の真の耕作があるのだ」，「見本を与へて子供に真似させるよりは，自由に『自然』へ放牧して，彼等に産ませねばいけません。其方が大人にとっても興味ある事だし，子供にとっては有意義です。児童等は，『自然』との間に直接に画を産みながらひとりでに美を味解してゆくでせう。美とはさういふ性質のものです。」[6] この言葉のように，美意識を育む素材の宝庫としての田園の環境をみる視線は，当時の状況を考えれば，きわめて斬新であり，現在，われわれが田園の環境の教育力に着目する視点としても今でも輝きを放つものである。

❷ 旧額田町地区における総合学習の系譜

旧額田町地区は愛知県の東側奥三河地区にあたり，岡崎市中心部の北東，豊橋市の北西に位置し，総面積 16 027 ha のうち 13 773 ha が森林面積を占める山村である。人口 9 633 人，世帯数 2 623 人（2000 年 10 月 1 日当時）。地区の人口は 1980 年が 8 871 人であり地区全体として過疎化が進行しているわけではない。1993 年には 9 750 人のピークとなっている。これは本宿に近い，中心部に工業団地や住宅地の開発があったためであり，南西部の都市寄りの地区の人口増の陰に奥の谷あいの集落の人口は減少している。

かつての基幹産業の農林業の衰退は著しく，工業と最近は第三次産業へとの変化の中で，林業を中心としていた奥地の集落は少子高齢化の進行と産業経済の振興が課題となっている。

旧額田町地区で総合学習が始まったのは 1967 年のことである。豊富小学校での「自主学習への過程」の研究に端を発する[7]。前述の大正時代に奈良女子高等師範附属小学校の木下竹次によって展開された「合科学習法」の流れを組む名古屋大学教育学部の重松鷹泰教授の指導のもとで行われた。この時に合科学習から自主学習という名称が用いられているのは，自由教育

第3部　田園環境教育のかたち

の流れにある課題（合科としての単元）中心主義と児童中心主義の二つの根本原理のうちの後者がより重視された発展形態といえるのか，その点は定かでないが，いずれにしろこの二つの根本原理は不可分の関係にて，その両輪の動かし方の教育方法の発展が額田町で繰り広げられ，全国に情報発信したことは特筆するべきことである。豊富小学校での実践は，額田町の教育の特質の基底をなし，ここで学び合った教師が額田町の他の学校でそれぞれに特色ある教育実践を展開していくことになる。宮崎小学校の「地域教材と日常的な事例の展開」（日比裕・三枝先生指導）愛鳥教育，ついで鳥川小学校の絵本づくりを軸とした総合的・合科的な実践，ホタルの保護活動，1989年からの形埜小学校の総合的な学習の実践，1996年度からの大雨河小学校のふるさと総合学習の実践，額田中学校の総合「土曜講座」の実践等々につながる[8]。

　この豊富小学校に1977年に新米教師として赴任した荻野嘉美氏は後に大雨河小学校でのふるさと総合学習を担う優れた実践教師となっているが，当初の失敗を重ねる新米教師がどのように豊富小学校の授業研究で鍛えられたかを綴っている[9]。授業の記録をとり，子どもの発言の背景にある生活意識をさぐり，教師の出方の善し悪しを検討しあうという，自分の授業の仕方をまな板にのせて，先輩教師からも批判的にいわれながら切磋琢磨してつくりあげる教育方法は，現在の大雨河小学校にも活かされている。

　筆者自身が大雨河小学校を訪ねた時に教師が子どもの発言や行動の背後の心の動きを読むことに長けている点にさすが教育のプロと強く感動した覚えがある。しかし全国どこでも教師となる者がそういう資質をもっていると思うのは錯覚であり，実はこのような鍛錬の中でつくり上げた専門性の高いものであるということがしだいにわかってきた。子どもの発話や行動の背景の心の動き，心の成長を見守る児童中心主義の教育方法というものは，全国で画一的に進められた指導要領の教科中心主義の教育方法とはまったく異なる。この後者の教育方法が詰め込み教育と批判され，総合的学習の時間の導入となったが，また揺り戻しの「学力低下」を危惧してのゆとり教育批判が出てきた。そのため，この旧額田町地区で行われてきた実践を特殊化するのではなく，普遍化した真理を抽出し，各現場での実践と内省を繰り返していくこと，および旧額田町地区でみるような学校の教師のチームワーク，地域との連携に学校を開いていくことが重要となってくる。

　荻野氏は次のようにいう。

　「豊富小での13年間を振り返るとき，自分の授業研究のテーマは，一つは地域に根ざす自主的な教材の発掘であり，もう一つは子どもとともに学ぶ体当たりの学習活動の展開であったといえる」

豊富小での実践の中で荻野氏は「江戸時代の農民」をテーマに子どもたちと取り組んだ経緯を述べている。額田町に残る総延長 60 km に及ぶ石垣で，田畑をイノシシやシカの害から守るために先人が築いた猪垣，用水開発，百姓一揆などをとりあげた。子どもたちは用水を周り，古老から話を聞き，絵や作文にまとめ，最後には創作劇として地域の人々の前で上演した。その他，牧場でのミニコンサートの開催など受け手の住民を意識したプレゼンテーションを目標に子どもたちが向かい，成し遂げる達成感は前述のアートの総合性を生かした教育方法でもある[10]。

❸ 大雨河小学校におけるふるさと総合学習の展開の概要

2002年3月2日（土曜日），大雨河小学校の校庭にてログハウスの竣工式が行われた。このログハウスは5，6年生の総合学習でつくられたものである。8畳ほどの広さと，ロフトまでつく本格的なログハウスである。総合学習でログハウスを子どもがつくるなどというのは他に例がないであろう。確かに子どもだけでできるわけではなく，相当の地域の協力無くしてできるわけではない。

図-3.4.1 竣工式にて

このような地域の連携が生まれるまでにはやはりそれ相応のプロセスが必要であった。

大雨河とは大代，雨山，河原の3集落の頭文字をつなげた名称である。全校で児童数13人（2001年4月～2002年3月），2000年は18人，1997年には30人であった。林業地帯の山間の集落に押し寄せる過疎化の気配は児童数に表れている。しかし，子どもの数に関係なく，大雨河小学校の総合学習は創意工夫が積み重ねられている。

大雨河小学校の総合学習は子どもたち自身のやりたい事から発し，疑問が出てくるとその追求と発見が展開し，さらに次なる疑問へと連鎖的に進む，子ども主体の学習プロセスを経る。だからといって教師は楽かというと，逆であり，子どものやりたい事と現実との間に悩み，そのゴーサインを出すかどうかは本人の責任にかかるうえに，先の読みと下準備に力腕がかかる。

当然，教師一人で行えることには限りがあり，地域にかかわり深いことゆえに，地域からの協力者なくして大きなことはできない。しかし，地域からの協力が簡単に得られないのも事実である。大雨河小学校でこれだけのことができるのも，その6年間の総合学習の下地があるからともいえる。

大雨河小学校のふるさと総合学習の展開を分けると，次の3段階に分けてみることができる。

第1段階　対象そのものへの関心
第2段階　対象と技術，人とのつながりへの関心
第3段階　対象と生業，歴史，地域，社会への関心

第1段階は何をやりたいかテーマ出しであるが，対象を身のまわりから，自分たちの経験から，そして今日のように先輩の営みをみてからイメージを描いている。しかし生徒それぞれやりたいことが異なり，一致したテーマになるまでの合意形成のプロセスがある。とくに高学年になるほど，互いの自己主張も強くなり，議論は白熱する。相手を説得するまでの根拠が求められるのであり，それだけ問題意識の強弱が響いてくる。そのためには経験から導き出す具体性と論理性が求められる。大学の卒業研究と同じようなテーマ設定の生みの苦しみがある。しかしこのプロセスを経て対象を自分の問題として自覚するようになると主体性が導き出されてくる。そういった過程がテーマを決めるまでの子どもたちのやりとりの記録[11]から見出せる。

しかし，子どもたちがやりたいテーマですぐにゴーというわけには行かない。第一に教師には子どもたちがやりたいテーマと教科との関係の教育的位置付けの見通しが求められる。何でも子どもの興味のままというわけに行かない。子どもたちの興味から学習の見通しを立てることは経験にも左右されるが経験のみでは判断できない点が難しい。プロセス自体が産み出すもの，プロセスの中で発見，つながりが生まれることもあるからである。教師の方法論の変化は次の言葉に表れている。

「はじめはたしかに教科の枠で，社会科や生活科で取り組んで来ました。やっぱりそういった枠でみていくと，こちらの教えたいことがあって，それを子どもが興味深く学習していくにはどうしたらいいんだろうとなってしまうんですね。それが二年目，三年目になると……だから教科から考えていくんじゃなくて，子どもたちがほんとうにやりたいことは何だろうというところから始まっていって……子どもたちの内面的な成長をみていくんだというところから，子どもたちのやりたいことをどんどんつないでいくと，総合的にいろんな教科がからんでくるということが，研究の足跡じゃないかなあと私たちはとらえています」[12]。

また第2には子どもたちの本当のやる気を測る必要がある。とくに低学年の場合にそうであるが，子どもたちが本当にやりたいことを自覚していない場合がある。思いつきとか軽い思いの場合に問いを発しながら，子どもたちが考えを整理するサポートをしていく。

　第3には時間と労力を測りながらの可能性の見通しである。技術的な問題もあろう。この点が教師一人だけで判断できないことであり，教師の連携や地域との連携によるキャパシティで決まってくる。生徒が炭焼き窯づくりをテーマに選んだ時に赴任したばかりの教師が不安を感じるが同僚の他の教師から励まされて踏み出した経緯がある。結果は地域の協力者に助けられながら，最後に炭焼き窯を完成させる。その充実感は生徒のみならず教師や地域の人も感じることになる。この赴任したての教師は次のように告白している。

　「しかし今，子どもたちとともに進んできた道程を振り返ってみると，知らなかったからこそここまでやってこれた，子どもたちとともに歩んでこれたと感じている。つまり，赤土の炭焼き窯をつくるすべてを知っていたら，それに要する時間や費用その他いろいろなことを考えてしまい，はじめからドラム缶の炭焼き程度でお茶を濁していたように思う。とくに6人の子どもたちの赤土の本格的な炭焼き窯に対するこだわり，『反対されてもいいからつくりたい』，『このままで終わりたくない』と日記に記した子どもたちの思いが，私自身をやる気にさせ，動かしてくれたように思う。そして窯づくりを通して，私自身も「大雨河」という地域を知り，そこに生きてきた人の力強さをみることができた」[13]。

　この新米教諭が知ることができた「地域」というのはすでに第2段階の対象を通しての地域の人とのつながり，技術といった内容であり，また背景としての第3段階の地域の生業や歴史というような大きな懐としての地域をも意味する。そのことは子どもたちがドラム缶でお茶を濁すような対象ではなく，本物を対象に選んで取り組んできたからこそ会得するものであろう。

　そのことを如実に示すエピソードが池づくりである。

　これは1997年に着任したばかりの荻野教諭が受けもった4年生での総合学習の展開である。着任の挨拶で川での遊びの体験を話し，そして子どもたちと川で魚すきに興じた。ハヤ，ノメなどの他，通称「みこちん（アカザ）」という子どもたちには初めて知って驚く魚もいて，水槽にあふれるほどの魚をすいて飼育を始めた。そのことから荻野先生は川や魚をテーマにしていこうと考える。しかし子どもたちは水槽の中で白点病で死ぬ魚をみて「もっと広い自然の池をつくりたい」といい出した。

　教師は迷ったが校長のアドバイスで踏み出した。そして子どもたちは池の設計図を描いて全

校生徒にも意見を求めた。「はたして掘って水を引いても水がしみこんでしまう」と上級生からもっともな意見も出る。子どもたちはやってみないとわからないと池を掘り出した。長いホースをもってきて水路につなぎ，お父さんがこうやっていたとホースに口をあてて水を吸い出すが，勢いあまり水を口に飲み込んだりして，サイフォンの原理を体感していく。案の定，水はしみ込んでしまった。

さてそこでどうするかという話し合いの中で「ビニールシートを張ろう」という提案が出た。しかし，子どもたちは「コンクリートの池の魚が死んでしまった」，「ビニールシートでも害があるのでは」，「人工の池はいやだ」，「自然に近づけた方がいい」と，こだわりを示す。そういう中で子どもたちは，「田んぼでもコンクリートなんか使わんで泥だけでできている」，「田んぼが鍵をにぎっているのではないか」と身のまわりの関連に結びつけて解を見いだしていった。そして最終的に赤土を突き固めて行う方法を地域の林業家で炭焼き名人といわれるJ氏から教わった。この伝統的な方法「千本づき」の木も提供してもらい，子どもたちは道具づくり，それから赤土探しに地域探検などの行程をこなして，池も完成近くなった時である。水をどこから供給するかというのが課題となった。

近い水路の所有者がこれまでも協力してくれた農家のH氏であったから，簡単に承諾を得るだろうと思っていた。しかし水路を引くことを頼んだら断られたので子どもたちも驚いた。子どもたちはその交渉で，農家が苦労して水を引いた経緯，今でも夏は水が少ない時もあるという現在の農家の状況を知るにいたった。ようやく，子どもたちは離れた所に田の余り水をもらい受けることによってその困難を乗り切った。そして遠くからの水を引っ張るのは実験で行ったサイフォンの原理の応用で成功する[14]。この池づくりの過程は，ふるさと総合学習の真骨頂ともいうべき，田園のもつ教育力が示されている。

このように子どもたちは「ほんもの」へのこだわりから，地域の人や技術とのつながり，そして地域の生業や歴史とのかかわりへ視野を自然と広げていく。これは生活体験から身につけたことがら，また調べ学習で得た地域の人の言説，他の総合学習で体験した内容でなどさまざまな情報が，子どもたちの対話の中で想起されて，解決のヒントを見いだしていく。教師は子どものこの内面の成長を見守る立場にあるが，自身の出方についての判断はたぶんに常に迷いながらの緊張が取れないものであると推察される。

それはたぶんに教師一人で抱え込むには限界があり，教師が地域にどれだけ開いているか，また逆に地域の環境（物的環境のみならず社会的環境も含めて）における田園のもつ教育力がどれだけ，子どもたちや学校に開いて作用するかによっても変わってくるであろう。

そういう意味で大雨河の総合学習のプログラムは別な言葉でいえば「開かれたプロセス」[15]といえる。当然，教師と生徒とでは得ている情報の差がある。総合学習の対象テーマに対する追究において，地域での情報に時に子どもが教師よりも優位な情報をもっている場合もある（親や祖父母の知恵を見聞きしている場合や，遊びの中で知っていることがらなど）。「わからなかったら子どもに聞け」という原理が通るのも大雨河にはそういう開かれた田園の教育力が現存するからでもある。

❹ 大雨河小学校のふるさと総合学習にみる地域住民のかかわりと地域振興への可能性

大雨河の総合学習が「開かれたプロセス」といったが，それが地域の振興策にまで発展しうるのかどうかが，ここでの本題である。

池づくりや炭焼き窯づくりなど，大雨河小学校の「ふるさと学習」を支える強力な地域の協力者がいる。それは書物『ふるさと総合学習』にも登場する人物たちである。

「米づくりの先生」といわれるＨ氏。「うちのおばあちゃんは野菜づくりがうまい」と孫に紹介されて学校の協力者となった「野菜づくりの先生」といわれるＳさん。「せっけんづくりや環境教育の先生」というような地域の女性たちによる生活からの環境保全活動のリーダーであるＮさん。「しいたけづくりの先生」のＨさん。そして「炭焼きの先生」以外にも「困ったときの○○先生」とあらゆる場面で頼りになっているＪ氏など，地域に総合学習を支えるパートナー（第三の先生とも表現される）がいる。

この地域の協力者の人たちに話を聞いた。このヒアリングを通じてみると，各人は最初は学校への協力という形でかかわっていたが，しだいにそのかかわりが自身の生きがいにつながってきていることがわかる。話が自分の子どもや孫のみでなく，自身の子ども時代の体験などへも展開していった。

生きがいといってしまえば簡単だが，次世代の子どもらへわかりやすく伝えるために，個人の歴史を振り返ったり，地域を見回してみたりと，自身を対象化する過程の中に巻き込み，探究する生き甲斐を見いだしていく。これはむらづくりの基本である。

「『おばあさん，（育てた野菜が駄目になりかけていたのを）直してくれてありがとう』といってくれた子どもの顔が忘れられんで……子どもっちゅうのは自分がやろうと思ったことを脇見

第3部　田園環境教育のかたち

みないで進む……毎朝学校に入ると野菜に挨拶するようになった。そして子どもから『なんで大豆に白い毛？』,『きゅうりの毛もトゲトゲなのは？』など野菜を観察しての問いが出て,『虫に食べられないため』『自分の身体を守るため』などと知っていく……今のお母さん,野菜づくりも知らないで子どもに負けるわ」(Sさんのヒアリングより)

　種籾を買い,苗を育てるところから米づくりを行うHさんは,「(苗から)家で育てた方がウチの米だという感じがする」というようなこだわりをもち,それが子どもたちの心をとらえる。「田んぼには米の顔をみにいく」というような比喩は先の野菜に挨拶をすると同様に自然観察の精神や農の営みの魂を伝えることとなっている。そのHさんも子ども期の記憶を語りだした。

「水準器を田んぼをつくるとき,子どもの時にみた。畦の高さを水平にするために使う。おやじさんから教わった。計測の手伝いは子どもが目がいいので出番があった。『一人じゃできん。子どもが一番いいんじゃ』とな」(Hさんのヒアリングより)

　親の手伝いの田の体験が今の米づくりのこだわりや学校とのかかわりに影響していることを推察される。

　このような地域の協力者がもっている子ども期の原体験を今の子どもたちに伝えようとしている働きが随所にみられる。これを大雨河では「たましいのリレー」という。総合学習からではなく,もともと林業の営為で行われてきたことである。そのことが話題になったのは炭焼き窯づくりへ行く前の林業を単元とした時に,子どもたちが「もうからないのにどうして林業をするのか」といった素朴な問いを発し,その林業家である父親から「林業は,息の長い仕事で,親から子へ,子から孫へと『山を愛する』というたましいのリレーがなければできない仕事だと思う」という手紙を受け取ったことに起因する[16]。子どもたちはこの言葉の意味を掘り下げていった。それはまた献身的に総合学習の協力をするJさんとのかかわりを通してさらに子どもたちが学んでいくことでもある。

　当のJさんの思いはどうかというと,次のようなヒアリングでの語りがあるので紹介したい。

「人間には言葉をかけよ,と親から教わった。小さいうちから火鉢話で。昔はどうで,何はどうであったとか。うるさいなという感じをもつがそういうことをやってくれていた。肥やしだもんでいつかは効いてくる。あそこの人はどういうことした,あそこの木はいつ頃植えた,あそこの山はいつ切ったなど」

「池，古墳，炭窯，つくったものと先生の顔，自分の自信が交差して何かに役だっていくのではないかと思う。子どもには無言ではいかん。言葉を載せてやる。ようやった。ようがんばったな，やれるではないか，と。言葉をのせて子どもの腹の中に入れてやると子どもっつうのはほめられた，『自信がついた』と言葉にださんでもおとなになるにどえらい自信がつく。自分が親になったときも子どもにそう言葉をのせてやるのでは」（2001 年 3 月，J さんへのヒアリングより）

ここにも林業家であり木の切り出しや炭焼きなどあらゆる技術に秀でる J さんがその精神や技術を学んだ親から，今の子どもたちへ伝えたいという「たましいのリレー」の根幹が表れている。

この子どもたちへのたましいのリレーのバトンの渡し方も手取り足取りではなく，待ちの姿勢であるところが，大雨河小の教師との一致点がみられる。

「炭焼き窯や池づくり，古墳づくりなど，子どもさんより先に手を出したことない。子どもさんがやって困ったりした時に，こういう時どうするとか，子どもが聞くようになったらやってやる」

「子ども小さい時からやっていることが力になる。物見やぐらづくりでは丸太を切ってきておいた。一つやると自信がつく。なんでも自分の仕事が一つ成功したっということなる。やりゃあやれるんだなという気力に，自信につながる。物見やぐらや池をつくったというのは，東京や名古屋に出ても，こういうことをしたという話をだれかれでもしてほしい。ふるさとわすれてはならないよ」（J さんのヒアリングより）

この言葉に表れているように J さんも子どもたちがいずれは地域を出ていくことを覚悟している面もある。自身がかかわる総合学習が地域振興への展開にならないかという質問に対して，J さん自身はいろいろ構想をもつが，なかなか地域が一丸となって動き出すには合意形成の難しさを示唆する。

「今の親は聞く耳がない。世の中変えるのは子どもさんではないか。興味があって，いろいろなものをみさせてもらって，自分そのものが関心をもって，何であの人はこんな仕事をするかとか……部落というか地域がそういう風になるには……これから育っていく子どもさんがそういう風になってくれるといいな」

と，それだけ次世代への期待も強く，それが J さんが総合学習にかかわる原動力となってい

るようだ。

　これまで大雨河の総合学習への協力者は以上のように技術と経験をもつ特定の人に集中していた経緯があった。しかし1999年度の古墳づくりから徐々に協力者が地域に広がってきた変化がみられる。それが2001年度のログハウスづくりのプロジェクトで保護者の主体的なかかわりが本格化した。

　ログハウスの発想は，生徒がいいだしたことに始まる。6年生の卒業制作としての意味合いから，ツリーハウスなど過去の先輩たちの成果のイメージや，物見やぐらづくりの経験などの影響も推察される。町の振興策のログハウスづくりとは偶然の一致のようである。

　しかし，いきなりログハウスに決まったわけではない。テーマを決めるにあたっては生徒の中にはログハウス派と「はにわ園」，「石像」を主張する者もいて，合意形成に時間がかかっている。2回目の話し合いではログハウス派が5：2で勝っていたが，3回目の話し合いでは逆転して，はにわ園派が優勢となっている。はにわ園を主張するSさんには「公園をつくって人を呼びたい」という思いが強かった。

　1学期の間はテーマが決まらず，森林組合の見学と椅子づくりで終わった。2学期の初めに，たまたまログハウスづくりの現場を見学したことから，子どもたちはログハウスづくりに傾いていったのが経緯である。ログハウスに囲炉裏を置き，またロフトを設ける発想もこのときの体験が効いている。その現場で子どもたちに囲炉裏端で鹿肉入りカレーを食べさせてくれたAさんの魅力も影響していたと思われる。結果，子どもたちは「ログハウス公園」というコンセプトに一致点を見いだしていった。公園に固執したSさんは，メディアにとりあげられて人が来るようにということ，および地域の人が公園のように気軽に来られるといいという両方の思いを綴り，公園という名称をつけることで，ログハウスが単に自分たちだけの物ではなく外に開放された物として意識していることがわかる。子どもたちなりに地域の振興を考えているのである。

　おりしも旧額田町が「夢を広げる学校づくり」事業を開始し，それに応募して，100万円の補助金を得ることとなっていた（2001年6月20日決定）。学校としては，これまでの総合学習の協力者に加えて，学区の公職者を含めて「夢を広げる学校づくり実行委員会」を立ち上げた。この大人たちからもログハウスについては「子どもでは難しい」，「地区にあまり負担にならないように」という意見も出ていた。しかし，子どもたちがやりたいといい出したら，それで動き出すのが大雨河である。

PTA会長，副会長が子どもたちの親でもあり，また大工仕事には長けていて，ログハウスづくりには積極的に取り組んだ。母親たちはそれほど積極的ではなく，前例から子どもたちの帰りが遅くなるのを心配していた。また実行委員会の公職者たちも「地区の負担にならないように」と学校への協力の枠内での対応であった。

 それが最終的には地区全体の盛り上がりをみせるにいたる。木出し，皮むき，丸太磨き，基礎工事，ウッドデッキ作業など親子で汗を流す場面が多かった。また工務店，職人の献身的な働きがある。子どもたちはその職人技を実地で学ぶ機会を得た。屋根工事を材料費だけでやってくれた地域の職人さんがいた。「わしらも屋根工事とかやらせてもらったけど，保護者の人たちが一生懸命になってやっておるもんで。ほいじゃあってやらせてもらっただよ」と，空気の伝染のように協力者の輪が広がった。子どもたちも屋根にのぼって工事を手伝った。「子どもには無理だし，やめた方がいい」といっていた区長も大工の現場監督や基礎工事，ユンボ作業の手伝いを行った。1月19日の建前には総勢70名が参加し，もち投げと棟上式を行った。

 これまで総合学習において地域の先生として多大な貢献をしてきているJさんは樹齢160年以上もの松の一枚板でつくった囲炉裏を寄付した。

 このように，ログハウスづくりは地域から多くの参加と協力を得て実現し，総合学習から地域づくりへ広がる幕開けをも予感させるものであった。

 このような地域との関係を広げてこられた点を，教務主任の荻野氏が「クラス担任をもたず，それに専念できたから」と，ある時につぶやいた。この言葉が気になり，後に荻野氏に聞いたところ，次のような回答を得た。

図-3.4.2 PTAはじめ地域の関わりの深さはこのような場面にも表れている

 「どういう方向で，子どもの願いを実現していくのか，話を進めていく中で，地域の人や保護者の方と話をつめていく必要性が自分の中に自覚されてきました。いわゆるコーディネーターとしての役割だなあと今考える思えること」。

以上のようなコーディネートの役割を，地域側でももつべきか，または学校側でもつべきかは，議論になるところであろう。荻野氏がいうようにたまたま担任をもたないから可能であったコーディネート作業について，普通一般に担任の教師にそういったことまで期待することはできないのは事実である。しかし地域側でも，地域の人間関係の思惑が働く中にいる者がコーディネートを行うには限界がある。すると行政のまちづくりセクションや外部からの専門家派遣も考えられるだろうし，NPOなどの中間組織が地域（広域でもよい）で立ち上がってその役割を担うことも考えられる。

❺ 結 び

以上のように大雨河の事例をみると，ふるさと総合学習の活動には田園のもつ教育力が存分に発揮されているといえる。それはたましいのリレーというように世代を越えて伝えられる教育である。総合学習への地域の協力者はそういう自己を対象化してみる機会をこのプロセスから得る。それは自身と子どもたちを介して地域を対象化し，過去，現在，未来のパースペクティブを描く機会をも与えてくれる。

村おこしの営みでは地域資源の活用がいわれてきた。農村の自然環境の豊かさ，伝統文化の営み，生活の技術など地域の資源は豊富に存在する。また一方に資源は加工して有用に使われなければ資源でないという見方があり，そういう面からすると，にわか特産品やリゾート施設づくりに邁進した村おこしの活動が，曲がり角に来ているのも事実である。都市・農村交流，グリーンツーリズムもそういう一過性のもので終わりうる危なかしさから抜け切れているわけではない。

子どもはタカラとは古来の人の認識であった。それは生産の労働力としての意味もあったかも知れないが，子どもを単にその家族だけのタカラではなく地域のタカラとして認識していたことは柳田国男や宮本常一ら民俗学者の言説を紹介するまでもなく，今の高齢者世代が身体で理解している事である。大雨河小学校での実践にみるようなふるさと総合学習は，今は忘れてしまったその感覚を地域の中で再び広げて行くプロセスといえる。危惧するのは，市町村合併を経て，学校もそのような合併の対象となり，このような心のヒダに響くたましいのリレーのようなやりとりも省みられず，効率化の全国的基準に合わせようとする波が押し寄せないかという点である。そのためにもふるさと総合学習から地域づくりへという，地域一丸となって将来の方向を描き，世代間を超えてたましいのリレーが繰り広げられることを祈るばかりである。

◎ 補 注

1) 大雨河小学校・石川英志：ふるさと総合学習——小さな学校の大きな冒険, 農文協 (1999)
2) 一説によると合科の言葉はパーカーが導入したヘルベルトやフレーベルのドイツ語 Gesamtunterricht, 単元 Uniheit から由来するという
3) 鈴木三重吉から国分一太郎などへの「綴り方」学習の系譜は 1 編「田園環境の教育力」を参照
4) E.Adams & I.Kinoshita：Machi-Work, Fudo-sha (2000)
5) 夏目漱石の小説「三四郎」にジョン・ラスキンが登場するように，明治末から大正にかけて日本の文芸や美術界にジョン・ラスキンの与えた影響は大きく，湖水地方の風景画のターナーを見い出したり，ナショナルトラスト運動のオクタヴィア・ヒル女史を支援したり，そしてハワードの田園都市運動への影響など，現在の農村振興におけるグリーンツーリズムや農村の教育力を考えるために，ラスキンはもっと評価されてしかるべきと考えるが，ここでは本題からずれるので詳細を省く．芸術のための芸術を否定し，理想社会の実現をめざし，競争原理と利潤追求に狂奔する資本主義社会に反対し，「生なくして富は存在しない」と主張したラスキンの考え方は「生きる力」を育む総合的学習の時間における，美術（芸術）のありかたも含めて大いに参考になるものである
6) 山本鼎：覚書き，日本に於ける自由画教育運動，山本鼎記念館資料
7) 豊富小学校での教育の実践は，人間教育双書の第一巻「板書する子どもたち」（明治図書）として昭和 49 年に刊行されている
8) 大雨河小学校教務主任荻野嘉美氏への問い合わせに対する文書の回答による
9) 荻野嘉美（将積茂・霜田一敏 編）：学校での授業研究から学んで，教育実践学入門，朝倉書店 より
10) 荻野嘉美　前掲 9)
11) 荻野嘉美氏の教育実践ノートおよび子どもたちの作文，石川英志氏の資料より
12) 石川英志氏が山口教諭の発言を紹介している．前掲 1)，p.219
13) 前掲 1)，p.165
14) 詳細は前掲 1)
15) 大雨河小学校の実践を観察している岐阜大学教育学部の石川英志氏や荻野嘉美教諭は「外と内に開かれた学校づくりと総合学習」と分析する．石川・荻野他：総合学習における教師と子どもの人間形成の過程，岐阜大学教科教育学研究第 6 巻，p.43（1998）；石川英志：教育方法特論，p.93 より
16) 前掲 1)，p.140
17) 西田幾多郎：善の研究，岩波文庫，p.16（1910）

第4部

自然豊かな学校空間

4.1 校庭の計画と環境教育

❶ 校庭・園庭の面積と環境教育

小中学校での環境教育実践の場をどこに求めるかがひとつの大きな課題となっている。

もっとも身近な校庭にビオトープ（生物の生息空間）をつくり，環境教育の場とする事例が増えてきたが，校庭の一隅に限定され，短期間で放置されるものも見受けられる。校庭は身近で，まとまった広い面積を有していて，環境教育の大切な場として「校庭づくり」を積極的に進めている学校も少なくない。

ここでは，屋外における環境教育のためのひとつの場として，小学校の校庭・運動場に注目し，その広さ・面積に焦点を絞って，どのような背景と位置づけのもとに規定されてきたかという変遷過程を追ってみよう。時には小学校と関連してきた幼稚園の園庭・運動場の面積基準についても併せて考えることとする。

• 総合的な学習の時間と環境教育 •

小中学校の教育と生活現場に大きな影響を与える学習指導要領の改訂案が 2008 年 3 月に公示され，幼稚園，小学校，中学校で 09 年度以降順次全面的に実施される。そこでは，改定された教育基本法を踏まえた教育内容，言語活動や理数教育などの授業時間数増や道徳教育，体育の充実などが盛られている。

一方 2002 年度の改定で，自から学び自から考える力などの「生きる力」の育成をめざして，初めて導入された「総合的な学習の時間」は，年間の授業時間数は減少するものの継続され

る。小学校3, 4年生で105時間, 5, 6年生で110時間が, 改定案ではいずれも70時間となり, 週1時間削減される。1, 2年生では, 社会科や理科などを総合した科目「生活」がそれぞれ102, 105時数で変わらない。この総合的な学習の時間は「地域や学校, 児童の実態等に応じて, 教科等の枠を超えた横断的・総合的な学習, 探求的な学習, 児童の興味・関心等に基づく学習など創意工夫を生かし」,「グループ活動や異年齢集団による学習などの多様な学習形態」などによって,「例えば国際理解, 情報, 環境, 福祉・健康など」について「自然体験や……社会体験, ものづくり, 生産活動などの体験活動, 観察・実験, 見学や調査, 発表や討論などの学習活動を積極的に取り入れること」とされている。学習目標や内容について, 一律に設定されてなく（教科書が与えられてない）学校独自で定めることとしている。

ところで, この科目の導入の背景, あるいは本質は, 地球上の社会の仕組みを統べる持続可能な社会の構築にある。それは1992年リオデジャネイロで開かれた「環境と開発に関する国連会議」で提起された理念が, 地球環境に対する世界中の取り組みに向けた共通の認識になったことによる。地球温暖化抑止のための炭酸ガス排出量の削減は, 人類共通の課題である。

こうした持続可能な社会の構築に向けて, 学習指導要領で例示された4つの分野のなかで「環境」をとりあげた学校も多い。実施内容では, 生活文化学習, 郷土・自然学習, 環境調査, ビオトープ, 海外の地球環境問題等がとりあげられている。

• 校庭と環境教育 •

環境教育にかかわる小学校での屋外空間は, 花壇や畑, 垣根や敷地境界の植栽と運動場などであるが, 近年は学校敷地に近接した校外に空き地や耕地を借用して学校農園としているケースも少なくない。さらに, 学校敷地の中で校舎等の非建ぺい部分である校庭を環境教育の場としてうまく活用している事例も報告されている。学校ビオトープづくりも盛んになってきた。多様な野生の生物が生息できる空間として, 雑木林や草地, 池やせせらぎを指すビオトープをもっとも身近な校庭の一角に小規模な学校ビオトープとして人工的につくり, 学習空間とする取り組みである。知識・教材教育に代わって, 子どもたちが直に触れる自然・環境学習が重視されるようになったことによるのであろう。このような自然観察の空間を学校内に設けると, 日常的に定点観察ができるという点で優れているといえよう。季節を通して観察し, 生物を育成することから, 詩や音楽・絵画・工作あるいは算数や理科・社会などのクロス・カリキュラムを構成することができる。しかし訪問した多くの小学校では, 広い校庭は主として球技や運動会のための平坦な運動場として確保され, 校舎周辺の狭小なスペースが花壇などに利用されている程度にとどまっている。

学校台帳による公立学校の敷地は,「建物敷地,運動場,実験実習地その他」に3分されていて,学校ごとにそれぞれの面積が算出されている。「建物敷地」は教室・管理棟や給食棟,屋内体育館などを含む建物周辺を,そして「運動場用地」は,砂場やブランコ・すべり台などの固定遊具が配されたスペースを含む,多くはまとまった一団の敷地である。後述する小学校運動場面積基準で対象とする区画はこの部分を指している。「実験実習地その他」は小学校敷地には,まず見当たらない。次の章でみる英国では,野生生物の生息域・ハビタットエリアが学校敷地の区分のひとつとされているが,わが国では,例えば学校ビオトープは,「建物敷地」の一部かまたは「運動場」の一部を占めていることになる。

• 小学校の校地と屋外スペース •

[（屋外）体操場]

1872（明治5）年に「学制」が制定されたが,学制当初1873～1875年,開校に当たって校舎を新築したのは開校数の18％に過ぎず,多くは寺院や民家の転用によった。多額の建設費を伴う新築の場合,住民からのきびしい取立てによる「寄付」も少なくなかったが,「学校ができれば,地芝居や秋神楽の舞台にも使用するという面白い条件を付して新築に成功した」などという,地域住民の要求に沿って建設された事例も報告されている。

当初のカリキュラムは,小学校低学年では国語と算数の時間が大半を占め,高学年で地理や化学等の教科が配されていた。しかし,この間,休息や遊戯,体操術の必要性が唱えられ,小学校における屋外スペースについては,学制発布の数年後の早い段階で配慮されるようになる。すなわち,1876（明治9）年「学校ニハ必ス1箇所ノ遊戯場ヲ設ケサルヘカラス但シ其ノ広狭ハ学校ノ大小ニ応シテ適宜ニ之ヲ定ムヘシ」というものである。3年後の教育令で「体操」科目が導入され,1882年の「文部省示諭」で小学校の敷地面積は「校舎其他体操場,遊戯場等ヲ設クルニ足ル……児童一人ニ二坪半ヲ下ラサルヲ可トス但シ児童百人ニ充タサル所ノ敷地は本文ノ比例ヨリ広キヲ要ス」とされた。初めての校地面積の規定である。ここでは,屋外スペースを「体操場,遊戯場」と称している。

屋外スペースの呼称は,明治10年代の県レベルの小学校建築心得等では「遊歩場」,「遊園」,「運動場」など多様であった。しかし,兵式体操が奨励され,「小学校令改正」(1886年)で「体操」を必修科目とし,公式に「体操場」の設置を（特例を除いて）義務付けた。そして1890年の「小学校令」以降の10年間その名称は「体操場」に統一された。

この頃には,地域住民参加の小学校行事である「運動会」が全国的に開催されるようになる。

多くは屋外スペースが狭小なため社寺境内を利用した。

1899（明治32）年の「設備準則改正」において，「体操場」の面積規定が初めて行われ，翌年の「設備規則」で詳細に定められた。すなわち「屋外体操場ハ方形若クハ之ニ類スル形状ニシテ其面積ハ……尋常小学校ニ於テハ児童百人未満ハ百坪以上トシ児童百人以上ハ一人ニ付一坪以上……高等小学校ニ於テハ児童百人未満ハ百五十坪以上トシ児童百人以上ハ尋常小学校ノ教科ヲ修ムル児童一人ニ付キ一坪以上，高等小学校ノ教科ヲ修ムル児童一人ニ付キ一坪半以上ノ割合トス，……」つまり，屋外運動場の形状と面積についての規定で，低学年校で1坪／人，高学年校で1.5坪／人とするものであった。

「設備準則」（「小学校施行規則」1890年）では，「体操場」を「屋外体操場」と「屋内体操場」とに分け，校地については「学校ノ規模ニ適応セル面積」にとどめた。以後二次大戦まで，今日の「運動場」は「屋外体操場」と呼称されてきた。

この「屋外体操場」の面積は，今日の「運動場の面積基準」に比べるときわめて小さい。指標には，前者では児童数当たり面積，今日の規定ではクラス当たり面積を採用している。そこで比較のため，現行基準を児童数当たり面積に換算して，運動場面積を算出してみよう。1クラス40人とすると，児童1人当たり面積は6クラスの場合5.7坪／人，12クラスで4.2坪／人，18クラスで3.6坪／人となり，今日の運動場は当時の屋外体操場面積の数倍となる。

このようにきわめて控えめに規定された面積ではあったが，狭小敷地の小学校では，校地を拡大したり，広い土地を求めて移転した学校も少なくなかった。就学率の向上による校舎の増築や富国強兵策に沿った体育教科の充実と運動会の隆盛，スポーツ活動とりわけ野球の普及にその因があったとみられている。

平坦な屋外体操場と校地全体の面積が拡大していく中で，1913（大正2）年の訓令「学校体操教授要目」で，今日に繋がる固定遊具や砂場が校庭の一隅に設けられるようになったことは特記される。

その後，面積規定は戦中の1943年「国民学校建物」で校地 $12m^2$／人と大幅に増大させたが，屋外体操場はやや減少させて $5m^2$／人を標準とした。

[屋外運動場]

大戦後の学校教育法の下での「（日本建築規格）小学校建物」（1947年）で校地面積は15 m^2/人に拡大された。「屋外体操場」も「屋外運動場」と称されるようになったが、標準の面積は5 m^2/人のまま据え置かれた。

「学校施設指導要領」（1967年）で示された今日の校地、屋外運動場のクラス当たり面積基準は、1956年に文部省管理局教育施設部が作成した校地面積基準案とさほど違わない（表-4.1.1参照）。

表-4.1.1 小学校の校地面積基準案（1956年，上段）と現行基準（下段）

クラス数	校地面積（m^2）	運動場面積（m^2）	児童1人当たり運動場面積（m^2/人）
6	10 100	4 800　（47.6）	13.3
	10 400	4 514　（43.4）	18.8
12	16 400	7 200　（43.9）	10.0
	15 983	6 653　（41.6）	13.9
18	22 100	9 000　（40.7）	8.3
	21 406	8 554　（40.0）	11.9

注）旧案では1クラス60人、現基準では40人として算出。（　）内は校地面積比、%

[学制初期の「遊歩場」]

今日の小学校の屋外運動場は、その名称が遊歩場などから体操場、屋外体操場に統一されつつ変化してきたが、屋外スペースとしての意義・ありようについては、初期の時点で今日に直結するような注目すべき指摘がなされていた。

ひとつは、学制公布直後に出された各県での心得等である。例えば、「山梨県学校建築法ノ概略」（1877（明治10）年）では「第二十五条　遊歩場ハ柵ヲ持テ之ヲ囲繞シ……広サハ生徒百名ニ二百坪ノ割合ニ設ケ土地ヲ平坦ニシテ……樹木ノ点綴及ヒ鞦韆跳躍互高低木馬等ノ運動器械ヲ具フヘキ位置ニ注意スヘシ」としている。つまり、平坦な運動場、校地周辺の樹木、さらに固定遊具とその位置への配慮である。いずれも現状に連なっている。

[学校園]

校庭と環境教育とのかかわりについても、興味深い提案が100年ほども前に出されている。ひとつは「学校園」（1905年）である。

欧米10カ国ほどの現地調査を基に、「わが国の事情を斟酌し以って地方教育当局者の参考に資せんが為」に文部省普通学務局編として刊行された。そこでは、「学校園は自然科（Nature study）の一部にして学校教育に自然（Nature）を連結し又公徳心を養成する等の点に於いて社会を連結し而して学校教育に一段の活気付与するもの」で，「単に教室内に於ける教授のみにては……教授の効果を挙くることを得す然るに学校園に於いて……児童は該科に対して大なる興味を有するに至る」としている。そして，具体的な面積や栽培植物の種類，器具や学校園手帳，生産物の活用方法，施行上の注意など細部にわたって記している。学校園面積については，細かに検討し，結論として「都会の学校園は……運動場の余地，墻垣の周囲，教室並に児童の娯楽室等を巧みに利用するの外」ないが，「田舎の学校園は欧米に於けるか如く約一反歩内外」から100坪，50坪あるいは校庭周囲に限定されるものもあろうとしている。「施行上の注意」では，「学校園の目的を達せんとするには先ず第一に学校と家庭との連絡を図ること」とし，「社会の出来事，周囲の事情」など地域社会とのかかわりを重視している。

　注目すべきもうひとつは，この「学校園」のあとに紹介されている「東京高等師範学校付属小学校に於ける研究事項」での「小学校に於ける学校園」（1906年）である。これは理科や地理・国語・図画・手工などの「諸学科教授法の改良運動に促かされたる結果」，児童の「意思の陶冶，独立自為の精神を養う」などの場として，いわば実習農園的な学校園について，「意義，種類および内容，経営，利用」を詳細に述べ，「設計図」をも示したものである。村落小学校，小都市小学校，大都市小学校に分け，学校園の面積については，4年制高等小学校ではそれぞれ150～500坪，100～300坪，1 000～3 000坪（これは協同学校園とする），尋常小学校ではその1/2ないし1/3としている。これらの「学校園」の提案は，その先駆的な意義にもかかわらず，当時の校地面積2坪／人，屋外体操場面積1坪／人（高等小学校1.5坪／人）の状況の中で，積極的な展開は見られなかったが，地球環境時代における小学校の環境教育に示唆を与えるものとなっているといえよう。

[今日の屋外運動場]

　運動場面積は，現行基準（表-4.1.1）での6クラスで校地の43.4 %，18クラスでは40%を占めている。また，児童1人当たり運動場面積は，1クラス40人定員で計算すると5クラスでは18.8m^2，18クラスでは11.9m^{2}となる。

　以上は面積基準についてであった。実際は大きな都市ほど校地面積は小さく，運動場面積が校地面積に占める割合は，全国平均でおよそ46 %（中学校50 %，高等学校52 %）ほどである。

　一方，文部省文教施設部による「小学校施設整備指針」での「屋外計画」では次のように記している。「固定施設は……陸上運動やゲーム，ボール運動などの実施に支障とならないよう周辺部等にまとめて配置すること」，「樹高の高い樹木をまとまりをもたせて校地周辺部，校舎周囲等に配植することも有効であること」

これまでみてきたように，わが国の小学校の屋外スペースは，オープンな運動場と建物敷地用地とに大きく二分されてきた。現状では，環境教育の場は，日照・通風などに配慮しつつ建築物周辺の一部に限定せざるを得ないのであろう。

• 幼稚園の屋外スペース •

［遊園］

小学校での「体操場」の面積規定が初めて示された1899（明治32）年は，わが国において総合的な規程を伴った「幼稚園」（「幼稚園保育及設備規程」）が生まれた年でもあった。そこでの屋外スペースは「遊園」と名づけられ二次大戦前まで続く。その面積は，「幼児一人ニ就キ一坪ヨリ小ナルヘカラス」とした。これに先立つ同年2月には，幼稚園制度導入を文部省に働きかけてきた「フレーベル会」による「幼稚園制度ニ関スル建議書」においても「庭園ハ幼児一人ニ付一坪ヨリ小ナルヘカラス」としている。

この「建議書」での幼稚園全般にわたる内容は，ほぼ文部省令に吸収されていて，「庭園」と「遊園」の語句の違いはあるものの，いずれにしても屋外での遊戯場を指している。これは先述した小学校についての「設備規則」中の「屋外体操場ハ……尋常小学校ニ於テハ……一人ニ付一坪以上……」と同一数値である。

この「幼稚園保育及設備規程」は，ごく短期で廃止され，翌1900年の「小学校令」改正に伴う「小学校施行規則」に，ほぼ同じ内容の規定として引き継がれた。すなわち「第九章　幼稚園及小学校ニ類スル各種学校」での「第二百八条三　遊園ハ幼児一人ニ付一坪ノ割合ヲ以テ設クルヲ常例トス」である。

いずれにせよ意外なのは，小学校の低学年児に対する「屋外体操場」の1人当たりの面積と3歳以上の幼児に対する「遊園」の1人当たり面積とが同一規模に規定されていることである。その背景は，小学校の就学率を向上させるために，増加し続ける幼稚園に対しては高水準の規定を設けることで増加傾向をおさえようとしたことにあると指摘されている。

遊園の1人当たり面積基準を1坪／人と設定することによって公的な増設を抑えようとする方策は，結果として相対的に高い水準の屋外スペースを生み出すことになった。このためもあって，第二次世界大戦後の例えば「児童福祉施設最低基準」（1948年）での保育所の章で「屋外遊戯場の面積は，幼児一人につき一坪以上であること」にみられるごとく，1899年以降，二次大戦後まで長期にわたって採用され続けた数値となった。肝要なその根拠については定かでない。

[運動場]

　二次大戦後, 幼稚園は学校教育法 (1947 年) の中に位置づけられ, 1956 年の「幼稚園設置基準」で今日に至る面積基準が定められ, 「遊園」は「運動場」に改称された。これに先立つ 1952 年の文部次官通達「幼稚園基準」は,「法律的拘束力を持つものではないが……地方の実情に応じ, 活用を要請した」多分に詳細な内容を含んでいた。ここで幼稚園の「運動場の面積基準」は 3 本立てで示されている。「幼児 1 人につき 3.0 m^2 を下らないもの」と「5 m^2 に達することが望ましい」および「幼稚園につき 170 m^2 を下らないものとする」である。この基準を 4 つの具体的な配置・平面計画図案として図示し,「低基準」と「望ましい基準」のそれぞれについて, 園舎での所要室と運動場の面積表を付している。これは基準での 1 組の幼児数 40 人, 3 クラスを想定したモデル設計といえるものである。提示された A, B, C 各案での運動場面積は,「低基準」では 1 人当たり 3 m^2 (0.9 坪),「望ましい基準」では 5 m^2 (1.4 坪) としている。

　さらに「組数別 (注記：クラス数別) 設備標準 (案)」として, 机や黒板, 大太鼓やカスタネットなど各種楽器や玩具, はさみやじょうろなど 54 種の設備品目についての数量を, ここでも「最低」と「望ましい基準」別に表示している。「運動場」にかかわると思われる設備品目としては, 砂遊び場, 花壇または植木鉢, 飼育箱または籠, 水槽または池のほかに, ショベル, じょうろ, 捕虫器, 捕虫網, ドッジボールまたはベースボール, ままごと道具, 砂遊び場道具と多様で詳細をきわめている。

　二次大戦後のこの幼稚園基準での屋外運動場スペースも一人当たり 1 坪を基にして, そこから乖離することはなかった。つまり 1 坪 (3.3 m^2) を中庸にして, 最低水準 3.0 m^2, 目標水準 5.0 m^2 とするものである。しかし, 最低基準がそのまま標準あるいは最高水準として適用される現実にあっては, 1 人当たり 3.0 m^2 は 1 坪 (3.3 m^2) から, つまり明治後期の水準からわずかではあるものの後退しているといえる。

　1954 年に今日の幼稚園設置基準に引き継がれる新たな設置基準案が策定された。ここで運動場の面積は, 2 学級 (1 学級 40 人) 以下では 330 m^2 + 30 (学級数 − 1) m^2, 3 学級以上では, 400 m^2 + 80 (学級数 − 3) m^2 とした。

　この今日に連なる新基準案での運動場の面積は, 1952 年の旧基準の「最低基準面積」と比較すると, 4 クラス編成の幼稚園で同じ面積になるが, これよりクラス数が大きくなると漸減する (表 -4.1.2 参照)。例えば 8 クラス編成では, 49 坪 (162 m^2) も小さくなる。また, 旧基準で「望ましい基準」とした面積と比較すると, 2 クラス以上でははるかに旧水準を下まわり, 8 クラス以上では半減する。

第4部　自然豊かな学校空間

表-4.1.2　幼稚園の運動場面積の新旧基準での比較　（単位：坪）

学級数		1	2	3	4	5	6	7	8	9
新基準		100	109	121	145	170	194	218	242	267
旧基準	最低	37	73	109	145	182	218	254	291	327
	望ましい	60	121	182	242	303	364	424	485	545

出典：川添登他，建築学体系32，彰国社，1976

かくして，今日の幼稚園での屋外運動スペースの面積水準は，「望ましい水準」をはるかに下まわり，またクラス規模が大きくなるほど低下させ，1人当たり面積でみると，6クラスでは0.81坪／人，9クラスで0.75坪／人となる。

次に注目されるのは，運動場・園地の面積基準算定の裏づけとした表-4.1.3に示す案では，運動場を「遊具スペース」と「広場」とで構成されるものとして区分し，それぞれの面積を算定している（表-4.1.3参照）。

表-4.1.3　幼稚園の運動場園地の面積基準（案）　　　（単位：(m²) 坪）

区分		1学級 (40人)	2学級 (80人)	3学級 (120人)	6学級 (240人)	9学級 (360人)
運動場	遊具スペース	57	86.5	109.5	142.5	189
	広場	273	275.5	284.5	503.5	709
	合計面積	330 (100)	362 (110)	394 (119)	646 (196)	898 (273)
	m²／人	8.25 (2.5)	4.53 (1.37)	3.28 (0.99)	2.69 (0.81)	2.49 (0.75)
園地	合計面積	930 (281)	1,320 (394)	1,678 (507)	2,790 (845)	3,906 (1,182)
	m²／人	23.25 (7.04)	16.35 (4.95)	13.95 (4.22)	11.65 (3.52)	10.85 (3.28)

出典：川添登他，建築学体系32，彰国社，1976。ここでは運動場の合計面積は基準値と僅かな差異がある。

3クラス（120人）の編成モデルについてみると，遊具スペースは109.5 m²（33坪）であるのに対して広場は284.5 m²（86坪），1人当たり2.37 m²（0.72坪）である。広場スペースは運動場の72％ほどを占めている。

以上の運動場の面積規定も含めて，1956年の幼稚園設置基準は翌年から施行され，部分的な改訂を経て今日適用されている。そこで備えるべき園具として「すべり台，ぶらんこ，砂遊び場」が指定されている。これらの遊具が先の遊具スペースに配される計画基準となっている。この3種は，同年の都市公園法における「児童公園（「街区公園」に改称）」に備えるべき遊具と同一で，幼児，児童のためのいわば三種の神器のように考えられたものである。このように幼稚園の園庭も小学校と基本的には相似した，広い広場と遊具スペースとで構成された配置が基本型として定着した。

❷ 英国の小学校における校庭の計画と環境教育

英国でも環境教育は小学校教育の主要なテーマとなっている。ことに，校庭については，学校教育のための利用という面だけでなく，もっと幅の広い，その存在のあり様，外部空間のもつ価値にまで関心は高められてきている。環境教育への関心の高まりに合わせて校庭についての新たな視点を含む実践的で理論的な報告も少なくない。それは地味な地域活動からはじまったが，国が設定する小学校でのカリキュラム（ナショナル・カリキュラム）にまで波及する力を得てきている。

ここでは，英国における主として環境教育の視点から小学校の校庭計画の展開を事例とあわせて紹介する。

• カリキュラムと校庭の計画史 •

英国における小学校校庭の計画的な展開は，学校教育でのカリキュラムの流れに沿って概観できそうである。今日までの大きな流れは，およそ5期に分けることができよう。

① 就学が義務化される1870年以前の多様な年齢層を対象にした小規模なチュートリアル・スクールなどでの柔軟なカリキュラムの時期。
② 読み書き等を中心に，体系化された知識の集合体としての教科による最低限の知識を伝達するためのカリキュラム構成を主目的とした1930年頃までの第2期。
③ 「初等学校の出発点を，経験や好奇心，子どもたち自身の発見能力や興味とする教育方法を従来のカリキュラムに代替させることである（1931年，ハドウ報告書）」に始まる「児童中心主義的」カリキュラムが継続された第3期。
④ この方向を確認した1967年のプラウデン報告書のすぐあとに見直された，教科に重心を置く第4期。
⑤ さらに固い教科編成とした1988年のナショナル・カリキュラムによる第5期。ここで教科中心の方針はより確固たるものになったと指摘されてきた。しかし，ナショナルカリキュラムの度重なる改訂で，クロスカリキュラムや屋外活動の重視など，教科の枠を越えた教育・学習の重要性を追加的に導入して今日に至っている。

こうしてカリキュラムの重点は教科中心，児童中心を交互に繰り返してきた。

校庭も，教科中心の第2期まではほとんど考慮されることはなかった。第3期には，野外活

動，そのための場としてのプレイグラウンド（低学年児用の遊技場）が重視され，日照・通風に配慮したオープン・エア・スクールが登場し，校庭の最小面積規準も定められた。

児童中心カリキュラムから一転して，再度，教科中心となった70年代以降の第4期には，プレイングフィールド（遊戯やチーム競技などのための屋外草地，運動場）やレクリエーションエリアの細かな規定が整備された。しかし90年代の初期においても，小学校の校庭は体育のためにだけ改良されることが多かったといえよう。

第5期に当たる90年以降，ナショナル・カリキュラムは，いっそう知識・学力を重視しているが，野外活動・環境教育や，とりわけ「校庭改善を通して学ぶトラスト（ラーニング・スルー・ランドスケープトラスト：LTLトラスト）」の展開など，教科中心からの脱皮を迫られている。そこで，校庭のあり様・計画に注目して，史的にながめてみると，急速に児童を中心にした学習の場としての学校・校庭への新たな段階に向かいつつあるとみることもできよう。重要なのは近年のその契機が，一般住民の参画による地域・現場の活動実践によっている点にある。

• 校庭の計画 •

幼児のための「屋根のない教室」として19世紀前半に生成したプレイグラウンドは，急速に普及した。また軍事教練の影響もあって1895年には，体育が補助金対象科目となり，校庭・運動場は学校の主要な構成空間となった。1933年のハドウ委員会報告「理想的なインファント・スクール（低学年小学校）はクラスルームでなくプレイグラウンドにある」にみられる視座は，近年の「ナショナルカリキュラムでの教科は屋外教育によってはじめて効果的となる」という考え方に連らなっているように思われる。

1944年教育法の下で，校庭の広さについての最小面積規模が定められたが，その後96年教育法の改正で，「教育・屋外休憩面積規定」が廃止され，これを受けて直後に幼稚園，小・中学校の校庭の活用・デザイン・改善・運営管理の実践的な指針が提示された。そこでは，学校敷地は，①建物・アクセスエリアの他に，②体育科目用のプレイングフィールドと舗装されたゲーム用のコート，③学校サイドでの教育時間外や自由時間での対社会的使用，あるいはコミュニティユース（地域社会の利用）などのエリアに分けられる。

プレイングフィールドを屋外の面積の中でとりわけ重要視するのは長年まったく変わらず，各種競技コートのサイズに配慮した最小面積を定めている。舗装コートは，遊技を中心とするゲームや技術科目などに対応する平坦で排水が良好なこととされている。

また，ハビタットエリアつまり野生生物生息地や庭園，動物飼育柵や自然景観については，

地形の形状によって競技場とならない部分や校地周辺などが対象地となるが，推奨面積は示されていない。これらの総計として，学校敷地面積の上位，下位推奨値が示されている。

例示された5～11才，315人の小学校の場合，校地面積は13 800 m^2。内訳は，a. 8才以上児135人として運動場5 000 m^2（36 %），b. 舗装コート1 100 m^2（8 %），c. 時間外社会的使用エリア2 000 m^2（14.5 %），d. 野生生物生息地2 300 m^2（17 %），e. 建物・通路部分3 400 m^2（24.5 %）である。

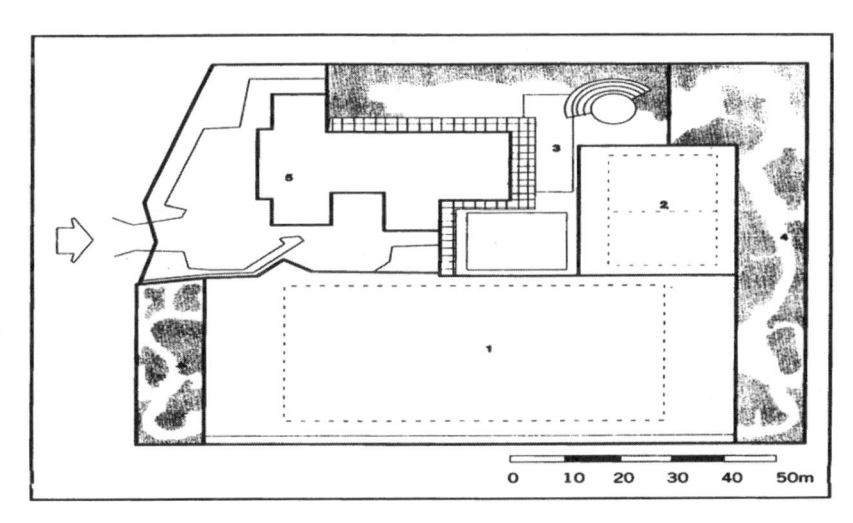

図-4.1.1　敷地レイアウト例（315人定員の小学校）[1]

● 校庭から考える学校建築 ●

学校が，家庭・地域社会とともに子どもの発達の総体を受けとめる場であるといわれてきた。そして学校・家庭・地域社会の三者が切断されそれぞれ独自の役割を果たすのではなく，子どもにとっては連続的に一体となっていて，三者が連繋することの重要性が指摘されて久しい。このことは，学校が子どもを含めた地域の人々の生活展開にとっても必要な場ということを意味している。子ども（と教職員）だけの閉ざされた社会，隔離された城としてではなく，ノーマライズされた地域施設として。

初期の段階（少なくとも18世紀中）の学校は外部空間を必要としない教室1室だけで，しかも住宅の一種であった。校地・画地も住宅のそれと何ら変わらず，住宅地の連続性を壊すことなくまち並みの景観にとけこんでいた。その姿は，配置図なしの平面図として，記録にとどめられている。プレイグラウンドが要求され，併設されるようになった19世紀以降，教室・校舎と外部空間との関係つまり校地全体の配置・平面図が示されることになる。学校の建築・計画的評価の対象に配置・平面図が必要とされた。しかし，はるかな時を刻んで今日，平面図

だけで，あるいは平面図の比較を通して，学校建築が語られることもなしとしない。児童・人のいない建築空間の見学では，施主や設計者の説明を受けても，その学校の生きたイメージは涌いてこない。学校像を理解しがたい。

　小学校の建築計画的な展開は，ごくおおまかには教室・クラスルームを核とする建築物中心主義の流れであったといえよう。閉鎖された教室（クローズド・スクールルーム）からやや開放されたセミ・オープン・プランへ。これに対して外部空間への視点の変換が「アウトドア・クラスルーム」の提唱にたどりつく。そこでは外部空間・校庭を共有する「シェアード・アウトドア・スペース」の計画が大きなテーマのひとつとなるであろう。学校が地域社会の中のひとつの場とする「大きな共有」の中の，校庭は「小さな共有」，入れ子構造を成す。このとき，外部空間の面積や多様性，質などについての規準や計画，運営に関して，大きな転換を求められることになるのであろう。

● 事例　クームズ小学校 ●
（Coombes County Infant and Nursery School）

[概要]

　1971年の開校以来，着実に校庭とかかわった環境教育に取り組んできたクームズ幼児・低学年小学校の実践をとりあげる。

　ロンドンの西，バークシャー州都レディングの南の田園風景につつまれた小規模校で，校地面積はおよそ17 000 m^2，特別に広くはない。ジュニア・スクールが隣接していて，校舎は往時の典型的な陸屋根・平屋建てのプレファブ方式（システムビルド）によっている。

　活動の主体は校長のリーダーシップの下，子ども・教職員（教師・事務職員・用務員）・保護者・学校理事会（議員や市民団体，保護者・教師の代表等）を中心に，地域住民や住民組織，プロジェクトによっては地元駐留の軍隊など多様な人々が担ってきた。現在中国・スウェーデン・ガンビアの小学校とも交流を深めている。訪問した日には，スウェーデンから数名の視察者があり，またロンドンのハープ製作・奏者の演奏会が催されるなど校長は案内・応対に多忙であった。隣町の「地元を知る会」は，乳母車をひいた若い母親やおばあさん，車椅子のおじいさんと壮年の男女10名ほどで来校した。校舎内外を見学した放課後，学校から手づくりのサンドイッチと紅茶が並べられた図書室での懇談会には，この学校での環境教育の取り組みについていくつもの質問が出された。会から活動寄付金の小切手が校長に手渡されて散会となったのは5時を過ぎていた。

この小学校の環境教育についやされる資金は，国・地方自治体の環境教育にかかわる基金の獲得，多様な助成金への応募や学校行事に絡ませた個人・地域コミュニティなどからの寄付金，バザー益金など多彩だ。

[**校庭の構成**]

　校地は大きく5つのスペースで構成されている。東側の玄関へのアプローチ部分，校舎北西の幼児用プレイグラウンド，校舎西側の校舎と林で囲われた低学年用プレイグラウンド，その西に広がるプレイングフィールド，そしてそれを巡る緑道と野生生物生息地である。

　まず玄関へのアプローチ部分は，舗装された駐車場を緑が取り囲んでいる。ここには共同作業による池と木製のテーブル，椅子が数脚配置されていて，ハープ奏者の昼食の場でもあった。

　次に幼児教室に連なる幼児用プレイグラウンドは，南北を木々に挟まれた小径状のこじんまりとした空間である。木製の馬やベンチと木橋の架かった池，対面する北側は，鳥の巣箱も置かれた幅の狭い校地境界林の緑道で形成されている。

　舗装された低学年プレイグラウンドは900 m^{2}ほどのさほど広くはないスペースであるが，屋外での学校生活―休憩・遊び・学習，時には食事や全体集会の要ともいえる空間となっている。地面にはアルファベットや数字をふったヘビやはしごの形，あるいは格子，魔法の輪，渦巻などの図柄がいろんな色で描かれている。1人であるいは数人のグループでのゲーム遊びや交流，学習のための教材となっている。また多くの遊具も配置されている。古タイヤ，ボート，コンクリート製のたいこ橋，もぐれるブロックや横積みの丸太等々。

　この長方形の平坦面の西北境界は，石・コンクリートブロック・レンガなどでのベンチ，トンネルや隠れ家，大砲や城壁・砦を介して林につながっていて，このプレイグラウンドは子どものために開放された小宇宙となっている。

　トンネルや門をくぐって林を抜けるとプレイングフィールドが広がる。わずかな起状のある草地丘陵が奥行きの浅い林で囲まれていて，校地境界を暗示している。

　このプレイングフィールドに至る林に接して，数多くの遊具・装置が散在している。柳の小枝を編んだいくつもの小屋や柳の小枝のアーチ，木材を円形や方形に配置した，いくつかの屋外教室・お話し広場，菜園，大小の池や小山，羊放牧柵など。他にも特異なものがいくつもみられる。10 m×15 mほどもある木組みの迷路，半円形の屋外劇場，大石を組んだドルメンやアーサー王の椅子，高さ2 mほどもある石を円形に配したクームズ・ヘンジは圧巻である。これ

らの装置を散りばめながら，校地を界する自然林の間を300mほども続く細い緑道がめぐらされている。木々のこもれ日に照らされて多数の草花が観察される。ことにプレイングフィールドの北側，出っぱった三角形部分は起状の大きい自然の地形と植生を生かしつつ，池を掘り小山を造成し植林して野生動植物の生息地（ハビタットエリア）となっている。大量の土を移動させて，プレイングフィールドを平坦にし，草地の競技スペースはほぼ正方形に近い形状となっている。こうした今日の姿は，校庭を通した環境教育途上の成果である。

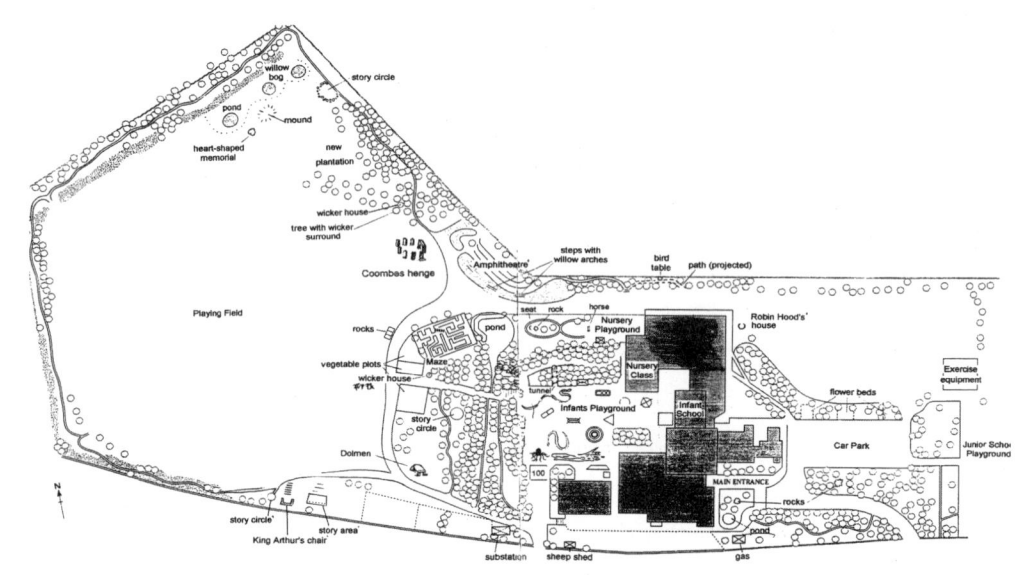

図-4.1.2 クームズ小学校配置図[2]

[教育実践]

1. 野鳥・昆虫・樹木の観察

舗装と草地だけの一般的な開校時の校庭を徐々に改善してきた。校長の説明では，スタートは校庭の土質調査であった。皆で土を掘って土質調査を行った。その結果全体が厚い粘土質土壌で覆われていることが明らかとなった。この土壌の改良から始めて，当地で育っている草木について学習し，それらの植栽を毎年行った。とくに実のなる木に鳥が集まるようになり，校地内の藪の存在によって産卵・子育てが観察されるようになっていった。こうした経験が，多様な草木，さまざまな鳥や昆虫などに囲まれた学校生態系づくりとでもいえるような，校庭づくりに向かわせた。その一例が手づくりの「学校の植物図鑑」，「昆虫図鑑」，「野鳥図鑑」である。この学校で毎年植樹してきた多くの樹種，観察された昆虫・野鳥ひとつひとつについて写実的に細かな板絵にして革紐で綴じた数枚の図鑑で，絵の得意な保護者の製作によっている。玄関ホールの書架には，この他にも手づくりの絵本が同じように木枠・革紐綴じで多く並べられている。

2. 焼物つくり

校庭の土質を調べた後、豊富な校庭の粘土を皆で掘り出し、粘土細工・粘土板づくりに活用した。このためにできた穴に木の橋を架け、水をはったビオトープを創り出した。また、窯をつくって焼物をつくるようにもなった。

3. 果樹

植樹した樹種は多様である。小鳥を呼ぶ樹の他に、ジャムやパイづくりのためにリンゴ・梨・プラム・ブラックベリーなども植樹し、果実は父親と子どもが一緒になって木に登って収穫し、またアップルアートの製作にも活用している。

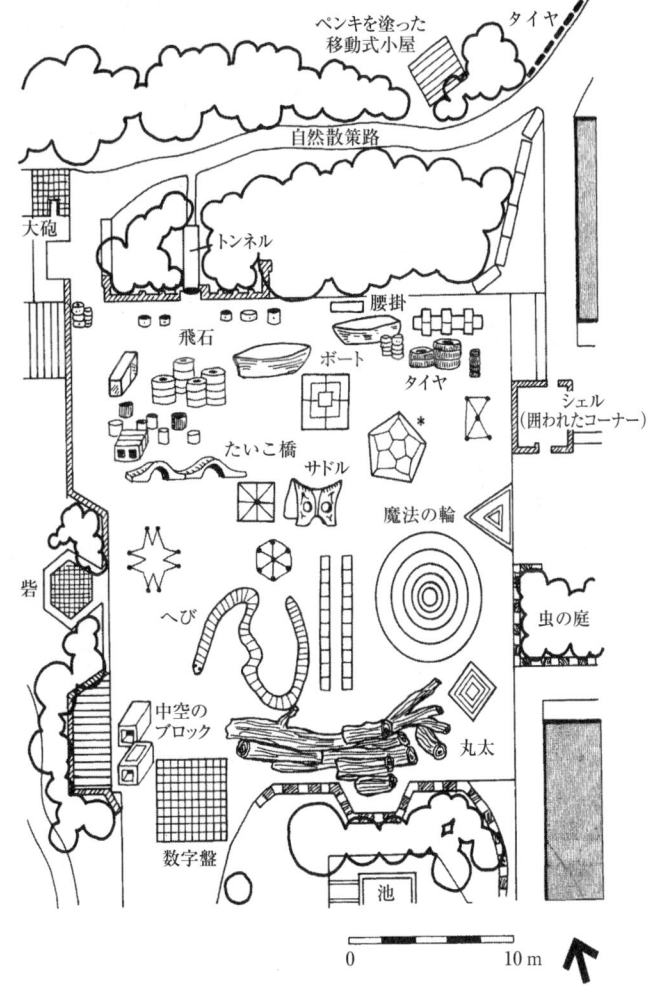

図-4.1.3 プレイグラウンドの様子[3]

4. 草花

ハーブ園・菜園もつくられている。イースターやクリスマスに向けてのハーブ園づくりは教師たちの演習課題として取り組まれた。トマトはスープつくりのための素材として必需品だ。学習テーマに「ヒマワリの一生」を選んだ年には、映画ロケの背景にもなった。

5. 炭火

「炭」を学習テーマにし、伐採した木をドラムカンで焼いて炭をつくる。また「火」をテーマにガイフォークの火祭りとポテトを焼いて昼食に。さらに火に関連させて、1666年の「ロンドン大火」をテーマにした学習はとくに広範な分野のクロス・カリキュラムとなった。まず当時の様子を再現するため、家具や人形の衣装などもできるだけ忠実に再現した高さ1mほどのモデルハウスの断面模型とロンドンの当時の地図を保護者と一緒に製作。資料の収集は大変だ。モデルハウスが被災したと想定した居住者を追悼する詩をつくって一連のテーマを終了させた。

第4部　自然豊かな学校空間

6. 中国の新年

最高学年の2年生でのプロジェクト。保護者と共働して獅子舞，中国服をつくり「アジアの獅子舞」と題して保護者などに披露。また米や中国野菜についての学習に続いてショーガ・ニンニク・トウガラシなどでタレをつくり，中国衣装をまとった「中華料理店」をオープン。保護者・地元の人々の参加の下，資金集めも行った。ハシの使い方も大きな話題となった。

7. 遊具・装置

プレイグラウンド内外の遊具や装置は，素材・デザイン・色彩のいずれの面でも実に多彩である。またいずれも堅固につくられている。個別によく観察すると使いこなされた様子から年代の差異を読みとることができ，校庭づくりの

図-4.1.4　手づくりの絵本

図-4.1.5　プレイグラウンドの様子

歴史を感じさせる。多くは子どものデザイン案を基にして先述した多様な人々の手によって製作されていて，いくつもある小屋や柳の小枝で編んだ隠れ家も，それぞれデザインはまったく違っている。丸太を半割りした三角形断面のログハウスに木製ベンチを固定したもの，レンガ壁・木製小屋組の比較的広い小屋など。砂場の縁も大きな断面の木組みを60 cmほどの高さに積んでベンチにも利用できるようにしている。小さな子どもが砂遊びに興じ，その周りで年長の子どもたちがベンチでおしゃべりしている光景は新鮮だ。

コンクリートブロックとレンガとを組み合わせた一連の大砲と長い城壁や数本横にした古い丸太の大木は，よじ登り，駆けまわり，おしゃべりをするのに適している。休憩時間はこのプレイグラウンドを中心に子どもがあふれ歓声につつまれる。

巨石を組み合わせた装置であるクームズのストーン・ヘンジづくりは大がかりであった。石材を遠いオックスフォード州から運搬し，毎月1個づつについてその組成や化石さがしなどの学習を1年間続けた後，近くに駐在する軍隊に加勢してもらって据えつけたものである。ドル

メンもこうして組み立てられた。アーサー大王の石椅子には近くの幼児と父親が座っていた。

　プレイングフィールドの周辺には，巨石・10数本の木の電柱，古木等々が野ざらしに積み重ねられ出番を待っている。

◎引用文献

1) DfEE：Building Bulletin 82, HMSO, p.50（1996）
2) クームズ小学校提供
3) 英国教育・科学省編, IPA日本支部訳：アウトドア・クラスルーム, 公害対策技術同友会, p.27（1994）

◎参考文献

4) 大槻健：学校と民衆の歴史，新日本出版社（1980）
5) 文部省普通学務局編纂：小学校建築図案及学校園，国定教科書協同販売所（1909）
6) 青木正夫：学位論文　小中学校の建築計画的研究
7) 湯川嘉津美：日本幼稚園成立史の研究，風間書房
8) 川添登他：建築学体系32，彰国社（1976）
9) R.オルドリッチ，松塚俊三他監訳：イギリスの教育，玉川大学出版部（2001）
10) Malcolm Seaborne：The English School , Routledge & Kegan Paul, London（1977）

4.2 屋上に「田んぼ」のある小学校
―― 広島市立矢野南小学校の場合

❶ 環境について学ぶということ

　近年，都市部や農村部にかかわらず，子どもたちの生活は，自然との直接的な関係が薄れ，自然の中での遊びなどを通して知らず知らずのうちに身につけていた環境に対する総合的な感覚を養うことができにくくなっている。そのような情況の中で環境に対してある意図をもって学ぶこと，あるいは教えることが必要となっている。

　環境について学ぶということは，身のまわりの環境がどのように成り立っているのか？ そして，自分と自分を取り巻く環境との間にどのような関係があるのか？ について，自発的に思いをめぐらすことができるような感覚を育てることである。そして，その感覚を大切にし，具体的な体験を通してその成り立ちについてより深く考え，調べ，さらに，それらの環境に対して，自らがどのようなかかわり方をしていくのかについて考え，具体的な行動を起こしていくような行動様式を育てていくことである。

　それは一般的に，次のような段階を経ることが考えられる。まず第1段階は，あれ？ と気づくことである。自然や身のまわりの環境に対して興味をもつ感性を育てることが始まりである。第2段階としては興味をもった対象に対して，どうなっているんだろう！ と，その成り立ちに対して調べてみようと，一歩近付くことである。第3段階としては，目の前の環境に対し何ができるだろう！ と，主体的にかかわりをもとうとする段階である。そして，第4段階では，こんなことをしてみよう！ と，環境づくりへの具体的な参加をすることである。

❷ どこで，どう学ぶか，教えるか

　環境に対する気づきや，かかわりの段階はさまざまであるが，前述した段階を経るとすればそれぞれに対応した環境教育のためのプログラムと連動する施設の役割が重要になってくる。それぞれの段階に応じた施設の役割は，次のようなものである。

① きっかけを与える
　　自然そのものや起きている現象へ興味を引き出すためのきっかけづくりとなる刺激をあたえる。
② 関係を知る
　　次に自然や環境がどのように成り立っているのかへ興味を拡げそれぞれの関係のあり方を知るための行動を促す。
③ 理解を深める
　　自然や環境へ総合的な理解を深めるため，より総合的視点から考える機会を与える。
④ 主体的かかわりをもたせる
　　この限られた地球の中ですべての人々が継続して幸福な生活を続けていけるために何をなすべきかを考え，そのための具体的行動を主体的に起こしていく実践の場を用意する。

　現在，環境教育のための施設として整備されているものは，実に多様である。その主だったものは，次のような施設である。

- 野生生物保護を中心に観察を主体とする体験施設。サンクチュアリ，鳥獣保護区，野鳥の森，ビオトープなど。
- フィールドそのものを博物館として整備した施設。フィールドミュージアム，自然生態観察公園など。
- 自然の成り立ちを活用した施設。水辺の学校，ふるさとの川，田んぼの学校，森の学校，里山学校など。
- 施設の中に自然を展示し，説明する施設。子供博物館，自然生態園，こども自然王国など。
- 体験・交流を中心とする施設。グリーンツーリズム，少年自然の家など。

　このように，実に多様な施設が整備されつつある。しかし，これらの施設で展開される環境教育は，プログラムの充実がはかられ一定の成果を上げつつあるように思えるが空間的，時間的な，制約の中で以下のような課題を抱えているものが多い。

① 活動を施設の中に囲い込んでいる。
② 体験が，短期間で，単発的で，継続的でない。
③ 体験が，断片的で，相互のつながりがない。
④ 環境の具体的な変化が体感できない。
⑤ プログラムが押しつけがましくなっている。

❸ 農的であるということ

この節では，これらの課題を改善するために，活動のベースとして「農的であること」にこだわったプログラムを展開している事例を取り上げ，環境学習のプログラムと，施設空間との望ましい関係について考えることを目的としている。

ここでいう「農的であること」ということは，各段階での現象や出来事が，すべてがつながり循環している，すべてが相互に応答関係にあると同時に，身体的である。空間的である。継続的である。ということである。

事例として取り上げるのは，子供にとってもっとも身近な環境である学校空間を舞台に，「農的体験」を中心に興味深い取り組みを展開している広島市立矢野南小学校での活動である。

❹ 広島市立矢野南小学校

矢野南小学校は，広島の南東部に近年開発されたニュータウンの中にあり，母体校の矢野西小学校から分離し，新設校として1998年4月に開校した小学校である。設計は象設計集団（担当 富田玲子氏）である。

設計者がこの小学校を設計するにあたり，イメージしたのは次のような小学校である。

1. 自然とともにある。
　小学校のさまざまな場所と活動が，風，光，土，緑，水，虫，鳥，動物と親しい関係をもつ。敷地は緑の木々でおおわれ，周囲の山々の緑や，公園の緑とつながりをもち，鳥や虫が訪れる。花の香り，雨の美しさ，四季の移り変わりを楽しめるような環境となる。

2. ここにしかない自分の場所，自分たちの場所。

地域への，学校への，小さな部分への愛着心が生まれるような環境。それはすなわち，土地の特性（緑，水，地形，街並み，くらし）が十分生かされていること。特徴をもつさまざまな領域，さまざまな部分があること。

3. 子供たち，先生たちの心身がのびのび・いきいきする五感に訴える空間であること。

幼少期，人間の感性はもっとも鮮やかに働く。手ざわり，足ざわりで素材を理解し，光，風の方向，水の冷たさ，樹木の色の変化によって方位を知り季節を知る。体の感覚で形，大きさを感じる。このような感性が一層高められるような環境であること。内部空間，半外部空間，外部空間が連続すること。身も心も箱にとじこめられないこと。

図-4.2.1 矢野南小学校全景

この計画のイメージには，広島の南東部の一角という地球上のひとつの場所のもつ特性や歴史などを捉え，この土地でしかできない子供たちの生活空間をつくろうとする強い思いが語られ，その理念は，施設計画の隅々まで徹底して貫かれ，子ども達にとって，刺激的で楽しい学校空間が実現している。

❺ 教育プログラム

矢野南小学校では，全学的に豊かな感性をもち，いきいきと自己を表現する子どもの育成を目標として，教育活動に取り組んでいる。「豊かな感性」とは，他人を思いやる心，感動する心，「いきいきと自己を表現する」とは知的好奇心，探求心をもち，自ら学び，自ら考えたことを表現していくことであり，そのような子どもを育てるために「総合的な学習の時間」を通して研究を進めていくことが主題となっている。

この小学校では，総合的な学習の時間で育む問題解決能力を，「感じる力」・「考える力」・「表現する力」ととらえ，総合的な学習の時間を通して児童にこの3つの力を育成していきたいと

考えている。

「感じる力」とは，自然や人間に対して「素敵だな」，「どうしてかな」というような驚きや疑問を感じる力のことである。あふれる情報の中，児童の知識は豊富になっているが実感を伴うものではない。体験活動を取り入れることで，五感を働かせて「わかる」ということを大切にしたい。感じる力が育っていくことで，児童が対象に対して興味・関心をもち，「何ができるだろう」と自ら問題をみつけ，自ら学ぼうとする意欲が育つと考えられている。

「考える力」とは，自分は何に興味があるのか，知りたいことは何なのか，そのためには何をすればいいのか，与えられた学習課題ではなく，自らがたてた課題に向かって自分の学びを考える力のことである。他者と対話したり，友達の学習と自分の学習を比較するなどの振り返る活動を取り入れることにより，自らの課題，学習の進め方，表現方法など，自分の学びを深めることができると考えられている。

「表現する力」とは，自分が興味を感じ，調べたり考えたりしたことを，相手を意識して表現する力のことである。自分が一生懸命取り組んだことは，誰かに知ってほしいと思うであろう。自分の思いを効果的に相手に伝えるためには，基礎的な技能を習得することも必要であるが，表現する相手をきちんと設定し児童にとって必然性のある表現活動を行っていくことが大切であると考えられている。

❻ 活動の具体的展開

このように，多様な場所が用意された学校空間を舞台に展開される教育活動について2001年度に細かく観察した。その活動を各学年ごとにまとめると以下の通りである。

1年生は主に学校空間がもつ自然環境を全体的に使いながら遊びと学習を結びつけ教育が行われている。学校全体を探険することを通して，樹木などを通して感じる

図-4.2.2　屋上の池

4.2 屋上に「田んぼ」のある小学校

四季の変化に注目しながら遊びが展開していることや，冒険の森などで自分たちの隠れ場所をつくるなどの活動が行われている。

表-4.2.1

学年	学習のねらい	活動の内容	活動の場所
1	遊ぶことから学ぶ	学校の中での自然環境を使って遊びと学習を学ぶ	校舎全体,中庭,中庭の水路,三日月池,飼育館,砂場
2	つくることから学ぶ	野菜を育てる	学級園,屋上庭園,畑
3	昆虫から学ぶ	学校や地域に生息している昆虫について調べる	屋上庭園,冒険の森
4	池から学ぶ	池の中の生物,メダカの学校づくり	屋上庭園の池
5	水田から学ぶ	稲づくり	屋上の田んぼ
6	個人の課題から学ぶ	個人でテーマを決めて実践	校庭の中の様々な場所

2年生は主に前庭や屋上庭園の学級庭園などを使い，植物を育てることを学習と結びつけ教育が行われている。活動の特徴として，自分たちが育てている植物が教室の前や屋上庭園などの身近な場所で成長し実をつける過程を普段の生活の中で継続的に観察していることが挙げられる。その他，校舎を使った環境学習と国語,算数,図工,道徳などの教科とが関連づけられていることも特徴のひとつである。

また，野菜の苗を育てる過程で近隣の農業高校との交流が生まれている。親や，教師以外の世代との交流が学校空間の中で行われることも特筆すべきである。

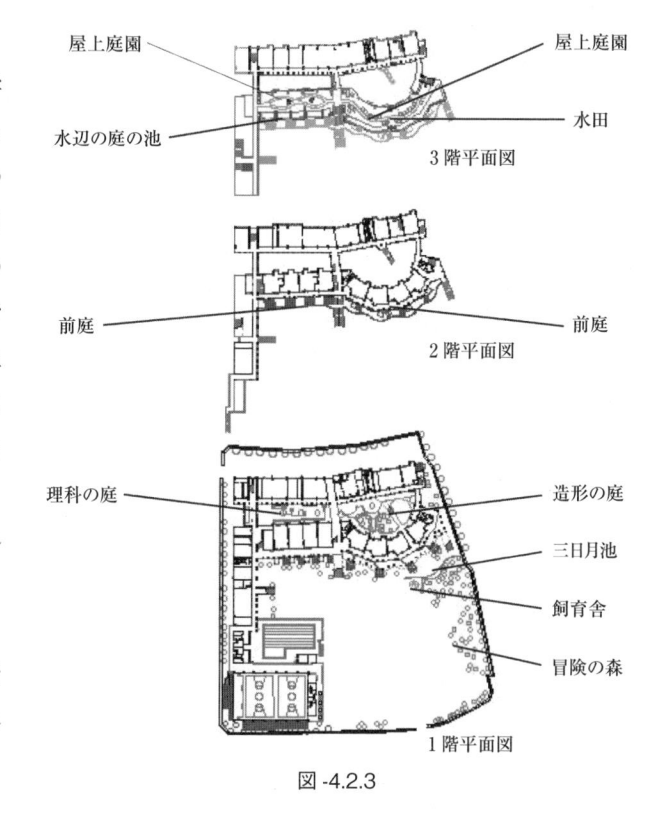

図-4.2.3

3年生は主に屋上庭園や冒険の森などを使い昆虫と学習を結びつけ教育が行われている。活動の特徴として，昆虫を調べる場面で安易に図鑑やコンピュータの情報に頼るのではなく，まず実物から出発している点が挙げられる。また学校内でみられる昆虫をもっと増やしたいとい

う方向性に向かっていったことも挙げられる。その他，校舎を使った環境学習と国語，算数，理科，図工，道徳などの教科とが関連づけられていることも特徴である。さらに昆虫の調べ学習などを通して学校内にとどまらず地域の自然へと活動が展開していることも評価できる。

　4年生は主に屋上庭園や水辺の庭の池，地域の水の生物と学習を結びつけて教育が行われている。自ら屋上の池で生き物を育てていくことで校舎や池に愛着をもつようになり，普段あまり気にならなかった池にもさまざまな発見があることに気づいていったことや，校内の水をきっかけに校外の水について調べる学習が展開されていることなどが特徴として挙げられる。その他，校舎を使った環境学習と国語，算数，理科，図工，道徳などの教科とが関連づけられていることも特徴である。

　5年生は主に屋上の水田での米づくりと学習を結びつけ教育が行われている。

　活動の特徴として，米づくりという活動を行いながら全教科が「環境」という観点から構成され学習が進んでいる。その内容として社会科では農業・水産業・工業と地球環境のあり方について，理科では生物の生育条件について調べる学習が展開され，国語科の教材にも自然をテーマにした読み物などがとりあげられている。

　田おこし，しろかき，田植え，草取り，稲刈り，までの一連の活動の中で，土を運んだり腰を曲げて一定の作業をしたりするきつさや，暑さの中での労働の体験を通して，労働のつらさ，自然の厳しさ，自然のすばらしさに気づいているようである。

　自分たちで育てた餅米で餅をつき全校生徒に配るなど自然からの恩恵を全校生徒で分かち合うことも行われている。また学習の取り組みを設計者や4年生に伝える活動もみられた。

　6年生は，これまでの体験をもとに，個人で課題を設定し，その課題から自ら学びとる教育が行われている。

❼　5年生の「夢田んぼ」での取り組み

　各学年ごとの教育は，その進度に合わせ相互に関連しながら，実に細かく計画され実践されている。とくに，5年生を中心とした屋上の田んぼで展開される学習について行った調査に基づき，そのプロセスを追いながら，環境教育施設のあり方について考えていくことにする。

1. 土づくり

校舎の屋上につくった田んぼであるため，当初は土づくりに苦労した。農家の方に土をもらったりアドバイスを受けたりしながら試行錯誤を繰り返し，4年目になってやっと田んぼらしい土になってきた。

2. もみ選び，苗づくり

2000年度までは，苗として農協から購入したものを植えていた。しかし，実際に種もみから発芽の状況を観察して，それがどのような苗に育っていくのか，そして，1粒のもみから何粒の米ができるのか，などへの興味がふくらんできて，苗づくりから取り組むことになった。種もみを農家の方から分けてもらい，各自がバケツに種まきをして，教室の前のテラスに置いて，詳しく観察しながら育てた。バケツでは，うるち米を育て，餅米の苗を農協から購入し，2種類を詳しく比較しながら育てた。

3. 田おこし

鍬やスコップなどの道具を使って田おこしをはじめる。田おこしは前の年に収穫した後，そのままにしておいた土を掘り起こして空気にふれる様にする作業で，実際の農地ではほとんど耕耘機などの機械で行われるようになっているが，かつては，さまざまな農具を使って手作業で行われていた。学校の近くにある佐々木伝承資料館へそれらの農具を調べに行く学習も，併行して行っている。

図-4.2.4 田おこしの様子　　図-4.2.5 田おこしのあと，水を入れる前の様子

4. しろかき

田おこしの後は，実際に水を入れて，土をより細かくして，田植えが可能な状態をつくるしろかき作業に入る。この段階は，地域の農家の方に，小型の耕耘機を使って作業を手伝ってもらっている。

図-4.2.6 さあ，田植えだ！　　　　　　図-4.2.7 泥にまみれて田植えの様子

5. 田植え

　児童がそれぞれにバケツで育てたうるち米の苗が育つと，田植えの作業である。農協から購入した餅米の苗と田んぼを分けて植える。5年生全員が一緒になって取り組む大きな節目の作業である。作業の様子は，作文，俳句，絵にして記録に残している。また，「田植え歌」など農作業の節目に歌い継がれてきた地域に伝わる伝統芸能などへの関心を向けることも行っている。

6. 水管理・草とり

　稲の生育にとって水の管理や草とりは，重要な作業である。屋上の田んぼの水の管理作業を通して，実際の農地の水はどのように確保されているのか，川や用水がどのような役割を担っているのかなどへも関心を拡げている。また，梅雨や，夏期の台風，乾燥期など，稲の生育のために必要な水の管理は季節の変化に応じてどのように行われているのかについて調べ，また稲の生育を妨げる害虫などについても興味を向けさせている。

図-4.2.8 草とり　　　　　　図-4.2.9 水の管理，害虫はいないかな？

7. 稲刈り・はさがけ

みんなで育てた稲が黄金色に色づくと稲刈りである。全員が集まって鎌を使って一株ずつ刈り取っていく。刈り取った稲は田んぼの隅に杉丸太を組んだ「はさ木」にていねいに架けていく。コンバインで稲刈りと脱穀が同時に行われるようになる前は、どの田んぼも2週間程度はさがけをして自然乾燥をしていた。

図-4.2.10 稲刈り

それは農村特有の秋の風景であった。また、ゆっくり自然に乾燥した方がお米もおいしくなるのだそうである。これらの作業にも農家の方に来てもらい、適切な指導が行われている。

図-4.2.11 大事に、はさがけ　　図-4.2.12 脱穀：農家の人が手伝ってくれた

8. 脱穀

はさ木に掛けて2週間程度天日乾しをした稲は、農家の方に手伝ってもらい、校庭で脱穀機を使って、籾とわらを分離する脱穀作業を行う。

9. 餅つき・収穫祭

収穫を感謝し、その喜びを表現するのが収穫のお祭りである。保護者や地域の公民館に協力

してもらい，盛大な収穫祭が行われた。前半は，体育館で収穫の喜びを表現する太鼓演奏や獅子舞が児童によって披露される。獅子舞は地域に伝わっていて一度途絶えてしまったものを古老に聞きながら児童が中心となって再現したものである。後半は，校庭で餅つきが行われ，搗きたてのお餅が5年生以外の児童へも配られ，学校全体で収穫の喜びが共有された。

図-4.2.13　収穫祭　　　　　　　　図-4.2.14　太鼓演奏

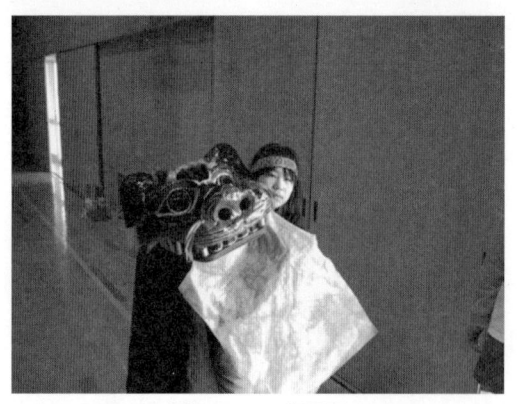

図-4.2.15　獅子頭

❾ 他教科への展開

「総合的な学習の時間」での夢田んぼでの活動を軸にして，他教科でも関連した活動が行われ，奥行きをもった複合的な学習が展開されている。「感じる力」，「考える力」，「表現する力」の3つの力の中から，各教科ごとにねらいを絞ってプログラムが組まれている。

まず，社会科では，『感じる力』を育てることをねらって「わたしたちの生活と食料生産」をテーマに，日本の農水産業の様子を調べ，そこで働く人々の生き方に共感する学習が行われ，また，『考える力』を育てることをねらって「わたしたちの国土と環境」をテーマに，日本の国土の特色や，環境保全の大切さについて考える学習が行われている。国語科では『感じる

力』を育てることをねらって「調査したこと」をテーマに，米についていろいろな角度からすすんで調査し，『考える力』を育てることをねらって「記録に残そう」をテーマに，要旨の整った文章を書き，考えを深める学習が行われている。理科では，『感じる力』を育てることをねらって「花のつくり」をテーマに，花のつくりやたねの発芽や成長を調べる学習や，『考える力』を育てることをねらった「たねの発芽と成長」をテーマに，植物の不思議さやおもしろさを感じる学習へなどが展開されている。音楽では，「日本のふし」をテーマに，日本の伝統的な旋律やリズムの特徴を感じ取り，それらを生かした表現を工夫することなどへの取り組みなど，収穫祭での獅子舞や，太鼓演奏へつなげた学習が行われている。

❿ 地域への展開

夢田んぼでの稲づくりの活動は，保護者をはじめ，地域で生活するさまざまな人がかかわりをもち，地域に拡がり，支えられながら展開されている。

苗づくりの段階で，種もみを分けてくれた農家の人や，土づくり，田おこし，田植え，稲刈り，脱穀，もみすりなどそれぞれの節目には地域の農家からゲストティーチャーとして参加してもらっている。

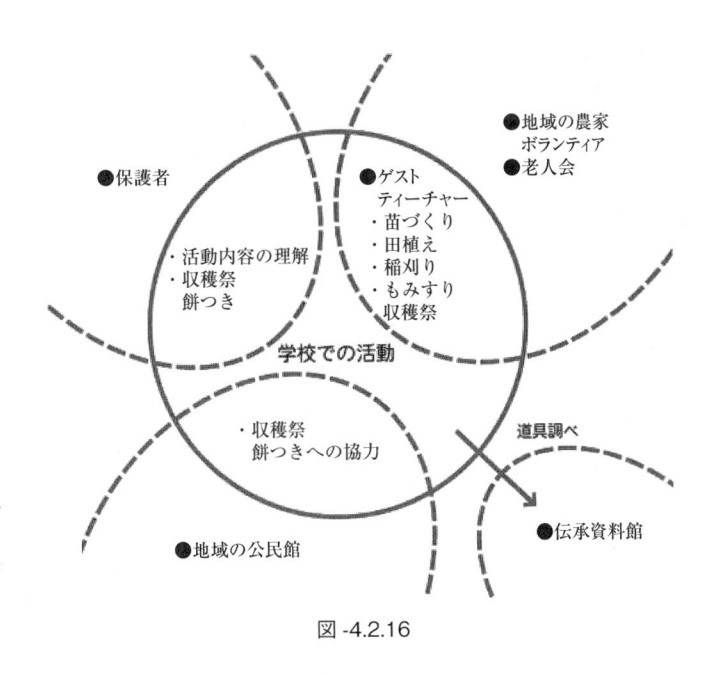

図-4.2.16

これらの人たちの支えがなければこの活動もここまでふくらんでいないのではないかと思える。また，地域の農家の人たちとふれあう経験が，農業や自然などに対する興味を拡げ，途中の農作業に使う農具については地域の伝承資料館へ調べにいく活動も行われている。収穫祭の餅つきや創作芸能の発表には，地域の公民館で活動している市民グループが協力して盛大に行われている。また，保護者には年間の取り組みを説明し，理解を得て活動の節目には参加し，協力してもらう体制ができている。このように学校の中での活動が，それぞれの段階で学校の外への接点を大切にしながら地域へ拡がっているのである。

第4部　自然豊かな学校空間

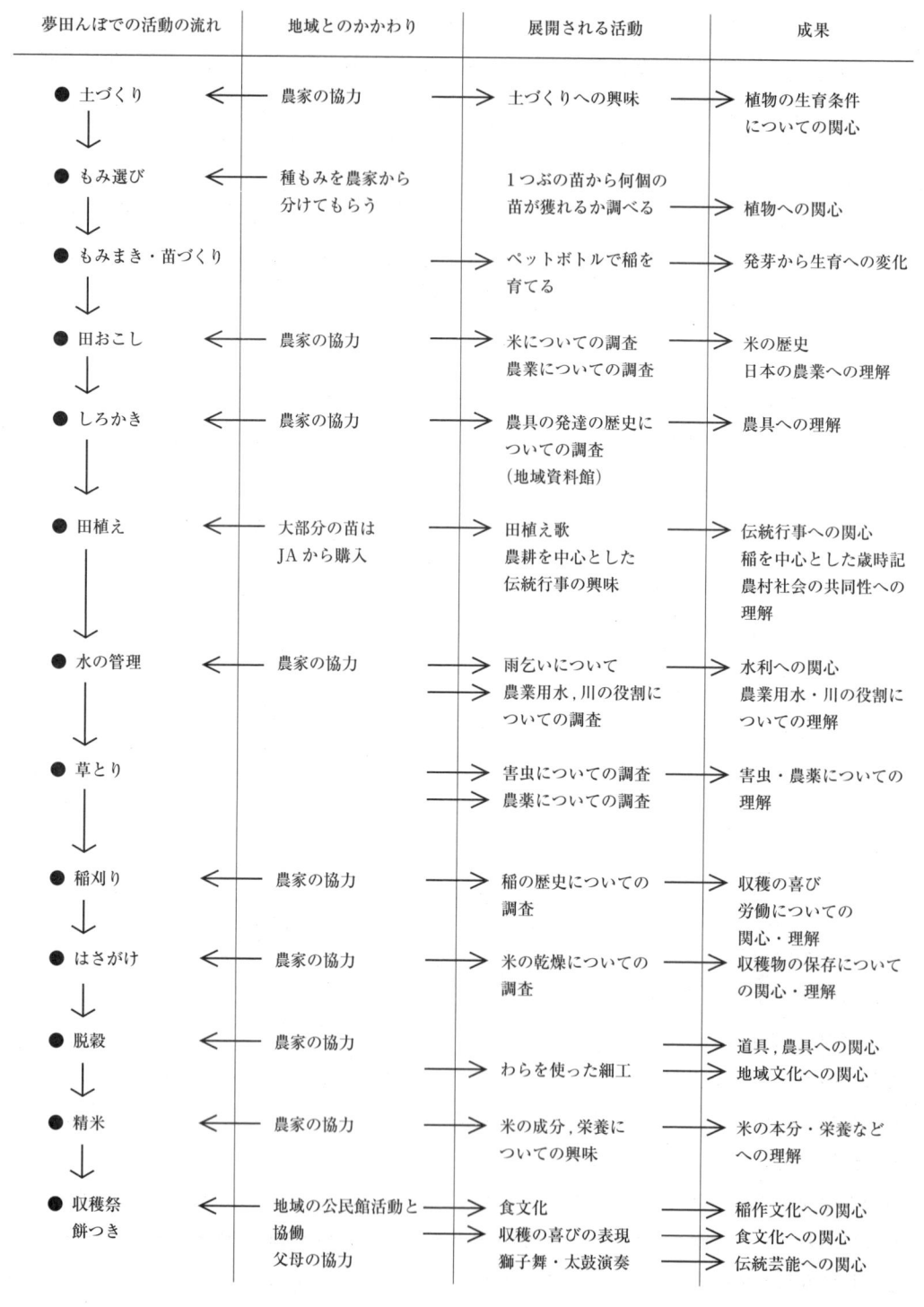

夢田んぼでの活動の流れ	地域とのかかわり	展開される活動	成果
● 土づくり	農家の協力	土づくりへの興味	植物の生育条件についての関心
● もみ選び	種もみを農家から分けてもらう	1つぶの苗から何個の苗が獲れるか調べる	植物への関心
● もみまき・苗づくり		ペットボトルで稲を育てる	発芽から生育への変化
● 田おこし	農家の協力	米についての調査 農業についての調査	米の歴史 日本の農業への理解
● しろかき	農家の協力	農具の発達の歴史についての調査（地域資料館）	農具への理解
● 田植え	大部分の苗はJAから購入	田植え歌 農耕を中心とした伝統行事の興味	伝統行事への関心 稲を中心とした歳時記 農村社会の共同性への理解
● 水の管理	農家の協力	雨乞いについて 農業用水，川の役割についての調査	水利への関心 農業用水・川の役割についての理解
● 草とり		害虫についての調査 農薬についての調査	害虫・農薬についての理解
● 稲刈り	農家の協力	稲の歴史についての調査	収穫の喜び 労働についての関心・理解
● はさがけ	農家の協力	米の乾燥についての調査	収穫物の保存についての関心・理解
● 脱穀	農家の協力	わらを使った細工	道具，農具への関心 地域文化への関心
● 精米	農家の協力	米の成分，栄養についての興味	米の本分・栄養などへの理解
● 収穫祭 餅つき	地域の公民館活動と協働 父母の協力	食文化 収穫の喜びの表現 獅子舞・太鼓演奏	稲作文化への関心 食文化への関心 伝統芸能への関心

図-4.2.17

⓫ まとめ

　矢野南小学校での学校空間全体を使った環境学習活動の中で，とりわけ屋上の「田んぼ」で展開される活動に子どもたちは実に生き生きと取り組んでいる様子が観察できた。ここで読み取れるのは，まず，体感することの重要性である。子どもたちが五感をすべて使って感じることのできる活動が自然かつ周到にプログラムされていることが環境についての学びの原点になっている。次に，校舎の中に「田んぼ」があることの意味が大きい。稲の生育の状況や変化がいつでも身近に感じていられるのである。わざわざ出掛けていって感じるのではなく，自然に感じることができるようになっていることは重要である。また，空間や活動が閉じていないこと，外へ拡がっていることがこの小学校の活動を奥行きのあるものにしている。学校空間が地域環境と連続するかたちでつくられ，活動が地域へ拡がる素地をつくっている。そして，活動がさまざまに展開しながら，学年や学校の枠を超えてつながることができる場所が用意されていることが何よりの魅力となっている。

　環境学習のために必要なものは，単なる「もの」としての施設ではなく，それがあることそのものが刺激に満ち，さまざまな活動が生まれ，人と環境との間に生き生きとした，応答関係が広がっていくような魅力ある場所なのである。

◎引用文献・参考文献
1) 矢野南小学校：基本設計説明書，象設計集団
2) 矢野南小学校：教育研究会要項，主催 広島市立矢野南小学校教育研究会，後援 広島市教育委員会・広島県教育委員会（2001.6.26）
3) 矢野南小学校教育カリキュラム，平成10年度～13年度
4) 伊賀本寿徳：平成13年度山口大学卒業論文「矢野南小学校の空間構成について」

4.3 森を創り出す学校
―― 尼崎市立成徳小学校の場合

❶ 子どもの成長空間としての学校環境

　校庭を含む学校環境は，学習教育空間であり，児童・生徒が1日のもっとも長い時間を過ごす生活空間でもある。学校生活の中で，子どもが生命（人間，動物，植物）との出会いや環境との出会いを通じて成長する場が学校環境であり，学校は地域社会におけるもっとも大きな公共空間，地域施設としても大きな役割を担っている。とくに自然環境の乏しい都心の学校は，地域にとって貴重な環境と心のオアシスとなりうる可能性をもっている。

　近年，学校の校庭でのビオトープづくりが急速にすすめられ，商品パッケージさえ生まれている。本来，創り，育てて，使うという環境形成のプロセスを踏まず，購入して消費する発想の学校ビオトープの出現や総合的学習の安易な教材パッケージの出現に警鐘を鳴らす必要があるほどである。その一方で，教職員，地域住民，児童が手づくりで校庭環境を整備し，育んできた学校もみられる。

　ここでは，大阪市に隣接する兵庫県尼崎市の成徳小学校を紹介する。この小学校は，国道2号線と43号線の二大幹線道路にはさまれた高密な市街地に立地し，開校から50年を経た成徳小学校の学校環境は，「成徳の自然」，「成徳の森」と呼ばれるまでに成長している（図-4.3.1，4.3.2）。

　筆者が成徳小学校にはじめて訪れたのは1999年であった。その時の印象は強烈で，校門を入ると都心であるのに鬱蒼とした森が出現し，授業中なのにビニール袋をもって校庭をうろうろする子どもの姿があった。あとで問屋知洋校長先生（当時）に聞くと，授業で，実物をみた

4.3 森を創り出す学校

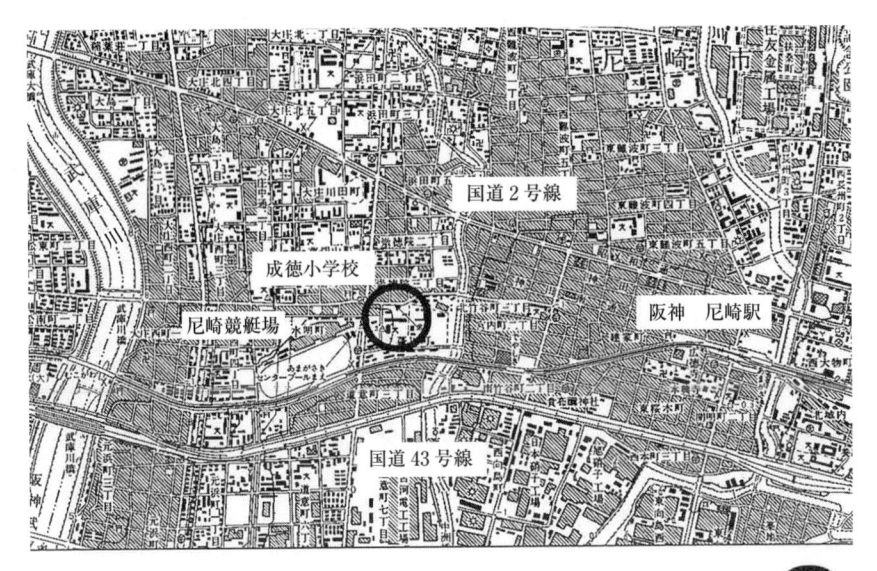

図-4.3.1 成徳小学校の位置と周辺環境

ことのない花や木や昆虫・動物が教科書にでてきたら、「すぐに校庭でさがしてきなさい」と先生はいうらしい。ここには「校庭に植わっているのは雑草であっても教材だ」という先生や、「教科書にでてきたら、その草の種をまく」という先生もいる。先日、成徳小学校を訪れた折り、宮下校長先生から「校庭の雑草とりをしないよ

図-4.3.2 自然環境豊かな尼崎市立成徳小学校（2004年，全景）
成徳小学校提供[2]

図-4.3.3 5年生総合的な学習の時間における田植え（2008年6月）と稲刈り（10月）

199

うにしている」という言葉を聞いた。雑草は虫の住処で，その虫は教材なのである。2008年6月の地域に「開かれた参観日」に参加したときは，校庭の水田（2003年整備，成徳新田と命名）で，5年生が総合的な学習の時間に田植えをしていた。先生の背中にトンボがとまっていたのが印象的であった。

以下では，成徳小学校の校庭環境づくりのプロセスと校庭を活用した環境学習や教育プログラムについて紹介する。

❷ 総合的な学習の時間と成徳小学校の対応

筆者がこの小学校を訪れて10年の月日が流れた。この間，2002年度には「生きる力」を育むことをねらいとする学習指導要綱のもとで「ゆとり教育」がスタートとする。そして年間授業時間が70単位時間（週あたり2単位時間）縮減される一方で，「総合的学習の時間」（110単位時間）が創設される。

その後，子どもの学力低下が問題になり，総合的な学習の時間をめぐる状況も変化する。そして2009年度からスタートする新学習指導要綱では，総合的な学習の時間の削減（年間110単位時間から70単位時間へ）と外国語活動の導入（35単位時間）が示されている（2年間は移行期間）。

総合的な学習の時間の削減は，総合的な学習の時間や環境教育の意義が否定されたからではない。むしろこの間，環境教育の重要性の認識は増しており，教育現場では，限られた時間内にどのような教育プログラムを組むのか悩みの種となっている。

ここで紹介する成徳小学校では，総合的な学習時間の導入される前から，各教科の中で学校環境を生かした環境教育が行われてきた。

環境教育は，イコール総合的な学習ではない。むしろ学校を舞台とする環境教育は，子どもの学校での生活体験を通じて総合的に修得されるものであり，授業以外の時間も重要，総合的な学習の時間以外の授業も重要なのである。その意味で，成徳小学校の経験から今後の環境教育のあり方のヒントを学ぶことができる。

成徳小学校では，学校の豊かな自然環境を生きた教材ととらえ，生態系をできるだけ壊さないエリアと人の手が入ったエリアをつくり，「自然と親しみ，自然に学ぶ」をモットーに素晴

らしい学習環境の整備と充実を図ってきた。そして総合的な学習の時間の導入に際して，総合的な学習の時間と各教科の基礎・基本が大切であり「車の両輪である」という考えから，研究教科を理科，生活科を設定し，総合的な学習の時間に各教科がリンクする教育プログラムをつくりあげて対応した[3]。総合的学習の時間の削減という状況のなかで，充実した環境教育を実現させるヒントが成徳小学校にある。

尼崎市では2004年度からそろばん特区に指定されたこともあり，計算の時間が総合的な学習の時間に組み込まれた。そのような状況の中で，総合的な学習時間と理科，図工，社会等の教科と組み合わせた並行（融合）した時間割をつくることで対応している。

❸ 森を創り出す学校 — 尼崎市立成徳小学校の学校環境づくり

• 学校環境の整備と校庭の成長 •

まず，成徳小学校に森が創り出される経緯について触れておこう。

[第 1 期（1953-1977）：学校の創設と校舎・施設の近代的整備]

戦後，蓬川流域の大湿地帯であった場所に，センタープール（競艇場）を建設する際に掘りおこされた土砂を敷き，成徳小学校と明倫中学校，公営住宅の敷地が造成された。そして1953年，大庄小学校と西小学校から分離して新たに成徳小学校が開校した。当時の教職員は31名，児童数1 092名，木造2階建て2棟の校舎であった。校庭には緑もなく，運動場は南西部のセンタープール用に掘り出した泥土や土砂をひいたばかりの荒れ地で，校舎からみえる工業地帯の煙突が名物であった。当時，文芸部の文集の表紙が「けむりから」で，煙突からの煙が成徳小学校のシンボルだったという。

その後，校舎・施設の整備が進む。1962年7月にはプール，翌年2月には講堂兼体育館が完成する。1965年12月には木造校舎が解体され，南面3階建ての鉄筋コンクリート造の新校舎工事がはじまる。1966年度から1971度にかけて校舎の建て替えが行われ，1972年にはRC造3階建て新校舎が完成する。

2棟の木造校舎の解体によって，北側の跡地が空地になった。この空地に交通安全教育のための自転車公園が1975年頃に設置されるが，1977年には取り壊され，翌1978年には，校庭にアスレチック式の総合遊具が設置された。

[第2期（1978-1989）：校庭の緑化と自然環境の整備]

1970年代後半以降，校地の様相は一変する。空地から校庭への変化である。

校庭の当初の変化は，緑の増加に現れた。後に成徳の森，つどいの森，ふれあいの森と呼ばれる雑木林系の緑化が推進される。続いて平和の鐘の山やなかよし広場，小鳥の家もつくられる。

校庭の緑化は，教師と児童がいっしょになって，種をまき，植林することによって進められた。さらに緑だけでなく農園や小動物の飼育室，ひょうたん池もつくられた。校庭は，空地から多様な生命とふれあえる自然体験の場となった。

[第3期（1990-現在）：成徳の自然環境の充実]

その後，豊かに成長した成徳小学校の自然環境を，さらに充実させ，意識的に教育と結びつけようとする試みがスタートする。1990年に学校園・学習園，わんぱく池，1991年にどうぶつランド，ヘチマ棚，湿地の生き物池，1992年に小鳥小屋，七草園，1994年に岩石園，温室，昆虫館が完成し，それらをつかった教育プログラムが考案・実施される。1992年に導入された「生活科」はそれまで教室にとどまることが多かった学習の場を学校全体に広げるきっかけにもなった。

リオデジャネイロで国連の地球環境会議が開かれたこの時期は，それまでの緑化推進からエコロジカルで，サステイナブルな環境形成を求める地球環境時代への転換期でもあった。雨水を使った水循環システムの試行，森の枯れ葉を堆肥化するエコスクール化の試みにも挑戦した。

1995年，阪神・淡路大震災後，成徳小学校は地域や社会に開かれた学校を目指し，校庭の環境を利用したユニークな環境教育の発信を行うようになる。成徳小学校は，1995年1月17日から4月29日まで，阪神・淡路大震災の被災者の避難所にもなっており，震災復興や学校と地域の連携のシンボルとして父兄以外の地域住民をも対象とする「開かれた参観日」が企画された。第1回の「開かれた参観日」は1995年10月23日に開催され，校庭の自然環境を教材とした授業や放課後の成徳の森での自然観察のワークショップが目玉となった。

● 学校環境への愛着の形成 ●

1992年には，森に成長した緑に，「成徳の森」，「つどいの森」，「ふれあいの森」という名前が付けられた。名前があるということは，他と区別される個性があるということであり，自然とともに暮らす愛着も増す。単なる緑ではなく，固有名詞の「成徳の森」であり，「つどいの森」

であり,「ふれあいの森」なのである。その後,2000年には「せせらぎ」が,2003年には「成徳新田」がつくられたが,これらの名前も児童の公募でつけられたものである。

78年の前庭・緑化整備以降,30年の歳月をかけて,豊かで多様な環境が教職員・児童の力によって整備され,改修,維持されてきた。このことは環境の整備自体が,環境学習であり,体験学習であること,児童が自分でつくったと自覚することによって醸成される「場所への愛着」が付加される点でも大きな意味をもっている。

そのことは,「せせらぎづくり」を通じた児童の校庭環境に対する意識の変化は卒業文集・思い出の絵日記からよくわかる。

「せせらぎづくり」の感想の中で,ある生徒は,「せせらぎ作りをして以来,……せせらぎにあるゴミ,落ち葉を掃除したりしている」といい校庭づくりをきっかけに愛着を感じ,環境に対する行動が変わったという感想を寄せている。また,ある生徒は「『えーつかれるねーいやーしんどい』という思いが強かったけど,やっていくたびに『せせらぎづくり,はよーしたいわ』と思うようになった」と述べ,またある生徒は「今年の新一年生は,どう思うか心配です。『学校に川があるなんてすごいな』と思ってくれると僕はすごくうれしいです。そしてザリガニやドンコなんかがいっぱいいるせせらぎにしてほしいと思っています」といった,はじめは嫌だった校庭づくりが楽しみに思えてきたという感想を寄せている。別の生徒は「成徳小は,いつまでも自然がいっぱいで,生き物がたくさんいるままでいてほしいです。もし変わるなら,今のようにせせらぎをつくるとか,新しく動物を飼うとかというように自然を増やすようなことをしてほしいと思っています」というような感想もみられた。

これらの作文は,校庭づくりの体験がきっかけになり学校に対する愛着が増し,もっと環境を良くしたい,環境づくりに参画したいという願望が生まれていることが表れている。

また,成徳小学校の「50周年記念誌」(2002年11月)には,「子どもの頃の原風景」,「都会のオアシス」,「思索する契機として」,「心のふるさと」,「心のまなびや」といった表題で卒業生からの思い出が綴られている。

こうしてみると,成徳小学校の校庭は,「空地」から「緑」,そして「森」へ,さらに多様な生物の生息し,児童や教職員,卒業生の愛着が宿った「環境」へと変化していることに気づく。

第4部　自然豊かな学校空間

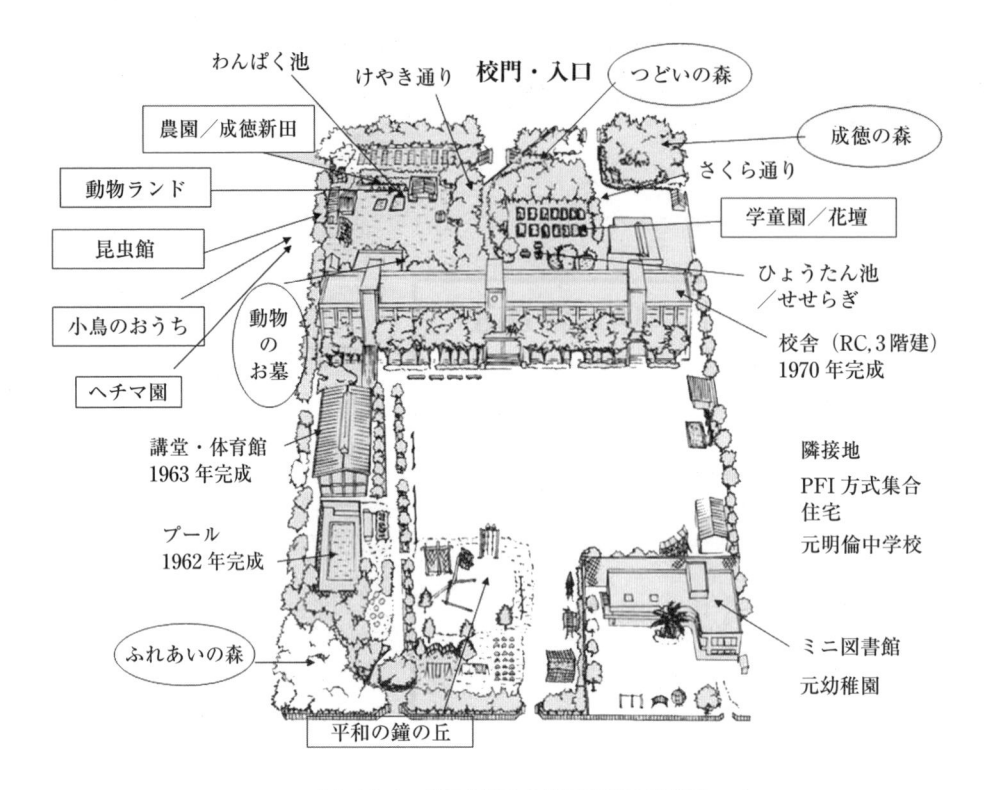

図-4.3.4　成徳小学校の学校環境の構成図

• 成徳の自然 — 学校環境の構成 •

図-4.3.4は，成長した現在（2008年）の成徳小学校の学校環境の構成を示している。

学校環境は，RC3階建て校舎とその北側の校庭と南側に運動場と校庭で構成されている。

北側の校庭には，成徳の森，つどいの森，南側にはふれあいの森がある。成徳の森は，できるだけ管理を行わない擬似的極相林であるのに対して，つどいの森やふれあいの森は，適切な里山的管理を行う2次林という性格をもっている（雑木系の環境）。

さらに校庭の北側には5つの農園と水田がある。北東部には，学童園や花壇があり，北西部には，学習農園や春秋の七草園，ヘチマ棚，そして2003年につくられた成徳新田がある（農園系の環境）。さらに，観察池，せせらぎ，ひょうたん池，わんぱく池などの水辺環境や動物ランド，小鳥の家，昆虫館などの生き物環境があり，多様で充実した自然環境が形成されている。

❹ 「屋根のない教室」―校庭の自然環境の中での授業

　成徳小学校では，成徳の自然環境の教材化が1991年以降積極的に進められた。「生きる力を育む学校づくり」を基本方針に，全教科において学習の場をできるだけ屋外に移し，多様な体験的活動を取り入れた。その中心は，豊かで多様な成徳の自然環境を活かした授業（単元）の構成にある。

• 校庭での授業とその内容 •

　筆者らの研究室では，各学年およびわかあゆ学級の担任の先生，図画工作の先生を対象に，教科ごとに校庭を利用した単元の内容と，授業の場所の対応，頻度を知るために2000年度にアンケート調査を実施した[5]。その結果，73単元が校庭の自然環境を活用したものであることがわかった。その内訳は，図画工作（18単元），理科（17単元），生活科（13単元），国語（5単元），社会（4単元），体育，算数，道徳（各2単元），家庭科，特別活動（各1単元），3年・4年総合的な学習の時間（5単元），その他（3単元）である[5]。

　総合的な学習の時間以外でも，各教科の授業の場として校庭が積極的に使われている。例えば，校庭の落ち葉や動物をスケッチしたり，成徳の森でドングリや木をひろってそれを材料に工作する図画工作，農作物・花を栽培・観察したり，昆虫や岩石を採取したりする理科，校庭でのさまざまな体験活動をとりいれた生活科では，とくに校庭が学習の場となっている。成徳の森の木々をみて詩をつくる国語の時間，木の実をひろってそれを数える算数の時間，校庭の自然のなかで合唱・合奏する音楽の時間，校庭でできた農作物を題材に食糧問題や農業問題を間考える社会の時間，農作物で料理をつくる家庭科の時間など，その内容は多岐にわたっている。

• 授業以外の校庭での生活体験 •

　成徳小学校の豊かな自然環境が子どもの成長にどうかかわっているかを校長先生に尋ねた。すると朝の「なかよし学級」をみることを進められた。仲良し学級は，小鳥小屋や動物ランド，農園・花壇やつどいの森などの清掃を，高学年と低学年のチームで行う活動である。

　子どもは朝登校すると，つどいの森のなかのけやき通りをとおり，教室に入る。そして校庭にとびだし当番の場所にいって清掃活動をする。その間，おはようの挨拶が飛び交う。これが

第 4 部　自然豊かな学校空間

図 -4.3.5　登校時の光景（けやき通り） 　　　図 -4.3.6　朝の「なかよし学級」の光景

成徳小学校の一日の始まりである。

　成徳小学校には，動物のお墓もある。かつて飼育していたチャボのお墓ということだが，自分が飼っていた動物や昆虫が死んだとき，ここで手を合わす子どももいる。2008 年の稲刈りを見学しにいった日の放課後に「わけありで亡くなったヤモリを弔う」という 5 年生に出会った。彼らは，総合的な学習の時間に稲刈りをしたときに，カマキリをみつけてはしゃいでいた児童である。お墓に向かって合掌し，稲刈り後の成徳新田でカマキリ，バッタ捜しをして帰路についた。

図 -4.3.7　放課後，生き物のお墓に手を合わせる児童（左）。その後，成徳新田で虫取りをして帰宅（右）

　授業以外の時間でも，成徳の自然環境は子どもの価値ある生活体験の場となっている。異年齢集団の「仲良し学級」での生命を育む飼育活動や自然に学ぶ栽培活動，成徳の自然をつかった児童会主催の成徳オリエンテーリングなどの課外活動も充実した内容で，それらをちゃんと価値づけをして教育プログラムに組入れている点でも成徳小学校は素晴らしい。

• 校庭における各教科の授業の場所 •

　図-4.3.8 は，校庭で行われる環境教育にはどのようなものがあるのか，校庭のどの場所でどのような授業（教科・単元）が行われているかを尋ねたアンケート調査結果をまとめたものである。図-4.3.9 では，その頻度を地図上に示した。以下に結果をまとめておく。

① 単に総合的学習において校庭の自然を活用しているだけではなく，国語，算数，理科，社会といった各科目の授業の場として校庭が積極的に使われていることがわかる。

② 学校環境，とくに校庭での授業の利用頻度を示した図-4.3.9 から，成徳小学校は，学校の敷地全体が学習の場になっており，教室だけが学習の場ではないことがわかる。

③ 校庭のさまざまな場所が学習の場となっているが，とくに農園系の場所がもっとも授業単元の中で活用されている（73単元中26単元）。ここでは理科・生活科・総合的学習のカリキュラムを中心にもっとも多い8教科の環境教育プログラムが実施されており，「農」

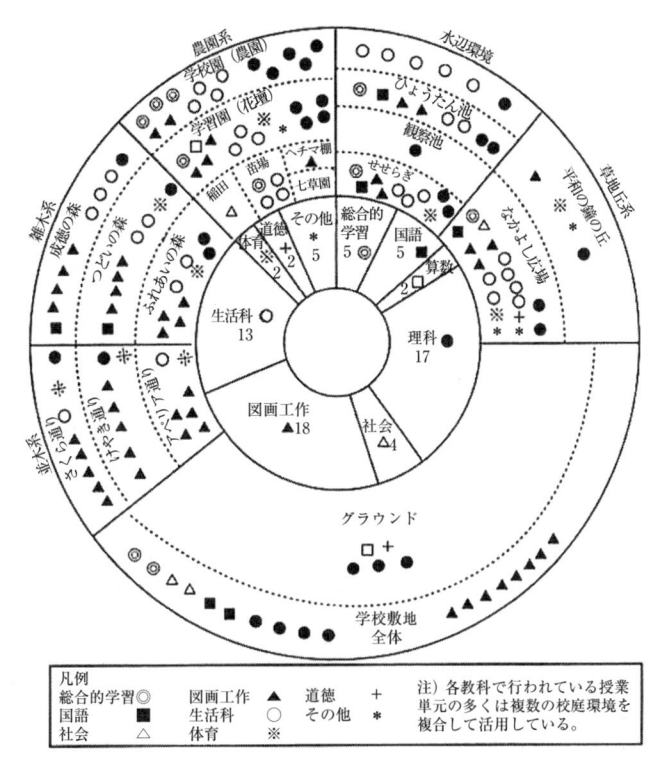

図-4.3.8　校庭における各教科の授業と場所（2000年度アンケート調査より作成）

の学習の場としての役割が大きいことがわかる。
　その他，ここでは図表は省略するが，ほとんどの授業が，校庭の特定の場所だけを活用する

第4部 自然豊かな学校空間

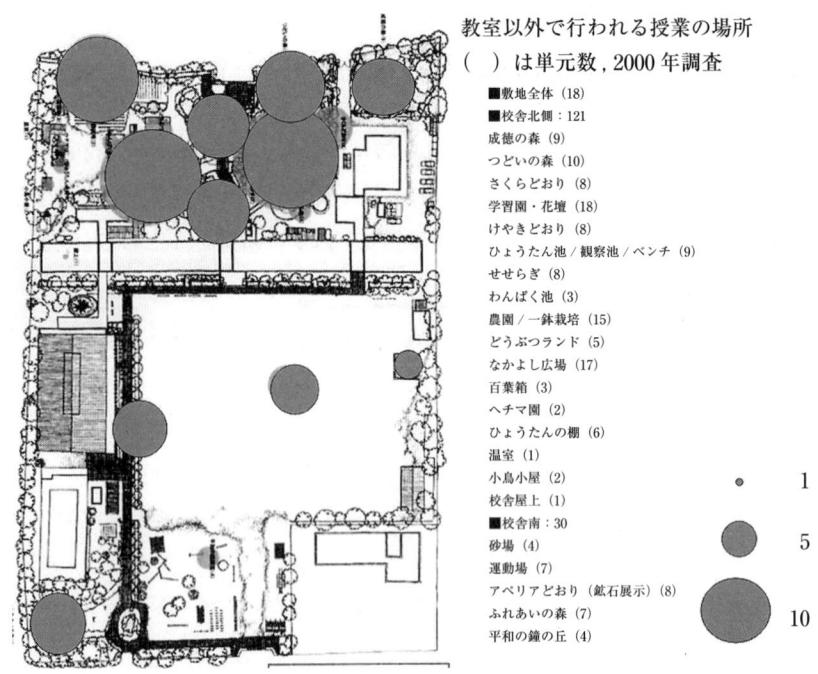

教室以外で行われる授業の場所
（　）は単元数，2000年調査
■敷地全体（18）
■校舎北側：121
　成徳の森（9）
　つどいの森（10）
　さくらどおり（8）
　学習園・花壇（18）
　けやきどおり（8）
　ひょうたん池／観察池／ベンチ（9）
　せせらぎ（8）
　わんぱく池（3）
　農園／一鉢栽培（15）
　どうぶつランド（5）
　なかよし広場（17）
　百葉箱（3）
　ヘチマ園（2）
　ひょうたんの棚（6）
　温室（1）
　小鳥小屋（2）
　校舎屋上（1）
■校舎南：30
　砂場（4）
　運動場（7）
　アベリアどおり（鉱石展示）（8）
　ふれあいの森（7）
　平和の鐘の丘（4）

図-4.3.9　校庭の場所と各教科の授業の対応

のではなく，複数の場所を組み合わせた教育プログラムを組んでいることもわかった。一つの場所だけを使って授業を行う単元が37単元あり，複数の環境を関連づけて総合的に活用するカリキュラムも36単元ある。校庭の多様な環境を組み合わせて活用することで，より豊かなプログラムも生まれている。

❺ 最後に

・成徳小学校の環境力・

成徳小学校の豊かな自然環境の効用は何であろうか。

まず第1に学校が好き，楽しいという子どもが多い。

豊かな自然環境をもち，充実した教育プログラムをつくりあげた成徳小学校でも，悩みがある。その一つは成長した自然環境の管理の問題であり，今ひとつは学習の教育的成果の問題である。前者は地域との連携が鍵である。後者について当時の校長先生に尋ねたところ，尼崎市の一斉テストで理科の学力の結果が思ったより悪かったということだった。しかし「理科が好

き」,「学校が好き」,「楽しい」と答えた比率はトップクラスだった。それでいいのではないのか。ペーパーテストは要領,好きは気持ちの反映だとすると,学校が好きという指標のほうが重要である。環境教育の成果は,子どもの生命に対する優しさや環境に対する好奇心や行動をみて判断したいと思う。評価,判断すること自体が不要なのかもしれないが,そうもいかないらしい。

第2に学校環境が児童か卒業生の原風景を形成していることがあげられる。学校環境に愛着を持っている児童,卒業生が多く,転校生や卒業生が学校に遊びにきたりリフレッシュしに訪れる。

この春着任した先生は,成徳の子どもは,学校へ来ると運動場ではなくひょうたん池や農園,動物ランド,昆虫館のある校庭にいくのに驚いた。子どもだけでなく教師にも変化がある。ある教師は,この小学校にきて,怒らなくなった自分に驚いた。また淡路島の農家出身の若い教師は,着任とともに農業を勉強しに実家に頻繁に帰り,とうとう校庭に水田をつくった。このような変化は,まさに成徳小学校の校庭の環境力によるものである。

• 成徳小学校からの教訓,課題,わかったこと •

30年にわたる成徳小学校の実践と経験は,「子供と自然がともに成長する学校」のあり方を示す好事例といえる。以下はまとめである。

成徳の自然環境の教科化の取り組みによって,校庭の多様で豊かな自然環境の価値が高まり,学校環境と教育プログラムの結合が図られた。その結果,総合的な学習の時間はもとより,国語,算数,理科,社会,図画工作,生活科,体育,道徳など,さまざまな教科の授業の場所として校庭が使われるようになった。成徳小学校の校庭は「屋根のない教室」である。

校庭で種や苗から育てられた木々は,年月と人の愛情を得て大きな森になり,実った種が環境学習の材料につかわれていた。ここには,環境を育てるプロセス自体が環境教育になり,育った環境が環境教育の教材になる「成長のサイクル」の存在を教えてくれる。このプロセスを通じて,子どもたちも成長し,自然を活かした新たな学習プログラムが創出されている。

成徳小学校の校庭づくりは,学校環境を豊かにするのみならず,子どもたちの環境観を変え,教育プログラムをより総合的に充実させるものであった。校庭の自然・生命とのふれあいを通じて,子どもたちは自然を愛し,自らの環境観を豊かにし,さらに生命・自然と共生した学校生活の体験を集積している。

現在，学校教育における環境教育が注目される背景の一つに，家庭や地域の環境教育力の低下があげられる。かつては家庭や地域生活の中で自然と会得されていたものができなくなり，学校教育への期待が高まっている。環境教育の場が，家庭・地域から学校へと，その運営主体が移行し，日常的な環境教育から意識的な環境教育へとその性格が変貌しているのである。このような状況のなかで，環境教育の運営主体，担い手の確保，学校と地域・家庭との連携が重要性を増し，いかに環境教育を子供の生活にプログラミングするかが課題となっている。

実は学校施設のあり方，地域環境のあり方といった空間計画課題と，教育の新しいカタチ，環境教育の運営主体の育成や学校・地域の連携の課題は相互に深く結びついている。

校庭環境を教育や地域環境の向上にいかに結びつけるのか。学校環境の改善は，校舎のみならず校庭を含む豊かな学校環境ストックの価値を高める方向で，環境全体のリノベーション方法を検討すること，地域の重要な環境ストックとして学校環境の整備と活用の方向を打ち出す必要がある。教室の中に整然と並べられた机から子供を解放し，校舎はもとより校庭を含む学校環境全体が子供の成長空間，生活空間となる新しい学校が求められている。

子どもの環境学習と未来につなげる鍵がこれからの学校環境づくりにあることを成徳小学校から学ぶことができる。

◎引用文献・参考文献
1) 間屋知洋：成徳の自然と子どもたち，都市に自然を育む尼崎シンポジウム 2000「子どもの環境学習を未来につなげる」報告集，日本建築学会近畿支部農村計画部会（2000.3）
2) 尼崎市立成徳小学校50周年実行委員会：成徳小学校「50周年記念誌」（2004.11）
3) 冨岡多鶴子：はじめに，尼崎市立成徳小学校，平成16年度校内研究紀要（第32号）（2005.3）
4) 内平隆之，山崎寿一，重村力：尼崎市成徳小学校の環境教育からみた校庭環境の成長，神戸大学大学院自然科学研究科紀要第21号，p93-100（2003）
5) 山本竜太郎：尼崎市立成徳小学校にみる環境学習とその計画学的考察，2000年度神戸大学大学院自然科学研究科建設学専攻修士論文（2001）

4.4 学校で海の生き物にふれる

　戦後の高度経済成長期を経て，多くの海は埋め立てられ，護岸工事が行われた。自然の海岸線は失われ，子どもたちが砂浜や磯で遊ぶことも少なくなり，海の生き物は水族館で水槽のガラス越しに眺めるだけになった。海の生き物を子どもにとってもっと身近なものにしたいという想いをもつ大人は多い。

　学校での環境学習活動をより効果的に行うために，子どもが環境を直接体験することが欠かせない。学校は活動を校舎の中に閉じ込めず，地域のコミュニティや企業との連携を図るべきである。地域には，学校での環境学習活動を支援する力が潜在するはずである。

　この項では，児童・生徒の環境学習活動を支援するグループの活動を2つ取り上げる。いずれも横浜市におけるものである。それぞれの事例における活動の契機や内容，および展開過程を考察し，学校が地域と連携して環境学習活動を促進させる条件を探る。

❶ タッチングプール（横浜市立M小学校）

• アクアミューズ・フレンドリークラブの設立経緯 •

　M小学校は，かつて遠浅の海と緑濃い森に接する，自然に恵まれた小学校であったが，埋め立てで海を失う補償措置として1958年に鉄筋2階建ての水族館が建設された。この水族館は全国博物館協会に登録され，学校休業日以外は一般に無料開放される。小学校付属施設として，水族館は各学年，各教科にわたってさまざまな活用がされてきている。

1995年に同窓生有志が中心になって，子どもたちに海の生物により親しんでもらうよう「タッチングプール」が企画され実行に移された。以後，毎年1回，5月ないし6月に行われるが，これをきっかけに同窓生有志，地域住民ならびにPTAの人たちによって「アクアミューズ・フレンドリークラブ[1)]（以下，クラブと表記）」が組織された。活動として他に，磯遊びや魚釣り（水族館展示生物の確保），講演会などが行われている。会員は2008年3月現在で約200名を数える。年一口1000円の会費と関係者のボランタリーな労力提供，その他資金・資材提供等で活動が成り立つ。

・タッチングプールの前日までの準備・

2001年のタッチングプールは6月16日（土）に実施された。前日からの様子をまとめる。

1. 魚介類，器具の調達

タッチする，あるいは展示する魚介類は一部水族館のものが使われるが，大半は学外からもち込まれる。同窓生K氏（元漁師）が前日の早朝に網を張って捕獲したもの，同じく同窓生H氏（元江ノ島水族館館長）のつてで交流のある山口県周防大島の小学校から託送されるもの，さらにクラブ会員がもち込むもの等である。展示に必要な水槽およびポンプ類はクラブ会員S氏（水槽レンタルメンテナンス業）が提供し，たらいや折りたたみ机など学校備品も利用する。タッチングの対象魚介類はドチザメ，ボラ，イシダイ，クロダイ，ヒトデ，ナマコなどである。展示水槽ではドチザメ，サケ（稚魚），タツノオトシゴ，クロダイ，ウミウシ，タナゴ・ベラ（淡水水槽），タコ，そしてたらいではヒトデ，ナマコ，ヤドカリ，ウミシダ，エビ，カニ，ホヤである。

2. 噴水池の清掃

タッチングプールの主会場は校舎中庭の噴水池である。子どもがはだしで走り回っても危険がないよう，池および周囲の土砂や苔などをデッキブラシで洗い流す。2時間程度かかる。清掃はあらかじめ学校を通じて協力依頼した保護者とクラブ会員が当たる。

3. 展示準備

毎年，特定のテーマを設定して展示コーナーやビデオなどが準備される。6年間を通して経験することで学習が完結するようプログラムされている。2001年のテーマは「雌雄」であった。展示生物の写真（図鑑のカラーコピー）や基礎情報を模造紙にレイアウトし，クイズ形式の展示を行う。これらもクラブ会員が中心になって行う。

• 当日の運営 •

会場配置は，屋外の噴水池，ピロティの水槽展示コーナーおよびたらい展示コーナーにわかれる。それぞれに責任者，副責任者を決め，また，あらかじめ呼びかけに応じた保護者有志，青少年体育指導員も子どもたちがさわったり観察したりする時に助言・注意したり，介助したりする役割をもつよう配置される。責任者・副責任者は当日，朝6時30分，青少年体育指導員は7時，一般保護者は8時に集合し，準備に当たる。他のクラブ会員は受付・案内，記録（カメラ）を分担する。

早朝，噴水池には水道水と精製塩で人工海水がつくられ噴水池に満たされる。容量は6tにも達し，精製塩は200kg必要になる。市販価格で10万円相当の精製塩を購入する予算的余裕はなく，関係者の努力により企業から無償で提供を受けている。

「タッチングプール」は各学年とも1単位時間（45分）中に各教科の時数のなかで取り組まれる。タッチングプール20分と観察活動（水槽展示，たらい展示）20分をそれぞれ前半または後半に割当てて行う。1～4年生はその後の時数を使って感想文（クラブ会員や保護者など支援者への手紙）を書く。5，6年生は後日行う（スケジュールは表-4.4.1を参照）。

表-4.4.1 タッチングプールのタイムスケジュール（2001.6.16）

	タッチングプール	観察活動（水槽・たらい）
3年生	8:55～9:20	9:20～9:40 → 手紙
4年生	9:20～9:40	8:55～9:20 → 手紙
1年生	9:40～10:05	10:05～10:25 → 手紙
2年生	10:05～10:25	9:40～10:05 → 手紙
10:25～10:35 は時間調整		
5年生	10:35～10:55	10:55～11:15 → 後日，手紙
6年生	10:55～11:15	10:35～10:55 → 後日，手紙
保護者	11:20～	

当日はほぼ11時30分頃にすべての日程が終了し，クラブ会員，青少年体育指導員，保護者らによって随時，片付けが行われた。生き物を水族館の水槽に戻し，水槽およびたらいを洗う，折りたたみ机を戻す，展示物を撤去する，噴水池の塩水を抜いて水洗いをする，などである。およそ1時間かかる。この間，下校準備が終わった子どもたちが一部を手伝ったりする。終了後，関係者で場所を移して反省会を開催する。

• 環境教育としてのタッチングプール •

学年によって子どもたちの反応に差はあるが，おおむね興味をもって取り組んでいた。低中学年は大きな歓声を挙げて海の生き物に触っている。高学年になると，経験を重ね冷静に観察する子どもが多くなるようだ。3年生以上は，あらかじめ筆記用具を持参し観察用の用紙が配布されるため，観察活動もより熱心に行う。図鑑をみたり，ガラス越に眺めるだけでなく，直接触れることは五感をフル稼働させる得難い体験であろう。

第 4 部　自然豊かな学校空間

図 -4.4.1　噴水池清掃（前日午後）

図 -4.4.2　保護者とクラブスタッフとのうちあわせ（当日朝・校舎内）

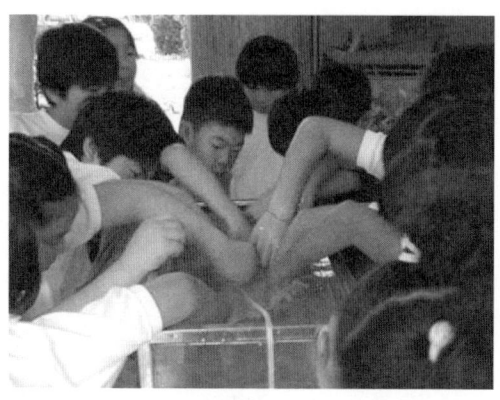

図 -4.4.3　水槽観察（タコに触れる）

図 -4.4.4　水槽観察（元江ノ島水族館館長 H 氏が指導）

図 -4.4.5　クラブスタッフによる指導（1 年生）

図 -4.4.6　ドチザメに触れる（3 年生）

M小学校現校舎は1980年に建て替えたもので，タッチングプールを想定してデザインされてはいない。しかし，取り組みは校舎空間を読みとって諸設備の配置をレイアウトし，子どもたちの活動を誘導している。タッチングプールが継続して行われてきている要因のひとつに，噴水池やピロティなど校舎配置をうまく活用した，空間と学習活動との適合性を挙げることができる。

• その後の活動展開 •

2001年以降も活動は順調に展開している。地域の要望を受け，午後には未就学児，周辺小学校児童を受け入れるようになった。水族館の運営管理も，毎月第四土曜日を市民特別開放日とし，休日や長期休業中と同様，学校と連携をとってクラブ会員が担当している。こうした実践的活動が評価されて，2005年度からは横浜市のパイオニアスクールに指定されて活動助成が行われるようになり，また，2007年度からは「土曜学校」モデル事業[2]指定校となっている。

❷ 「横浜サケっ子の会」の活動

• 「横浜サケっ子の会」の設立経緯 •

「横浜サケっ子の会（以下，会と略す）」の設立は1993年9月に遡る。会長となるN氏（横浜市K中学校技術員）のもとに，区役所からもち込まれたサケの稚魚放流の企画依頼が発端である。下水道整備を背景に川の水質が向上してきたことをアピールするのが横浜市のねらいであった。そこでN氏はつきあいのあるペットショップからサケの稚魚を譲り受け確保した。小中学校教職員の間では，魚をはじめ，昆虫や植物の飼育・栽培や繁殖について，互いに融通しあい理科教育などの教材としている。N氏はこうした仲間に協力を求め，放流準備を進めたが，実施直前，生態系保全のため放流中止を求める電話があり，区役所の判断で放流行事は中止された。

しかし，N氏を中心に準備を進めてきたグループとしては，せっかくの準備や盛り上がった子どもたちの意欲を無為にしたくないという気持ちが強かった。放流場所の情報を集めた結果，「川崎サケっ子の会」が以前から多摩川への稚魚放流を行っていることを知り，このグループと連絡をとって放流行事に参加した。1991年のことである。当初は組織だってはいなかったが，以後回を重ね，93年2月には学校を単位に参加する形態となった。こうして，同年9月にサケの稚魚放流プロジェクトの実施を通じて環境学習を推進することを目的に会が結成された。

● 会の構成と運営 ●

会は主に小中学校の教職員で構成され，会社員も含まれる。2000年8月現在で登録会員数は196名であり，常時活動に参加する中心メンバーは15〜20名ほどである。大学生もボランティア的に参加する。年会費1000円で，「サケっ子プレス」（会報）を年2回程度発行する。活動行事の広報が主なねらいである。部数は500部ほどであり，会員，関係小中学校へ配布している。年会費は会報の郵送など通信費に支出され，稚魚放流とそれに先立つサケ輸送・受精卵配布の2大活動行事に必要な資金は企業からの寄付で賄う。主たる寄付元は横浜CライオンズクラブS[3]である。

会では，当初，社会貢献活動に熱心な大企業に働きかけたが，それら企業は自社のPR意向が強く，主催にこだわるために，プロジェクト推進の上で折り合いがつかなかった。結局，放流プロジェクトは参加する子どもたちを優先し，大企業の後援は断念した経緯がある。また，配布用飼育テキストの印刷代の一部には広告掲載料として会員が関係する地域の企業，事業所，商店・医院などから集めた資金が使われ，受精卵配布会場として交通の利便性のよい横浜駅前の百貨店の屋上（雨天の場合は屋内イベント会場）の提供を受けるなど，多様な支援の輪が広がり活動が成り立っている。なお，1999年度の会財政は，収入が会費，協賛金，カンパ等，支出はサケ輸送・人工受精会および放流会の実施，会報・テキストの印刷等で各90万円弱であった。

● 活動と年間スケジュール ●

活動はほぼ表-4.4.2のような年間スケジュールで行われる。受精卵を採取するサケは福島県楢葉町の木戸川漁協から入手する。輸送の時期はサケ祭りなど地元行事が終わったサケの遡上後半期に設定している。あらかじめ漁協側で受精に適したサケの雌雄を確保しておいてもらうが，個体数は前年の配布会・放流会の参加者数の実績をみて判断する。1999年には雌雄あわせて28匹を運んだ。個体だけでなく，現地で受精し発眼した受精卵も同時に入手する。

サケ個体輸送と受精卵配布は連続する3日間で行う。初日，レンタルトラックに酸素ボンベ，活魚

表-4.4.2 「横浜サケっ子の会」年間スケジュール

5月	第1回事務局会議（プロジェクト立ち上げ）
6月	川崎サケっ子の会とのうちあわせ
	第2回事務局会議（資金調達計画・実施計画検討）
9月	プロジェクト実施計画書作成，プレス発行，プロジェクト企画運営会議
10月	第3回事務局会議（実施詳細案検討），サケ遡上見学ツアー（兼下見）
11月	第4回事務局会議（役割分担等最終確認），サケ輸送
	人工授精会・受精卵配布会
12月	第5回事務局会議（放流会準備）
1月	プレス発行
2月	第6回事務局会議（放流会最終打ち合わせ），放流会
3月	第7回事務局会議（反省会）

4.4 学校で海の生き物にふれる

図-4.4.7　サケの孵化
（「横浜サケッ子の会」会長より提供）

図-4.4.8　漁協でのサケ生体積み込み
（「横浜サケッ子の会」会長より提供）

図-4.4.9　会スタッフ自宅でのサケ生体積み下ろし
（「横浜サケッ子の会」会長より提供）

図-4.4.10　百貨店イベント会場でのサケ受精
（「横浜サケッ子の会」会長より提供）

図-4.4.11　サケの受精を見守るこどもたち
（「横浜サケッ子の会」会長より提供）

図-4.4.12　多摩川河川敷でのサケの稚魚放流
（「横浜サケッ子の会」会長より提供）

タンク（1 m³，4 基），空気分散器，酸素圧力調整器を積み込んで横浜を起ち，午後遅く到着して漁協にあいさつする。二日目にサケ個体等を積み込んで横浜に戻る。トラックは広い庭をもつ会員宅に駐車する。サケは活魚タンクから出して，遊戯用プールで一晩を過ごす。プールから跳び出るサケを戻すために，大学生など若手会員が徹夜で見回る。三日目，トラックは横浜駅前の百貨店までサケと機材一式を運び，屋上（雨天の場合は屋内イベント広場）で受精のデモンストレーションと受精卵の配布を行う。配布会を環境教育の場とする配慮から，会場で子どもたちに受精の実際を体験してもらう。雌サケの腹を切り開いて卵を取り出させ，雄の腹をしごいて卵に精子をかける作業を，会員の指導のもとに行う。ただ，受精をすべて子どもたちの手に委ねることは時間的に難しいため，並行して会員が作業を分担する。1999 年 11 月 13 日の配布会には個人で 234 名，団体（大半が小学校）66 団体，延べ 500 人近い参加者があった。会場の整理には会員の他，市内私立中学校・高校のボランティア部の生徒が応援に駆けつけた。なお，2000 年からは配布会を横浜・川崎の両会合同で行うようになった。これに関連して，川崎市のボランティアグループが当日参加し，アトラクションで音楽演奏もする。

　配布受精卵は学校または個人宅で飼育される。水槽は 45 ないし 60cm 程度の大きさで水温と溶存酸素の調節器具を設備すればよい。初心者でも単独飼育が可能なように，サケの生態，飼育・観察上の注意と要点，および観察記録を記入するワークシートからなるテキストを受精卵とあわせて配布している。会員のいる学校を「拠点校」として多めに受精卵を配置し，途中で受精卵が死んだ場合はそこに取りに来てもらう。放流は例年 2 月上旬に多摩川中流の河川敷で行われる。水槽を積んだ会事務局車両が水辺近く乗り入れる必要があり，河川を管理する当局の許可を得る。2000 年 2 月 13 日に行われた放流会は横浜・川崎あわせて 1000 人を超える参加者（受付名簿では個人 59 名，団体 23）があり，ライオンズクラブが運営する模擬店も設けられる盛況であった。

　2008 年も 2 月 2 日に親子連れを中心に約 1000 人が多摩川に集まり稚魚の放流を行った。会としては 15 回目となる。会員数やイベント参加者数に大きな変化はないが，会メンバーの持続する熱意により，また，資金提供したライオンズクラブ，イベントのための会場提供をした百貨店，労力提供をするボランティアグループなど多くの関係者によって継続している。

• 「環境学習」としてのプロジェクト •

　「横浜サケっ子の会」のプロジェクトは，小中学校の教職員により運営される，受精卵配布会および放流会への参加という校外活動と，受精卵の飼育・観察という校内（家庭内）活動の二つの側面をもつ。期間は毎年，11 月上中旬から翌年の 2 月上旬の 3 ヶ月間である。環境教育の内容として，生命の発生・成長とそれを取り巻く環境というテーマは学校教育にふさわしい。

受精卵の配布に参加するのは圧倒的に個人は小学生，団体でも小学校が多い。これは小学校5年生の理科が「発生」をテーマに授業が組まれており，これと関連させることができるためと考えられる。ただし，小学校，中学校での教科と関連しない課外活動の取り組み例も多い。教科書では一般にメダカが取り上げられるが，サケの飼育・観察が優れているのは受精卵が大きく，肉眼による観察に適することである。発眼，卵膜の中での稚魚の運動する様子などが容易に観察でき，子どもたちに生命の営みの不思議さを感じ取ってもらう仕掛けとして優れていると考えられる。

多摩川では1980年代から東京都側で，サケの放流を進める活動（「カムバックサーモン」）が慣行的に行われてきた。河川の水質，河川環境への関心を高める上で，一定の効果があったと考えられる。会長であるN氏の意向としても，サケ放流プロジェクトを通じて多摩川のみならず地元の河川を取り巻く環境への子どもたちの関心を高めていきたいと考えている。

• 学校施設との関係 •

すでに述べたように，受精卵の飼育・観察は，個人宅でも学校施設内でも，水槽が置けポンプを動かす電源が確保できる場所さえあれば可能になる。したがって，学校施設の設備，あるいは空間面での特別な対応は必要ない。むしろ，子どもたちの飼育・観察を適切に指導でき，水槽のこまめな管理ができる人材が重要と思われる。

M小学校のタッチングプールの取り組みは，水族館を併設するという小学校の特性を生かして，生きた海の生き物を子どもたちに直に触れさせるもので，地域の一般住民や近隣小学校の児童も参加する実践的な活動は高く評価されている。また，「横浜サケっ子の会」の取り組みは，親サケを実際の遡上河川のある地域から生きたまま運び，受精させて配布し，これを放流するというものである。いずれも手間と労力のみならず器材・資金を必要とするプロジェクトである。そして，保護者，PTA関係者，同窓生，小中学校の教職員など，多様な関係者のボランタリーな労力提供，および地域の中小企業経営者などによる資金・資材の提供，その他の便宜供与があってはじめて成り立っている。

これら2事例を通じて，環境教育活動の実践において，学校とコミュニティ・企業をつなぐNPO（アクアミューズ・フレンドリークラブ，横浜サケっ子の会）メンバーの子どもたちに生きた自然を体験させたいという熱意が，地域に存在する小中学校を含めた諸々の環境・資源の有機的連携を構築する上で必要不可欠であり，また，この熱意を資金的に支える上で，大企業よりも地域の中小企業との連携が重要な成立要件であることを指摘することができる。

第 4 部　自然豊かな学校空間

◎補　注

1) アクアミューズ・フレンドリークラブのホームページ　http://www.aquasystem-service.com/wd/
2) 土曜学校モデル事業：地域や家庭の教育力の低下，子どもたちの学力・体力低下などの状況を踏まえ，地域社会全体で子どもたちを見守り，育てる仕組みづくりや地域の大人やボランティアなどが子どもの学びを支援する活動を土日などの学校休校日に定期的に開催する取組みなど，学校・地域が連携した地域ぐるみの子育てを企画・運営する事業である。また，教員志望者の実践力養成の場にもなる。
3) 関連ホームページ　homepage3.nifty.com/~vye00733/cosmopolitanlions/home.htm

4.5 学校とその周辺の自然の意義

❶ 人と自然とのふれあい

• 自然と児童 •

　人にとっての自然環境は，生命の営みを学び，季節ごとの時間的流れを実感し，社会的な営みを継続していく力を身に付ける経験の場であり，次世代が成育していく大切な保育の場である。児童と自然とのかかわりは，動物や植物などの生物が生息する緑地や水辺等であり，それらの「生物の観察や作物栽培の過程」を通して自然素材を理解し，「自ら体験し思考する機会」を得るという学びの場である。また，同時に「自分1人の大切な場」となり，「友達とのあそび・交流の場」ともなる人間形成の場でもある。さらに，子どもたち自らが日常的に工夫し，新たな活動の場をつくり出す創作体験の場でもあり，他の「場」とは代替し難い性質をもっている大切な「空間」である。

• 児童を取り巻く自然環境の今日的課題 •

　学校周辺の自然環境の状況は，近年になるほど児童にとっては使いにくい場となり，少子化により友達が減少し，利用機会も少なくなりつつある。自然豊かで児童が遊べる緑地や空き地等の遊び場は，都市部では年々の減少化が顕著であり，活動の場として利用できる自然空間が量的に不足しがちである。また，農山村地域でも自然空間が豊富であるといわれているものの，それらは必ずしも「子どもたち自身で手を加えられる場」にはなっていない状況である。児童にとっての日常的な自然空間とは，大人の世話や引率がなくとも自分であそび方を工夫し，児童が一人の，あるいは友達や仲間との日常の活動域の中にあることが重要である。それらは，

自宅と毎日通っている小学校を拠点とした学校区程度の徒歩域であり，この域内で児童がかかわることができる自然空間の豊かさが非常に大切である。

• 環境整備の視点と方法 •

自然空間から人が学び得る事象は，その空間が季節や天候により内容の変化が大きいことにより，植物や動植物が育っていく毎日の過程を知り，学べることであり，木の実や落ち葉を拾いあそび道具にすること等である。動植物との日常的かかわりを通して，自ら育て収穫するまでの栽培経緯を学び，果実を収穫し，加工して食すること等の自然の営みを知ることである。すなわち，自然空間とのかかわり方は，連続的かつ，日常的に接することが「できること」が重要であり，学校敷地内やその周辺地域における自然空間がますます大切である。したがって，児童が日常的，かつ主体的に環境整備に関与できる視点を計画に取り込むことが重要である。そのためには，小学校敷地内の学校の中にある動物の世話空間や，植物の栽培空間，水辺空間，植え込みなどの植栽空間，広場等の自然空間とのかかわり方がどのように可能であるか，また，理科や社会科，生活科等のようにあらかじめ活動内容が決められている「受動的利用」のための自然空間や，休み時間や放課後，休日に，児童が自由にあそび空間を選択し活動する「能動的活用」のための自然空間とのかかわり方の内容がどのようになっているか把握することが必要である。

❷ 学校の自然と児童

• 学校敷地内における自然空間整備の現況 •

学校の中に自然空間がどのように存在しそれが児童に活動に対応できている状況であるかを小学校62校の敷地内の7系12種の自然空間の利用調査から学校敷地内の状況をみる。

[自然空間の設置状況とその規模]
動物系，栽培系，収穫系の5種の自然空間が，児童に維持・管理を任せることが可能な空間となっている。その内，飼育小屋，水田は高学年，花壇，鉢植え，畑は全学年が世話を任されている傾向がみられる。児童に管理を任せることが可能な自然空間であるこれらの空間は，ほとんどの小学校で設置しており，教材活用空間として公立小学校において標準的に設置されている対象空間である。

水辺系，植栽系，広場系の7種は「児童だけでは維持・管理を任せることが難しい自然空間」

4.5 学校とその周辺の自然の意義

となっている。児童の身近な活動場所であるが，現状では主体的にかかわる対象とならない場合が多い。教材の対象になっている自然空間は，児童が自由に活用するものの，身近にありながら，利用の対象となりにくい7種の関しては，児童が積極的に利用できるように対応をすべきである。また収穫系の畑，水田は必ずしも設置されておらず，バケツ水田なるものが普及しているものの，児童には本物を体験させる等の姿勢が必要と考える。広場系の芝生，および，裏山・林等の里山などの豊かな自然系は学校の立地的な特性であり，その特性を活かす工夫が大切である。

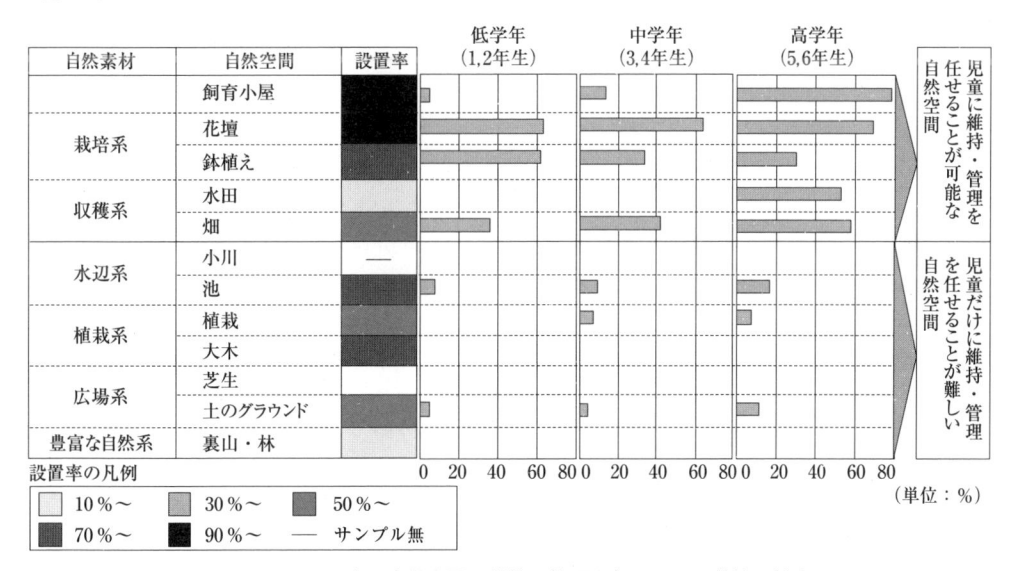

図-4.5.1 児童に自然空間の維持・管理を任せている学校の割合

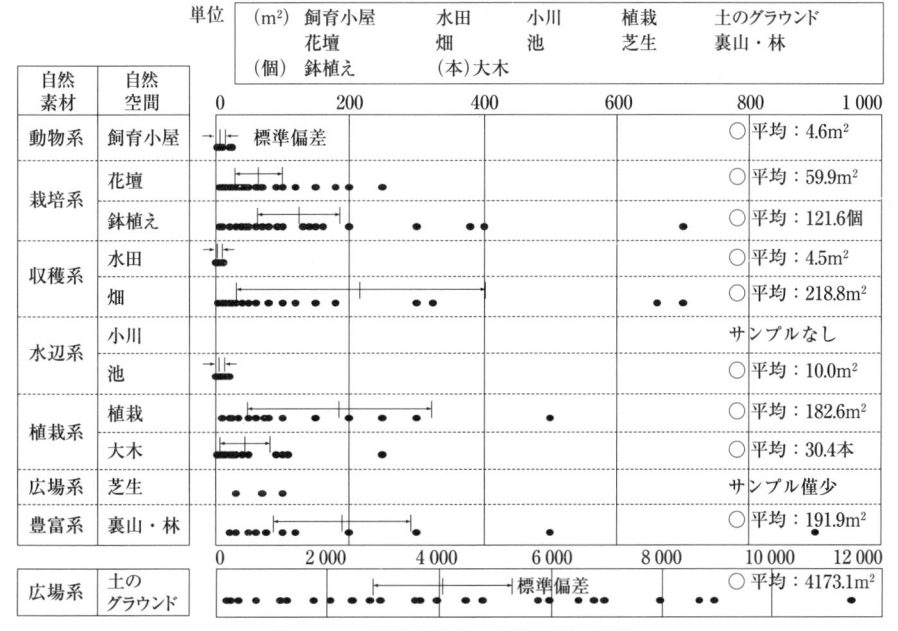

図-4.5.2 学校敷地内の自然空間の規模

第 4 部　自然豊かな学校空間

図 -4.5.3　潤徳小学校の広大な学校敷地内の用水公園　　図 -4.5.4　山県第 6 小学校の校門近くのビオトープ

　各自然空間の設置規模に関しては，飼育小屋，水田，池はほぼ学校差はなし，栽培系の花壇，鉢植え，収穫系の畑，植栽系の植栽，大木，広場系の土のグラウンド，裏山・林については，学校差が大きいものの，200 m^2 以下が圧倒的に多くなっている。学校における自然空間の在り方は，児童が毎日しぜんと目がとどき接することができることが非常に大切である。そのことにより，学校外でも自然環境に興味を抱き，また学校外の自然環境にも目を向けるようになる。

[学校敷地内自然空間の整備状態と周辺環境との対応]

1. 学校敷地内の自然空間の有り様

　小学校敷地内の自然空間の内容とその状態をみると，多くの学校は 4 つに大別される。

① 　栽培系の自然空間の花壇や鉢植え，動物系の飼育小屋等の基本的な教育に対応できる基本整備型，

② 　水田，裏山・林，芝生を整備して空間種類を豊富に整備し児童の活動を支援する多種類

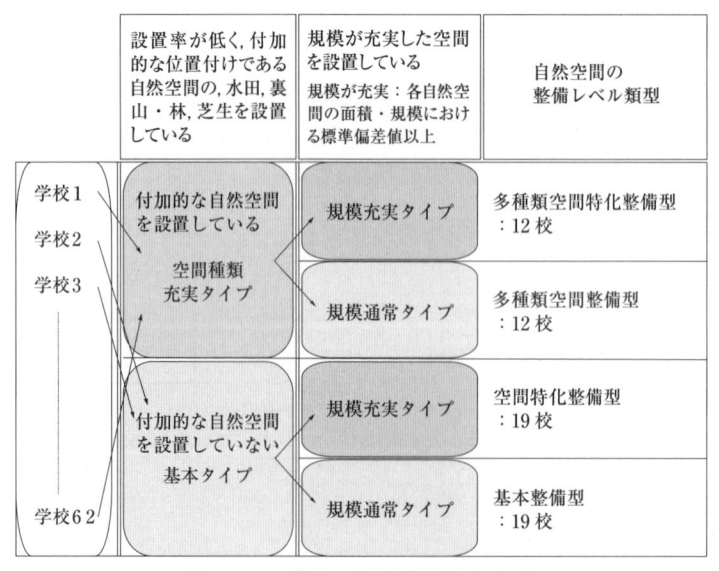

図 -4.5.5　学校の自然空間整備タイプ

4.5 学校とその周辺の自然の意義

空間整備型，
③ 空間種類は基本的な内容で，その中の一部を特化させ充実させている空間特化整備型。
④ 空間種類も豊富であり規模的に充実している多種類空間特化整備型，である。学校敷地内における自然空間整備方法には，以上のタイプにみられるように，空間種類の内容の増設によって充実を図る方法と，空間規模の拡大によって充実を図る方法の2つの方向性で学校は対応している。

自然環境による立地性と整備レベルごとの小学校数 / 学校整備レベル	学校周辺の自然環境 自然がほとんどない	小規模の自然が点在	広域な自然が存在	自然に囲まれている
基本整備型	2	14	3	1
多種類空間整備型	2	7	2	1
空間特化整備型	4	9	4	2
多種類空間特化整備型	1	4	6	1

図-4.5.6 調査対象62校の整備タイプと自然空間の対応

2. 校内の自然空間と学校周辺の自然空間との関係

いずれのタイプの小学校も，学校周辺の自然が豊富な地域から自然が少ない地域まで存在する。すなわち，学校周辺の自然環境とは対応させずに，学校敷地内が整備されている状況にある。例えば，農山村のように学校周辺に自然が豊富であるような地域であっても，学校内に自然整備がされている場合とない場合とある。また，周辺に自然がなく学校敷地内で自然を担保させている場合もあるが，そうでない場合もある。このように児童が自然と自ずと接するためには，初期条件として学校の中の自然空間を整備する必要がある。

● 授業時間における自然空間の使われ方 ●

[自然空間の活用実態]

「動植物の世話」，「農体験」，「あそび」，「創作活動」，「軽運動」，「子どもたちの交流」等を，学校内の自然空間内の活動とみると，児童が自主的に活動できる学校内の自然空間は，「動植物の世話」，とくに花壇と畑は，低学年から高学年まで幅広く利用されている空間である。

「農体験」や「あそび」，「創作活動」では，花壇と畑が幅広く活用されており，もっとも活用される重要な空間となっている。一方，児童には維持・管理が難しい自然空間群では，水辺系の池，裏山・林は，低学年の「動植物の世話」に使われる傾向が強い。とくに，裏山・林の低学年の使われ方については，「創作活動」，「軽運動」，「子どもたちの交流」といった発展型の活動。中・高学年では，「農体験」，「あそび」に積極的に利用されている。

[自然空間整備レベルと活動の充足]

基本整備型，空間特化整備型と多種類空間整備型，多種類空間特化整備型との空間整備の内容と空間規模との関係をみると，内容では水田や裏山・林等の付加的な自然空間の授業への活

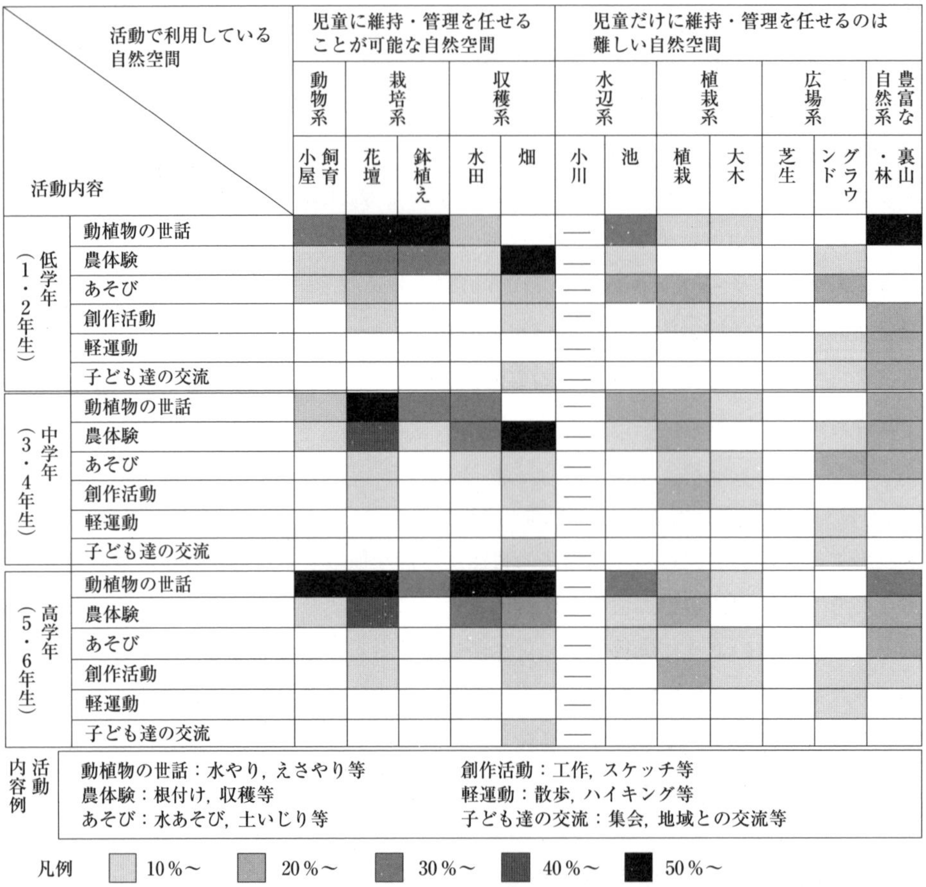

第4部　自然豊かな学校空間

図-4.5.7　学年別・活動内容別自然空間の利用割合

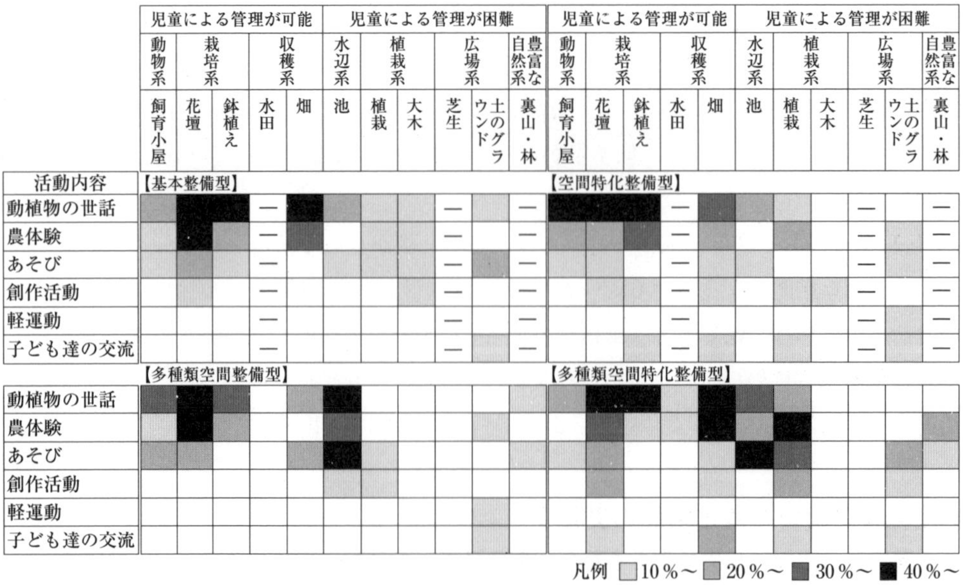

活動内容例
- 動植物の世話：水やり，えさやり等
- 農体験：根付け，収穫等
- あそび：水あそび，土いじり等
- 創作活動：工作，スケッチ等
- 軽運動：散歩，ハイキング等
- 子ども達の交流：集会，地域との交流等

凡例　10%〜　20%〜　30%〜　40%〜　50%〜

図-4.5.8　自然空間の整備タイプ別利用割合

凡例　10%〜　20%〜　30%〜　40%〜

用が可能になり，自然空間の授業への活用が多くなる。また，空間規模の相違からみると，「動植物の世話」や「農体験」だけでなく「子どもたちの交流」といった活動内容まで展開する。

このことは，空間種類が豊富になることで自然空間での活動の量的な充足は得られるが，活動の質が限定されやすいこと。そして特定のある自然空間の規模を拡大させることで活動が質的に変化し，とくに子どもたちの交流が可能になるといった活動内容の選択肢が増加し，自然空間の自由な活用が可能になる。すなわち空間の規模と種類の両面の整備を併せることで相乗効果を生み，活動が量的，質的に充実することが可能となる。「総合的な学習」のように学校独自の活動が求められる中，自然空間の規模を充実させることが自由な活動を促すために有効となる。敷地面積等の制限により空間規模の充実が困難である場合は，自然空間種類を増やす整備は，活動を量的に増やす面で有効である。しかしながら，必ずしも質的に充足されるわけではないため，各空間の相互利用あるいは学校周辺環境の利用によりその不足部分の解消が必要となる。

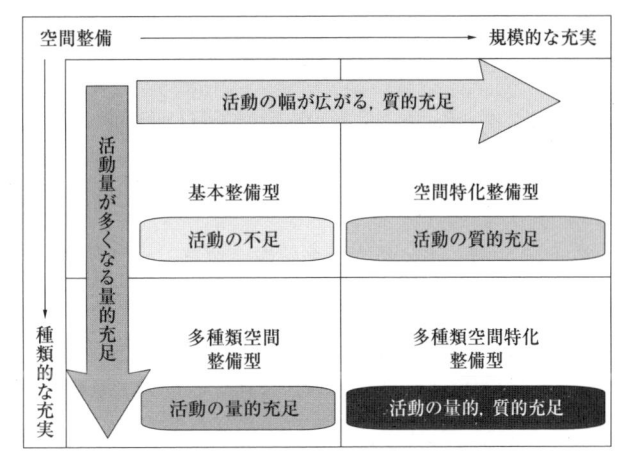

図-4.5.9 学校敷地内の自然空間整備の方向性

[学校周辺における自然環境の活用]

基本整備型と空間特化整備型の学校では，周辺の自然環境によってその量的不足を補っている。敷地内での活動で質的な不足が生じている基本整備型と多種類空間整備型の小学校ではその質的不足を周辺環境で必ずしも補っている状況ではない。敷地内において活動が質的に充足しうる整備とともに，敷地内に確保できない場合，学校周辺も貴重な学校の延長的空間としてとらえることも想定する必要があり，周辺環境との使い分けを意識した整備を行うことが重要となる。

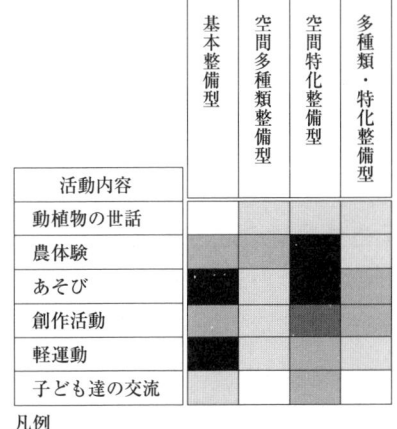

図-4.5.10 自然空間整備タイプ別活動の割合

❸ 地域の自然と子ども―「能動的活用」あそびの視点から

• 児童のあそびと空間活用状況 •

あそび内容についてみると，「ルールあそび」や「自然あそび」は学校敷地内と外の両方で行われる活動。物を使うあそびの「道具」，「乗り物」，地域を知るあそびは，学校周辺で主に行われるあそびであり，買い物に行くなどの移動性のあるあそびが地域でのあそびとなっている。「設置遊具あそび」は，学校敷地内で主に行われるあそびであり，学校周辺の設置遊具を備えている公園等ではあまり行われていない。学校敷地内においても，児童の活動の拠点となるような自然・広場・設置遊具を取り込むことで，児童の選択性の広がりと仲間が集まる場としての拠点性を増すことが可能となる。

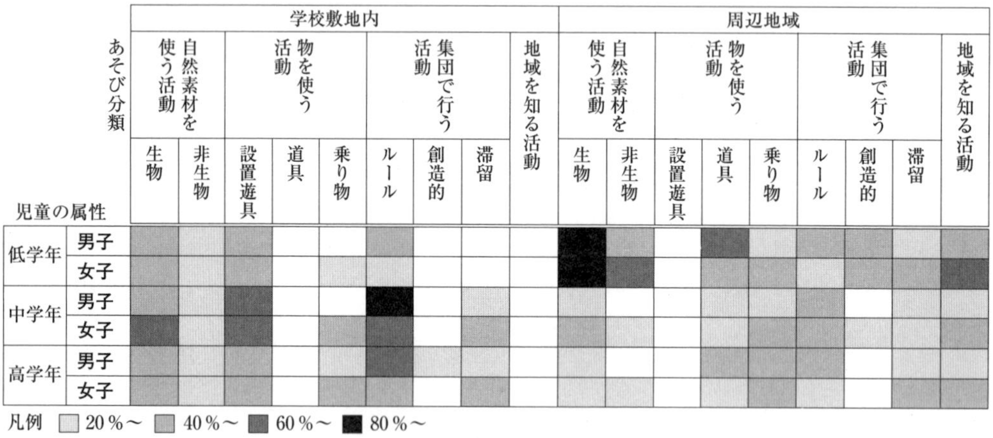

図-4.5.11 学年別自然空間の学校敷地内外の活動割合

• あそびへの自然空間の取り入れ方と自然素材の構成 •

[自然素材の活用状況]

学校敷地内と学校周辺での自然素材の使われ方をみる。学校敷地内では「水中の生き物をみる，観察する」，「小動物を観察する，触れる」，「小動物の世話をする」といった池，飼育小屋等の区画されやすい場である。地域における自然素材の使われ方は，自然量が少ないといわれる都市部既成住宅地であっても，学校敷地内に比べ自然素材数が絶対的に多いため，児童はあらゆる自然素材を工夫して活用する。規模的に制約のある学校敷地内では自然素材，とくに草花，樹木等の緑に関する素材が不足しやすい。そのため，草花や樹木といった緑に関する自然素材を積極的に取り入れることでバランスをとることが必要となる。地域ではそうした学校敷地内における自然素材の不足に対し，相互的に補足しあう役割をもたせることが，学校と地域が一体となる活動環境のために必要となる。

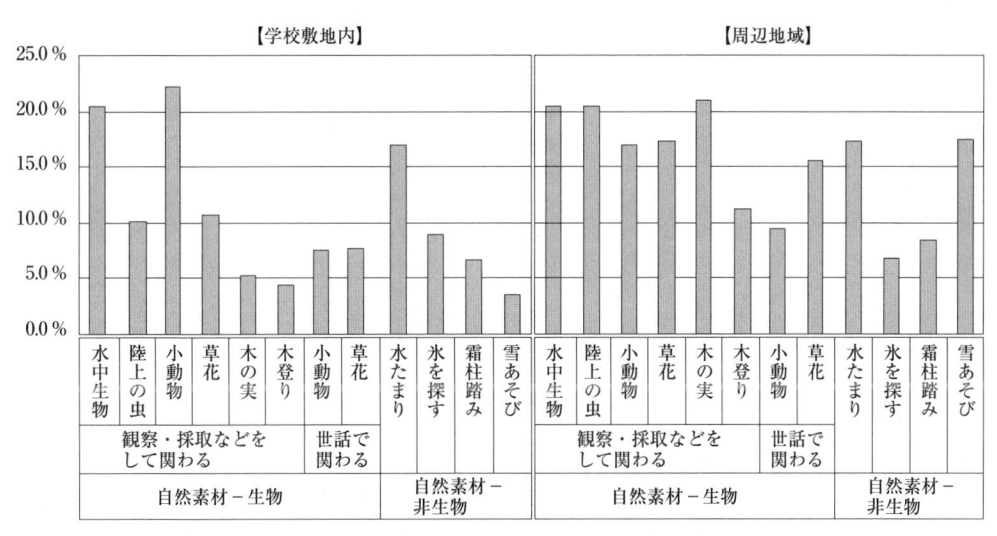

4.5 学校とその周辺の自然の意義

図-4.5.12 自然素材を活用している児童の割合

図-4.5.13 空間別の各自然素材を活用している,あそびタイプ別の児童の割合

[地域における自然素材の使い分け]

　自然素材でみると，公園等の計画的につくられている空間では，水中の生物や陸上の虫等とかかわるあそびが主になり，自然植生などの自然空間では小動物や草花の世話・観察，木の実を採取するあそびが多くなる等，計画空間と非計画空間とでは児童が活用する自然素材に相違が生じている。これは，児童は自然あそびの中で活用する素材によって計画空間以外でも自然あそびを行うことで空間の代替，あるいは空間の使い分けをしていると考えられる。

❹　自然空間充実にむけて

1．学校の自然空間を規模的に充実させることで，活動の幅が広がり多様な活動の展開を促し，空間種類を豊富にすれば活動機会を多くさせることが可能となる。このことは，単に内容を多様化するよりは，規模を拡大化しその規模的な余裕空間を新たな活動内容の発展へと転換させ得ることとともに，児童の創作活動を組み入れることが可能であることを示している。

2．学校内自然空間活用は，授業時間内では，「動植物の世話」が中心であるが，教科書や屋内空間では対応しにくい「農体験」，「創作活動」，「子どもたちの交流」等への取り組みが大切である。これらの発展型活動の場の充実が，自然空間の使いこなし方を多様化し，密度の濃い教育内容・活動につながる。

3．学校敷地内で自然空間の規模・内容ともに充実したタイプの学校では，授業時間の活動を敷地内中心で使いこなすことが可能である。敷地内外とも自然空間に恵まれた場合でも，日常的・主体的に児童がかかわることのできる敷地内空間がより重要となる。敷地内整備内容が低い学校の場合，学校周辺の自然環境をも利用して活動機会の不足を補うことが大切であり，周辺の自然環境に日常的にふれあう機会を設けることが肝要である。

4．放課後や休日等，児童の自由時間における「自然あそび」は学校敷地内と外の両方で行われる場合が一般的である。「学校」－「地域」の一体的な日常行動圏の中で，児童たちはいくつもある自然素材の中から取捨選択して活動する。規模的に制限のある学校敷地内では自然素材が不足しやすい状況にある。そのため，自然素材を意識的，積極的に取り入れることが重要となる。

5．学校敷地内の自然空間は，特定の児童が活用し自分たちのあそび場を確保する専用性をもつ空間から，さまざまな児童が利用する多様性をもつ空間まで幅広く対応可能なあそび空間である。多様性の中で段階性が存在しており，各段階によって空間のもつ自然素材とその使われ

4.5 学校とその周辺の自然の意義

方が異なるため，それぞれの段階に応じて素材を配置し，敷地全体を1つの活動環境とした屋外空間計画が必要である．

6. 地域では，「自然あそび」，「ルールあそび」が主に行われており，小規模の児童公園，近隣公園のような地域に点在する計画的なあそび場では，設置遊具を主とした整備だけではなく，自然や広場を柔軟に取り込むことが必要である．計画空間のように特定の場所での自然素材の整備と同等に，地域全体に自然素材を分散させ，自然あそびにおける空間の使い分けが可能となる自然素材を意識的に計画していく必要がある．

図-4.5.14　稲敷市古渡小学校の校庭　　　　図-4.5.15　世田谷区北澤緑道整備

最後に，学校と地域との自然素材の整備の在り方を提案する．

第1のプロセスとして，学校の敷地内の自然空間を整備することが肝要である．学校敷地内の自然空間整備の方法として，まず学校内に基本的な自然空間の整備内容を織り込み，次のそれを踏まえ地域や学校の特性を鑑み内容的にも規模的にも，地域内での適正内容と思われる自然空間を整備することが望まれる．すなわち学校を地域全体の自然空間整備の拠点として，また出発点としてとらえ，その内容および，効果を敷地外に展開する．そして第2に，地域全体の自然空間の充足を図る．この方法論が今後の進むべき方向と考える．そうすることにより学校と地域の自然空間の内容が，客観的に児童に伝達することが可能となり，地域全体の自然資源をより豊かに資産化し内容の充実化が図れると考える．

結果として，学校敷地内に児童を閉じこめることなく，また空間や活動の選択内容を狭めることなく，学校と地域が一体となった児童のための活動環境を構築していくことになる．

他の材料では代替し難い自然素材を活用し，児童の豊かな心を育み自主性を発展させ得る活用方法と，小学校-地域社会との連携により児童を育てていく方向性が確立できると考える．

本書は日本学術振興会より2008年度科学研究費補助金（研究成果公開促進費）学術図書の助成を受けて出版するものである。（課題番号 205214）

　本書の企画は，1998年10月の日本建築学会農村計画委員会主査幹事会での討論から出発し，環境教育をテーマとした共同研究に発展し1999年度から2001年まで，科学研究費補助金の研究支援を得て研究が進展した。
　　「児童・生徒の農的体験を通じた環境教育に関する研究」
　　（基盤研究 A-1 課題番号 11359003）
　この日本建築学会農村計画委員会のメンバー(環境教育学術研究会など)を研究母体とする共同研究成果をもとに2002年の日本建築学会の農村計画部門研究協議会では「子供の農的環境体験からみた学校・地域環境づくりの新たな展望」が討議された。

　本書はこれらの研究を背景に，近年の環境学習をとりまく地域や学校の変化をレビューし，新たに書き下ろしたものである。
　環境教育の現場との協働の成果であり，教育現場の先生方，父兄，環境教育を支える市民の方々に感謝したい。
　本書の編集と上梓にご尽力された石井洋平編集部長をはじめとする技報堂出版株式会社の労に厚くお礼申し上げる次第である。

田園で学ぶ地球環境　　　　　　　　　　　　　　定価はカバーに表示してあります．

2009年2月9日　1版1刷　発行　　　　　　　　　　ISBN 978-4-7655-3435-2　C3037

編者	重　村　　　力
発行者	長　　　滋　彦
発行所	技報堂出版株式会社

〒101-0051 東京都千代田区神田神保町1-2-5
　　　　　　　　（和栗ハトヤビル）

日本書籍出版協会会員　　　　　　　　　　　　電話　営業　(03) (5217) 0885
自然科学書協会会員　　　　　　　　　　　　　　　　編集　(03) (5217) 0881
工 学 書 協 会 会 員　　　　　　　　　　　　FAX　　　　 (03) (5217) 0886
土木・建築書協会会員　　　　　　　　　　　　振替口座　　　00140-4-10

Printed in Japan　　　　　　　　　　　　　　http://gihodobooks.jp/

©Tsutomu Shigemura, 2009　　　　　　　　装幀　パーレン　印刷・製本　技報堂

落丁・乱丁はお取り替えいたします．
本書の無断複写は，著作権法上での例外を除き，禁じられています．